全国交通运输职业教育高职汽车运用与维修技术专业规划教材

Qiche Meirong yu Zhuangshi

汽车美容与装饰

全国交通运输职业教育教学指导委员会　**组织编写**

彭　钊　**主　　编**

周跃敏　洪　浪　**副主编**

李远军　**主　　审**

人民交通出版社股份有限公司
China Communications Press Co.,Ltd.

内 容 提 要

　　本书为全国交通运输职业教育高职汽车运用与维修技术专业规划教材。全书分为九个模块,内容主要包括:汽车美容与装饰概述、汽车美容与装饰职业认知、汽车清洁护理、汽车漆面美容护理、汽车室内健康管理、汽车贴膜防护、汽车电器系统升级、汽车其他装饰、汽车美容与装饰项目运营管理。

　　本书可作为高等职业院校汽车运用与维修技术专业、汽车检测与维修技术专业的教学用书,也可作为汽车检测与维修技术人员的培训教材。

图书在版编目(CIP)数据

汽车美容与装饰/全国交通运输职业教育教学指导
委员会组织编写;彭钊主编. —北京:人民交通出版
社股份有限公司, 2019.9
　ISBN 978-7-114-15744-8

　Ⅰ.①汽… Ⅱ.①全…②彭… Ⅲ.①汽车—车辆保
养—高等职业教育—教材 Ⅳ.①U472

　中国版本图书馆 CIP 数据核字(2019)第 164410 号

书　　　名:汽车美容与装饰
著 作 者:彭　钊
责任编辑:张一梅
责任校对:孙国靖　魏佳宁
责任印制:张　凯
出版发行:人民交通出版社股份有限公司
地　　　址:(100011)北京市朝阳区安定门外外馆斜街 3 号
网　　　址:http://www.ccpress.com.cn
销售电话:(010)59757973
总 经 销:人民交通出版社股份有限公司发行部
经　　　销:各地新华书店
印　　　刷:北京市密东印刷有限公司
开　　　本:787×1092　1/16
印　　　张:13.5
字　　　数:309 千
版　　　次:2019 年 9 月　第 1 版
印　　　次:2019 年 9 月　第 1 次印刷
书　　　号:ISBN 978-7-114-15744-8
定　　　价:34.00 元

(有印刷、装订质量问题的图书由本公司负责调换)

前　　言

　　为贯彻落实《国务院关于印发〈国家教育事业发展"十三五"规划〉的通知》（国发〔2017〕4号）精神，深化教育教学改革，提高汽车技术人才培养质量，满足创新型、应用型人才培养目标的需要，全国交通运输职业教育教学指导委员会组织来自全国交通职业院校的专业教师，按照教育部发布的《高等职业学校汽车运用与维修技术专业教学标准》的要求，紧密结合高职高专人才培养需求，编写了全国交通运输职业教育高职汽车运用与维修技术专业规划教材。

　　在本系列教材编写启动之初，全国交通运输职业教育教学指导委员会组织召开了全国交通运输职业教育高职汽车运用与维修技术专业规划教材编写大纲审定会，邀请行业内知名专家对该专业的课程体系和教材编写大纲进行了审定。教材初稿完成后，每种教材由一名资深专业教师进行主审，编写团队根据主审意见修改后定稿，实现了对书稿编写全过程的严格把关。

　　本系列教材在编写过程中，认真总结了全国交通职业院校的专业建设经验，注意吸收发达国家先进的职业教育理念和方法，形成了以下特色：

　　1. 与专业教学标准紧密衔接，立足先进的职业教育理念，注重理论与实践相结合，突出实践应用能力的培养，体现"工学结合"的人才培养理念，注重学生技能的提升。

　　2. 打破了传统教材的章节体例，采用模块式或单元＋任务式编写体例，内容全面、条理清晰、通俗易懂，充分体现理实一体化教学理念。为了突出实用性和针对性，培养学生的实践技能，每个模块后附有技能实训；为了学习方便，每个模块后附有模块小结、思考与练习（每个单元后附有思考与练习）。

　　3. 在确定教材编写大纲时，充分考虑了课时对教学内容的限制，对教学内容进行优化整合，避免教学冗余。

　　4. 所有教材配有电子课件，大部分教材的知识点，以二维码链接动画或视频资源，做到教学内容专业化，教材形式立体化，教学形式信息化。

《汽车美容与装饰》是本系列教材之一。全书由云南交通运输职业学院彭钊担任主编,云南交通运输职业学院周跃敏、云南交通运输职业学院汽车美容双创中心(大学生事业合伙人创业孵化中心)洪浪担任副主编,湖北交通职业技术学院李远军担任主审。本教材的编写分工为:彭钊、董泽武(云南交通运输职业学院)、吕敬平(广州光启汽车服务有限公司)编写模块一,彭钊、陈惠(云南交通运输职业学院)、吴松焜(广州森烨汽车服务有限公司)编写模块二,张佛瑞(云南交通运输职业学院)、彭钊编写模块三及模块八,刘晓鸿(云南交通运输职业学院)、彭钊编写模块四,彭钊、马平平(云南交通运输职业学院)编写模块五,邝松林(云南交通运输职业学院)、彭钊编写模块六,周跃敏编写模块七,洪浪、彭钊编写模块九。

由于编者水平和经验有限,书中难免存在不足或疏漏之处,恳请广大读者提出宝贵意见,以便进一步修改和完善。

全国交通运输职业教育教学指导委员会
2019 年 2 月

目　　录

模块一　汽车美容与装饰概述

学习目标

1.能描述汽车美容装饰的发展历程；
2.能说出汽车美容装饰的定义和原则；
3.能说出汽车美容装饰文化包含的内容；
4.能说出汽车美容装饰的创业方式。

建议课时

2 课时。

一、汽车美容装饰起源与发展

(一)汽车美容装饰起源

20 世纪 20 年代末至 30 年代初,汽车美容装饰起源于欧美发达国家,称为"Car Beauty"或"Car Care"。20 世纪 80 年代,国内汽车美容装饰业开始出现,随后便进入了快速发展时期。

(二)汽车美容装饰发展

1.发展历程

回顾汽车美容装饰的历史,它伴随着中、高档轿车的产生而出现,美国、英国等国家最早出现了这一行业。第二次世界大战后,伴随着经济的复苏,汽车美容装饰业日益发展壮大。到 20 世纪 60 年代,汽车美容装饰业逐步形成规模。20 世纪 70 年代,汽车美容装饰业得到了迅猛发展,市场范围进一步扩大到中等发达国家,并开始走向亚洲。到 20 世纪 80 年代,汽车美容装饰业已发展成为一支不可忽视的产业大军。1994 年,美国的汽车美容装饰业年产值达到了 1170 亿美元,到 1999 年,这个数字超过 2647 亿美元。

汽车美容装饰业起初进入国内时,只是以简单的洗车、打蜡等美容项目和铺设太阳膜、座套、脚垫等装饰项目为主,服务项目、内容、工艺、质量及标准等都很不规范。20 世纪 90 年中期,伴随着我国经济的崛起和汽车工业的快速发展,汽车后市场发展逐步完善,汽车美容护理及装饰升级理念逐渐深入人心,汽车美容装饰业进入稳定增长阶段。进入 21 世纪,汽车销售出现爆发式增长,汽车保有量大幅提升,人民群众的个性化消费需求持续高涨,行业细分愈加明显,促使国内汽车用品市场迅速崛起,汽车美容装饰品牌连锁店、汽车美容装饰店、汽车用品店迅速在全国各地出现,汽车美容装饰业进入快速增长阶段。2009 年前后,随着 4S 店整车销售利润的降低,4S 店加大了美容装饰业务的开展力度,使其迎来了新一轮的快速发展。2013 年以来,伴随着电商的发展,汽车用品网购模式开始兴起,线上线下结合的汽车美容装饰商业模式逐步发展起来,现已形成终端专业店、品牌连锁店、4S 店、O2O 等多种模式共同发展的局面。

2. 发展现状

西方发达国家的汽车美容装饰业随着整个汽车产业的发展已经达到非常完善的地步。据统计,在成熟的汽车消费市场中,汽车的制造以及销售利润约占整个汽车产业利润的20%,零部件供应利润约占 20%,多达 50% ~ 60% 的利润是从汽车后市场服务业中产生的。

2017 年,我国国内汽车保有量达到 2.17 亿辆,全年同比 2016 年增加 2304 万辆,增长率达 11.85%,巨大的汽车保有量和高位增长率为汽车美容装饰业带来了前所未有的发展机遇。但国内汽车美容装饰业的发展仍存在不少问题,如消费者认识不成熟、行业缺乏标准、企业经营不规范、缺乏专业人才等。随着汽车美容装饰文化理念的发展、行业标准的规范和市场的不断成熟,国内汽车美容业将逐步走上规范化、品牌化和高质量发展之路。

3. 发展前景

随着人民生活水平的不断提高和汽车文化的普及,"人、车、生活"理念日益深入人心,汽车生活已经成为一种高品质的生活元素,汽车美容护理、汽车装饰美化与升级将成为人民美好生活需要的一部分,汽车美容、汽车装饰市场的消费潜力将不断得以释放。当今,伴随新一代互联网技术、新能源技术为标志的新一轮科技革命及产业革命的快速发展,汽车美容装饰市场将会迎来更大的发展空间。同时,汽车美容新技术、新业态、新模式的不断出现,为创新创业提供了良好的机遇和前景。因此,汽车美容装饰行业发展前景巨大,将发展成为我国汽车后市场的支柱产业和服务业领域内的黄金产业,蕴含着巨大的社会效益和经济效益。

二、汽车美容装饰定义与原则

(一)汽车美容定义与原则

1. 汽车美容定义

汽车美容是指根据汽车不同材质部位所需的美容、护理需求,由专业技术人员在专业场地内运用专业设备、专业工具、专业产品和专业施工工艺,对汽车进行专业的维护及护理,达到"旧车换新颜,新车保颜值"效果的过程。

汽车美容非常讲究专业性,主要体现在专业技术人员、专业施工环境、专业产品、专业设备、专业工具、专业工艺流程、专业美容护理过程七个方面。只有满足以上条件,才能达到专业的汽车美容效果。

2. 汽车美容原则

1)预防与治理结合

汽车美容要以预防性护理为主,如对新车或状况良好的漆面、塑胶件、真皮、镀铬件、铝合金件等定期进行美容护理,可有效防止汽车快速老化变旧、外界侵蚀造成损伤等情况的发生。在使用过程中,一旦出现损伤应及时进行修复性治理,使其恢复至原来状态,避免损伤情况越来越突出。因此,汽车美容应坚持预防性护理与修复性治理相结合的原则。

2)常规与专业结合

汽车美容项目中有不少常规性的、简单的美容护理作业,如汽车清洗、室内除尘、座套坐垫清洗等,需要经常去实施。除此之外,还应定期到专业汽车美容店进行专业的美容护理,使汽车能够长期保持整洁、靓丽的外观形象和健康、舒适的室内环境。只有将常规美容护理与专业美容护理相结合,才能起到应有的汽车美容护理效果。

3)单项与全套结合

汽车美容的项目和内容很多,细分后可多达100余项。在实施汽车美容时,应根据汽车自身状况和车主自身需求,有针对性地选择项目和内容,进行单项护理或针对性护理。当然,在一段时间后对汽车进行全面或全套护理也是不可少的。

4)局部与全车结合

汽车漆面、室内顶棚等部位出现局部损伤时,如漆面局部氧化,沾染柏油、虫尸、鸟屎、飞漆以及室内顶棚脏污等问题,可以采取对局部进行处理的方法。当汽车漆面出现大范围损伤时,可采取全车漆面修复以及美容护理。因此,汽车美容护理还应把握局部与全车结合的原则。

(二)汽车装饰定义与原则

1. 汽车装饰定义

汽车装饰是指在原厂车的基础上增加或更新一些附属装备和物品,以提高汽车美观性、舒适性和安全性的行为。在装饰过程中所增加或更新的装备和物品,称为汽车装饰用品。

汽车装饰与汽车改装有着本质的区别,汽车装饰主要追求的是功能性,体现在汽车附属功能的丰富和提升上,不改变汽车本身参数、造型、操控与动力性能。汽车改装主要追求的是造型的变化与性能的提升,如有些改装项目是为了提升汽车的动力、操控和安全性能,也有些改装项目会改变汽车本身的参数或造型。汽车装饰与汽车改装后共同点是都具有提升汽车美观性的作用。

2. 汽车装饰原则

1)实用原则

汽车装饰首先要考虑实用性,即根据车主个人需求及车辆配置、空间等情况,选用能满足车主个性需求的装饰用品,为车主提供一些便利、实用的功能和营造一个舒适的环境。例如,对于倒车或泊车不熟练的车主,可选择安装倒车雷达、倒车影像或全景泊车系统;冬季天气变冷后,选择保暖坐垫;出于原车漆面保护需要,安装漆面保护膜等。

2)安全原则

《中华人民共和国道路交通安全法实施条例》第六十二条第二款规定:驾驶机动车不得有在机动车驾驶室的前后窗范围内悬挂、放置妨碍驾驶员视线的物品的违法行为。《机动车运行安全技术条件》(GB 7258—2017)第11.5.7条规定:前风窗玻璃驾驶员视区部位及驾驶员驾驶时用于观察外后视镜的部位的可见光透射比应大于或等于70%。所有车窗玻璃不应张贴镜面反光遮阳膜。

安全是汽车装饰必须遵守的原则。第一,装饰用品不能妨碍驾驶员驾驶车辆或影响驾驶员视线,如转向盘套、加速/制动/离合器踏板、坐垫、防爆太阳膜等用品,要谨慎选择并进行专业的安装,不在玻璃上悬挂挂件,不在仪表台上等部位摆放小饰件等;第二,装饰用品不能对车内驾乘人员和外部行人、车辆构成潜在安全威胁,如车内挂件、仪表台上摆放的小饰件、安全带限位器、安全带卡扣、影响安全气囊正常弹出的装饰项目(赛车转向盘、没有侧气囊预留口的座套)以及不符合要求的保险杠、强反光膜等;第三,装饰用品(电器类)不能影响汽车电器及电路系统正常工作,如更换比原车功率更大的电气设备、在原车电气设备线路上直接增加新的电气设备、不专业的线路改动与接驳等。

3)美观原则

汽车装饰具有美化汽车的功能,选择时应考虑颜色的协调性、造型的美观性以及材质的适宜性等因素。如浅色内饰的汽车尽量不选用深色的座套及红色的脚垫,白色车身的汽车搭配深茶色的防爆太阳膜,倒车雷达探头颜色与车身颜色基本相同,以及选用与车型相配套的专车专用装饰用品等。

三、汽车美容装饰文化与理念

(一)汽车美容装饰文化

人类经过数千年的努力,使洞穴、半洞穴式的房子逐渐演变成色彩斑斓、富丽堂皇的居室建筑。随着居室的演变,居室文化随之发展,并日益丰富多彩。同样,汽车自诞生以来,逐渐改变了人们的生活方式,提高了人们的生活质量,汽车也成为人们的"第二个家"。汽车美容装饰伴随着中高端轿车的产生而出现,起初只有最基本的实用项目,以满足人们基本的用车需求。随着汽车美容装饰理念、技术和产品的不断更新以及私家车出行比例的增加,汽车呈现出更多的个性化特质、更浓厚的艺术气息和高品质的车居环境,同时也被赋予了更多的文化内涵,形成了一个独特的文化现象——车居文化,即汽车美容装饰文化。

汽车美容装饰文化主要包括业态文化、产品文化、工艺文化、工匠文化、展会文化、赛事文化六个方面。

1.业态文化

汽车美容装饰行业业态、企业形式的多元化,造就了汽车美容装饰特有的业态文化。终端业态经历产品、技术的积淀后,更加强调对人的服务和对车居生活品质的提升,形成了如汽车生活馆、美车居服务中心、汽车美容养护会馆、汽车服务会所、美车驿站、美车坊、靓车会、汽车美容形象店、车友驿站等车居文化元素;连锁加盟业态通过自身价值体系的构建,确立自己的文化核心,形成了统一的店面形象、发展定位、运营模式和服务标准,以统一的价值追求、文化理念服务于广大车主车居生活品质的提升;4S店业态通过自身优势将汽车销售与汽车美容装饰充分的结合起来,提供一站式买车和车居品质提升方案,形成了4S店特色的汽车美容装饰文化;O2O业态实行线上线下的结合,推动了市场的透明化发展,很大程度上促进了市场服务水平的提升和车居DIY文化的发展。

汽车美容装饰的发展始于终端模式,成长于终端模式和加盟连锁模式,挑战于4S店模式和互联网模式。未来,随着国家服务业的快速发展、行业标准的规范和市场整合力度的加大,汽车美容装饰仍将依靠终端模式进一步发展成熟。

2. 产品文化

汽车美容装饰产品文化即汽车用品文化,是汽车美容装饰文化中非常重要的一个组成部分,从某种意义上讲,很大一部分汽车美容装饰文化都是由汽车用品厂家创造出来的。汽车用品的发展演绎着人们生活态度、精神情感、价值观念、艺术审美等方面的变化,形成了不断追求品质、时尚和科技的车居产品文化。

3. 工艺文化

汽车美容装饰工艺除了能满足基本车居需求外,还要把汽车当成工艺品和艺术品来打造,以满足人们的审美需要。汽车美容装饰工艺在传承的基础上需要研究与创新,通过政策、标准的设计,依托人们精致典雅的文化心理,营造出精致服务、精品服务的政策环境和文化生态,孕育出符合人们价值理念和生活方式的汽车美容装饰工艺文化。

4. 工匠文化

发达国家的汽车美容装饰业的发展已经非常成熟,出现了许多经典的汽车美容装饰产品生产和服务企业,它们在传承与创新中不断发展,长期占据市场主流位置并取得了良好的口碑。纵观国内,随着汽车美容装饰行业的专业化和规范化发展,越来越多的企业开始注重工匠精神的传承与发展,积极培育适合工匠成长的文化土壤,努力培养具有匠心精神的工匠队伍。精细洗车、漆面精致护理、室内深度清洁等服务项目和“车工匠”“御车神匠”等现象的出现,以及国家、行业、职业院校和企业协同培养中国新工匠等,都将推动汽车美容装饰行业工匠文化的快速发展。

5. 展会文化

汽车用品展伴随着汽车美容装饰的发展而兴起,由汽车后市场协会、专业服务机构、商会和企业共同举办及参与,是汽车用品生产商与代理商展示新产品、新技术和宣传品牌的最佳场所。最著名的汽车用品展有北京展和广州展,二者共同形成了中国汽车用品展会“一春一秋,一南一北”的格局。每年多达20余场的各类汽车用品展,不仅推动着汽车美容装饰行业的变革,也为汽车美容装饰行业指明了新的发展方向。

6. 赛事文化

作为国内最高水平的汽车美容与装饰职业技能比赛,CCTV汽车美容与装饰职业技能大赛将汽车美容行业的专业性与趣味性融为一体,不仅为观众展示出专业的汽车美容操作技能,更以趣味多样的形式向大众普及汽车美容的知识。

AEA国际汽车漆面美容大师赛是由国际汽车装备联盟AEA承办的国际性赛事,通过历时两天的赛制最大限度地考验选手的技术、体力和专注力,并充分展现美容行业的潜力和前景。

世界贴膜大赛(简称“WFCT”)设漆面保护膜组、窗膜组、建筑膜组进行比赛。赛事为世界最优秀的贴膜技师提供公开竞争的舞台,是贴膜高手们一年一度的盛会。

3M杯汽车隔热膜贴膜大赛的主要目的是搭建相互交流、共同发展的平台,为消费者提供深入了解汽车美容行业的机会,为我国汽车服务业打造赢取顶级品质的机会。

此外,各类国际和国内汽车改装赛事不断兴起,与汽车美容装饰赛事共同形成了汽车美容装饰与改装行业独特的赛事文化。

(二)汽车美容装饰理念

1."美容养颜"理念

汽车美容装饰借鉴了人类"美容养颜"的基本理念,通过日常的维护、护理和专业的美容护理手段,使汽车保持青春靓丽的状态。

2."车美容,人健康"理念

汽车室内环境对驾乘人员健康的影响不可小视,在狭小、封闭的空间内,材料挥发的有毒气体、滋生的微生物与细菌、外界进入的废气与污染物等都严重威胁着驾乘人员的身体健康。遵循"车美容,人健康"理念,通过室内清洁护理、空调清洗、室内杀菌消毒等专业美容手段,可以营造整洁、健康的车内环境,消除车内环境对驾乘人员身体的危害。

3."车居生活"理念

积极借鉴居家生活理念打造车居生活环境,通过汽车美容与装饰设计、车居产品装备与运用等手段,可以营造舒适、健康、便捷、多功能和智能的车居环境,为不断增长的私家车出行和自驾游出行提供高品质的车居生活环境。

四、汽车美容装饰创新与创业

(一)汽车美容装饰创新

当前,汽车美容装饰市场的发展遇到了创新不足的困境,产品、服务同质化严重,不仅难以满足客户越来越强烈的个性化需求,而且还造成了同质产品、服务间的恶性竞争,多数企业甚至面临着无法适应市场发展的局面。在当前状况下,汽车美容装饰市场需要通过创新走出困境,更需要创新来促进行业的快速和健康发展。另一方面,汽车美容装饰市场有着巨大的创新空间,其创新的内容主要包括产品创新、技术创新、服务创新、模式创新和理念创新,创新的方向除了不断推进现有产品、技术、服务和模式的改进以及优化外,还应主动围绕客户的需求变化、时代的发展变革以及科技的进步,积极推动产品、技术、服务、模式、理念的创造和变革,从安全、健康、舒适、艺术、科技、智能等多方位出发,致力于提升客户车居环境品质,并努力打造健康的汽车美容装饰生态环境。

(二)汽车美容装饰创业

1. 自主创业

自主创业,是指创业者主要依靠自己的资本、资源、信息、技术、经验以及其他因素自己创办企业,解决就业问题并为社会经济发展贡献智力、财力的行为。汽车美容装饰自主创业项目种类多、投入小、回报率高,行业准入门槛较低,具备良好的创业优势。

进行自主创业,要求创业者最好具备一定的行业工作经验,而且要对行业有深刻的认识和理解。另外,市场分析、项目选择、经营定位也很重要,解决好这些问题后,再着手考虑店面形象设计、产品渠道建立、人员配备、宣传推广、客户培养等问题。在当下的市场环境中,自主创业者必须具备创新意识和创造精神,主动融入车居生活、工匠等文化理念,走精品的专业店、特色店、文化店模式,才能具备长远的发展潜力。

2. 加盟创业

加盟创业指采用加盟的方式进行创业。与自主创业相比,加盟创业能够为创业者提供已有的品牌、规范的运营模式、健全的市场机制等一系列成熟的资源和经验。加盟创业具有分享品牌资源、分享经营诀窍、分享资源支持的特点,可为创业者省去很多的创业麻烦,并且提高创业的成功概率。

国内汽车美容装饰连锁服务还处于成长初期,多数加盟品牌尚处于探索尝试的阶段,其管理、控制、支持和服务能力不强,网络建设的规范化程度、稳定性也不高。因此,选择加盟创业的创业者应该注意以下两个方面:一是加盟总部的选择,应事先多做准备,多方位整体评估加盟总部,再结合自身实际情况作决定;二是签订加盟合约时要特别注意双方的权利和义务。

3. 合伙创业

合伙创业是指两个以上的创业者通过订立合伙协议,共同出资、合伙经营、共享收益、共担风险,并对合伙企业债务承担无限连带责任的创业模式,其创建的企业被称为合伙企业。合伙创业的本质是团队自主创业,相对个人自主创业而言,合伙创业具备以下优势:一是资金较为充足,经营规模较大,容易产生效益;二是可以发挥集体智慧,取长补短,便于事业发展;三是由于存在多元化利益主体,因此会自然形成企业内部监督机制,使企业达到一种理性化、科学化的经营管理状态,在较高的起点上顺利开展经营活动,从而更容易承担市场压力和风险。

汽车美容装饰合伙创业除了要解决好市场分析、项目选择、经营定位以及后期运营发展等问题外,一定要选择志同道合的合伙人,注意合伙人之间能力、性格、资源的互补,也就是对合伙创业团队进行优化设计。另外,还应明确和规范合伙协议中的权利、责任及利益等问题。

4. 事业合伙人创业

事业合伙人是指企业为适应知识经济时代的发展要求,真正激发知识资本的创造力而设计的一种内部制度安排。事业合伙人不仅是一种制度,更是一种兼具分享、发展、管理为一体的新型企业组织模式。事业合伙人创业是指具备某个企业事业合伙人资格的创业者参与企业内部"二次创业"的过程。

直营连锁的汽车美容装饰企业、一总店多分店的汽车美容装饰企业以及服务多个4S店的第三方汽车美容装饰服务商更适合于开展事业合伙人模式。事业合伙人创业要求创业者具备足够的资源、能力和意愿,能高度认同企业的文化、价值追求和目标愿景,愿意与企业其他事业合伙人共担风险挑战、共同合作创造价值、共享发展成果。满足以上条件,并通过企业的选拔后就可以参与事业合伙人创业。

模块小结

(1)汽车美容装饰于20世纪20年代末至30年代初起源于欧美发达国家。国内汽车美容装饰业务出现于20世纪80年代。

(2)汽车美容装饰现已形成终端专业店、品牌连锁店、4S 店、O2O 等多种模式共同发展的局面。

(3)在成熟的汽车消费市场中,汽车的制造以及销售利润约占整个汽车产业利润的20% ,零部件供应利润约占 20% ,多达 50% ~ 60% 的利润是从汽车后市场服务业中产生的。

(4)汽车美容是指根据汽车不同材质部位所需的美容护理需求,由专业技术人员在专业场地内运用专业设备、专业工具、专业产品和专业施工工艺,对汽车进行专业的维护及护理,达到"旧车换新颜,新车保颜值"效果的过程。

(5)汽车美容要遵循预防与治理结合、常规与专业结合、单项与全套结合、局部与全车结合的原则。

(6)汽车装饰是指在原厂车的基础上增加或更新一些附属装备和物品,以提高汽车美观性、舒适性和安全性的行为。在装饰过程中所增加或更新的装备和物品,称为汽车装饰用品。

(7)汽车装饰应遵循实用、安全、美观的原则。

(8)汽车美容装饰文化主要包括业态文化、产品文化、工艺文化、工匠文化、展会文化、赛事文化六个方面。

(9)汽车美容装饰理念主要有"美容养颜""车美容,人健康""车居生活"。

(10)汽车美容装饰创新的内容主要包括产品创新、技术创新、服务创新、模式创新和理念创新。

(11)汽车美容装饰主要有自主创业、加盟创业、合伙创业和事业合伙人创业四种创业方式。

(12)自主创业是指创业者主要依靠自己的资本、资源、信息、技术、经验以及其他因素自己创办企业,解决就业问题并为社会经济发展贡献智力、财力的行为。

(13)加盟创业是采用加盟的方式进行创业。与自主创业相比,加盟创业能够为创业者提供已有的品牌、规范的运营模式、健全的市场机制等一系列成熟的资源和经验。

(14)加盟创业应该注意以下两个方面:一是加盟总部的选择;二是加盟合约的签订。

(15)合伙创业是指两个以上的创业者通过订立合伙协议,共同出资、合伙经营、共享收益、共担风险,并对合伙企业债务承担无限连带责任的创业模式,其创建的企业被称为合伙企业。

(16)事业合伙人创业是指具备某个企业事业合伙人资格的创业者参与企业内部"二次创业"的过程。

思考与练习

(一)填空题

1.汽车美容是指根据不同材质部位所需美容护理需求,由专业技术人员在专业_____内运用专业设备、专业工具、专业_____和专业_____,对汽车进行专业的维护及护理。

2.汽车美容要遵循_____、_____、单项与全套结合和局部与全车结合的原则。

3.汽车装饰是指在原厂车的基础上增加或_____一些附属装备和物品,以提高汽车美观性、舒适性和安全性的行为。在装饰过程中所增加或更新的装备和物品,称为汽车_____用品。

4.汽车装饰应遵循_____、_____和_____的原则。

(二)判断题

1.汽车美容养护于20世纪80年代起源于欧美发达国家。（　　）

2.汽车美容装饰现已形成终端专业店、品牌连锁店、4S店、O2O等多种模式共同发展的局面。（　　）

3.从某种意义上讲,很大一部分汽车美容装饰文化都是由汽车用品厂家创造出来的。

（　　）

4.汽车美容装饰的4S店业态实行线上线下结合,推动了市场的透明化发展,很大程度上促进了市场服务水平的提升和车居DIY文化的发展。（　　）

5.国内最著名的汽车用品展有北京展和广州展,二者共同形成了中国汽车用品展会"一春一秋,一南一北"的格局。（　　）

6.事业合伙人创业是指具备某个企业事业合伙人资格的创业者参与企业内部"二次创业"的过程。（　　）

7.合伙创业的本质是团队自主创业。（　　）

8.自主创业是指创业者主要依靠自己的资本、资源、信息、技术、经验以及其他因素自己创办企业,解决就业问题并为社会经济发展贡献智力、财力的行为。（　　）

(三)简答题

1.汽车美容的原则是什么?

2.汽车装饰的原则是什么?

3.汽车美容装饰文化包含哪些内容?

4.汽车美容装饰包括哪些创业方式?

模块二　汽车美容与装饰职业认知

一、汽车基本知识

汽车美容与装饰技术人员要熟悉汽车内外饰件的组成、材质、特点以及车身结构等知识。在车辆信息记录及车况检查过程中，工作人员要能识别不同车型的基本信息，并对外观件、内饰件名称有清晰的认知；在实施汽车美容时，必须掌握汽车各个不同材质部位的特性及常见损伤种类；在实施汽车装饰时，要非常熟悉汽车车身结构。

（一）轿车车身结构

轿车广泛采用整体式车身（承载式车身），没有单独的车架，车身与车架合成一体，整个车身是由冲压成不同形状的薄钢板件用电阻点焊连接成的一个整体。轿车整体式车身结构如图 2-1、图 2-2 所示。

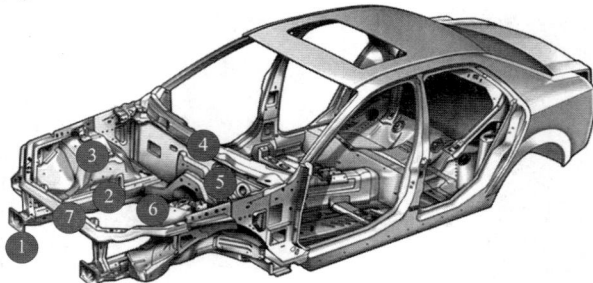

图 2-1　轿车前车身结构

1-前纵梁延伸板；2-前纵梁；3-前挡泥板；4-前围上盖板；5-前围板；6-中间梁；7-散热器支架

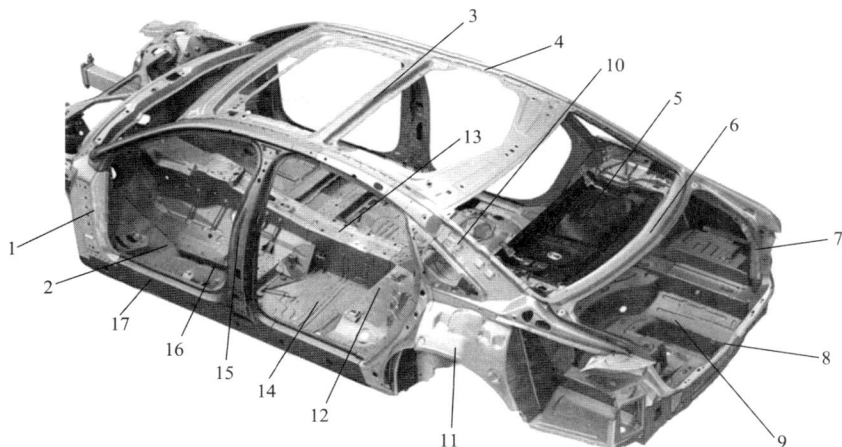

图 2-2　轿车中、后车身结构

1-前立柱;2-前地板;3-车顶横梁;4-车顶纵梁;5-后盖板;6-后上围板;7-后侧板;8-后围板;9-后地板;10-后立柱;11-后轮罩外板;12-后座椅横梁;13-地板隆起;14-中地板;15-中立柱;16-前座椅横梁;17-门槛

(二)汽车内外饰知识

汽车内外饰是汽车上能够被最直接感知的部分,其不仅是汽车的装饰,而且在安全、环保、节能等方面发挥着越来越重要的作用。汽车美容与装饰主要是在汽车内外饰的基础上进行,通过对内外饰各部件实施专业的清洁、翻新、护理、美容和装饰,提升汽车的外观形象和室内环境品质,提高汽车的舒适性和安全性。

1. 汽车外观件

汽车外观件是指在汽车外部能够看到的所有部件的总称,由安装在车身外侧的一系列附件组成。汽车外观如图 2-3所示。

1)保险杠系统

汽车保险杠属于被动安全件,是吸收缓和外界冲击力、防护车身前后部的安全装置。汽车保险杠的防护结构包括两部分:一是减轻行人受伤的软皮层,主要由弹性较大的塑料或其他弹性体制成;二是能吸收汽车一部分碰撞能量的装置。目前大多数轿车保险杠本体通常采用塑料材质。汽车前、后保险杠系统如图 2-4 所示。

图 2-3　汽车外观

a)前保险杠系统　　　　　　　b)后保险杠系统

图 2-4　汽车保险杠系统

汽车保险杠系统零部件常用材料见表 2-1。

保险杠系统零部件常用材料 表 2-1

序　号	零件名称	常用材料
1	保险杠本体	PP + EPDM-Tx
2	散热器格栅（中网）	ABS、ASA、PC + PET、PP + EPDM-Tx
3	雾灯格栅	ASA、PP + EPDM-Tx
4	前保险杠下部扰流板	PP + EPDM、PP + EPDM-Tx
5	前保险杠脱钩堵盖	PP + EPDM-Tx
6	牌照安装板	ASA、PP + EPDM-Tx
7	中部进气格栅	ASA、PP + EPDM-Tx

2）外后视镜

汽车外后视镜属于重要安全件，用来反映汽车后方、侧方和下方的情况，使驾驶员可以间接看清这些位置的情况，扩大驾驶员的视野范围。汽车外后视镜如图 2-5 所示。

汽车外后视镜主要由镜壳、基板、电动机或拉索、调节支座、镜片等零部件组成。镜壳通常由 ASA、改性 PP 等塑料制成。

3）前照灯

汽车前照灯，俗称汽车大灯，主要是在天气不好的状况下或夜间行车时，为驾驶员提供良好的照明条件。汽车前照灯如图 2-6 所示。

图 2-5　汽车外后视镜　　　　图 2-6　汽车前照灯

汽车前照灯主要由灯罩（配光镜）、灯泡、灯座、反光罩、透镜、灯光调节装置几部分组成。灯罩通常由 PMMA、改性 PC 等塑料制成，灯座通常由 ABS 等塑料制成。

4）尾灯

尾灯通常由示廓灯、转向灯、制动灯、后雾灯、倒车灯等组合而成，主要起警示、提醒行人和后方车辆的作用。汽车尾灯如图 2-7 所示。

汽车尾灯主要由灯罩（配光镜）、灯泡、灯座、反光罩几部分组成。汽车灯罩（配光镜）通常由 PMMA 塑料制成，灯座通常由耐热 ABS、PC 或 ABS、ASA 等塑料制成。

5）车轮

汽车车轮直接与路面接触，承受着汽车的质量，与汽车悬架共同来缓和汽车行驶时所受到的冲击，保证汽车有良好的乘坐舒适性和行驶平顺性，同时保证车轮和路面有良好的附着性,进而提高汽车的牵引性、制动性和通过性。汽车车轮如图 2-8 所示。

图 2-7　汽车尾灯

图 2-8　汽车车轮

汽车车轮主要由轮胎、轮毂、轮毂盖等部件组成。轮胎由橡胶材料制成;轮毂通常由钢、合金(铝合金、钛合金、镁合金)等材料制成,现在也开始出现由碳纤维材质制成的轮毂。轮毂盖通常由添加一定比例矿物粉的 PA6 塑料制成。

6)车窗

(1)风窗玻璃。

玻璃是以石英砂、纯碱、长石和石灰石等为主要原料,经熔融、成型、冷却固化而成的非结晶无机材料。

汽车风窗玻璃也是玻璃的一种,但汽车用玻璃必须满足《汽车安全玻璃》(GB 9656—2003)的要求,具有良好的抗冲击、耐磨、耐光照、耐辐射、耐湿和耐热性能。汽车玻璃都是安全玻璃,主要包括夹层玻璃、双层中空玻璃、电热玻璃和钢化玻璃等。汽车风窗玻璃如图 2-9 所示。

(2)车窗胶条。

汽车的前风窗和后风窗是常闭式的,在车身侧部的车窗与风窗玻璃之间用橡胶密封胶条连接,这种橡胶密封胶条通常称为车窗胶条,主要起密封与缓冲的作用,还可以防止车身受扭转窗口变形时损坏风窗玻璃。汽车车窗胶条如图 2-10 所示。

图 2-9　汽车风窗玻璃

图 2-10　汽车车窗胶条

车窗胶条主要采用异丁烯橡胶和三元乙丙橡胶(EPDM)材质。异丁烯橡胶密封条是在异丁烯橡胶中添加炭黑和黏结剂,用挤压成型的方法制成的材料;三元乙丙橡胶(EPDM)橡胶密封条抗老化性能非常好,工作环境温度范围在 −40 ~ 120℃。

2.汽车内饰件

汽车内饰件是指在汽车内部安装且能够被直观看到的部件,如图2-11所示。

1)仪表板系统

仪表板系统通常包含仪表板总成、副仪表板总成、仪表板横梁总成等零部件。其中仪表板主要包含本体(壳体)、仪表、空调控制系统、风道/风管、出风口、操作面板、开关、音响控制系统、除霜风口、除雾风口、杂物箱、左盖板以及装饰板等零件;副仪表板主要包含驻车制动器盖板、脚部风管、储物盒、金属加强件、烟灰盒、点烟器以及杯托等功能性零件。汽车仪表板系统如图2-12所示。

图2-11 汽车内饰件   图2-12 汽车仪表板系统

汽车仪表板系统零部件常用材料见表2-2。

汽车仪表板系统零部件常用材料   表2-2

序 号	零件名称	常用材料
1	仪表板	硬质仪表板:改性PP、ABS、ABS + PC、PPO; 软质仪表板:表皮采用PVC + ABS膜、PVC粉料,填充采用半硬泡PU,骨架采用ABS、钢板、PP、PP + 木粉、木纤 + 塑料等
2	手套箱	PP、ABS
3	副仪表板	PP + EPDM + TALC
4	出风口	ABS、PC + ABS
5	饰框	ABS、PC + ABS

2)门护板

门护板按其材料不同可分为硬质门护板和软质门护板两类。硬质门护板一般是用ABS或PP塑料注射而成;软质门护板一般是由骨架、发泡材料和表皮材料构成。常见的门护板骨架部分由塑料注射而成,然后再用真空成型的方法,将带有PU发泡材料的针织涤纶表皮复合在塑料骨架上。汽车门护板如图2-13所示。

3)座椅

汽车座椅一般由骨架、缓冲部分、面套和座椅附件四部分组成。座椅缓冲软垫(座椅填充物)通常由发泡成型的聚氨酯(PU)泡沫制成。座椅面套一般采用真皮、仿皮(人造革)或针织织物面料。汽车座椅如图2-14所示。

图 2-13 汽车门护板

图 2-14 汽车座椅

4）地毯

汽车地毯一般由面料层、中间骨架层和底料层构成。面料层常用 PET 针刺地毯面料和 PA 簇绒地毯面料；中间骨架层一般是将 PE、PP、EVA、EPDM 等橡塑粒子加热到熔融状态后均匀地背涂到地毯面料上；底料层一般采用水刺或针刺无纺布。汽车地毯如图 2-15 所示。

5）顶棚

汽车顶棚不仅能起到装饰的作用，还能起到隔音、隔热和保护车内人员头部的作用。汽车顶棚通常由蒙皮（饰面）和衬垫两部分组成。饰面材料主要采用织物、TPO 或 PVC 膜制成。汽车顶棚如图 2-16 所示。

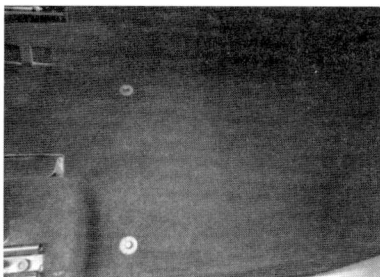

图 2-15 汽车地毯

图 2-16 汽车顶棚

（三）车辆识别代码（VIN）

车辆识别代码（简称 VIN 码），是汽车制造厂家为每辆汽车给定的一组特定代码。VIN 码由字母和数字组成，共 17 位，俗称十七位码，它包含了车辆的生产国家、制造厂家、汽车类型、品牌名称、车型系列、车身形式、发动机型号、车型年款等信息。VIN 码具有在世界范围内对一辆车的唯一识别性，将伴随着车辆的注册、保险、年检、维修与维护，直至回收或报废而载入每辆车的服役档案。

1. VIN 码组成

VIN 码由 WMI、VDS、VIS 三部分组成。

"WMI"部分为世界制造厂识别代码，它具有世界车辆制造厂的世界唯一性；"VDS"部分为车辆特征说明部分；"VIS"部分为车辆出厂特征的指示部分。

1）世界制造厂识别代码（WMI）

WMI 即 VIN 码的前三位，用以标识车辆的制造厂。

第1位:表示地理区域,如非洲、亚洲、欧洲、大洋洲、北美洲和南美洲。

第2位:表示一个特定地区内的一个国家。

第3位:表示某个特定的制造厂,由各国的授权机构负责分配。如果某制造厂的年产量少于500辆,则WMI的第三个字码是9。

2)车辆说明部分(VDS)

VDS即VIN码的第4~9位,每一位分别对车辆的车型特征进行描述。各厂家可以根据自己的需要定义每一位的含义,这6位字符通常包含的信息包括:

轿车:种类、系列、车身类型、发动机类型及约束系统类型。

MPV:种类、系列、车身类型、发动机类型及车辆额定质量。

载货车:型号或种类、系列、底盘、驾驶室类型、发动机类型、制动系统及车辆额定质量。

客车:型号或种类、系列、车身类型、发动机类型及制动系统。

其中,VIN码的第9位为检验位,用于检验VIN码的正确性,防止输入错误,同时也可以防止有人篡改VIN码。

3)车辆指示部分(VIS)

VIS即VIN码的第10~17位,是车辆制造厂为区别不同车辆而指定的一组代码。这组代码连同VDS部分一起,保证每家车辆制造厂在30年之内生产的每辆车的车辆识别代号具有唯一性。

第10位:车型年份,即厂家规定的型年(Model Year),是车辆制造厂为某个单独车型指定的,可以不考虑车辆实际制造的历法年份。只要实际周期不超过两个历法年,便可以和历法年份不一致。VIN码年代对应关系,见表2-3。

VIN码年代对应关系

表2-3

年份	数字	年份	字母	年份	字母	年份	数字
2001	1	2011	B	2021	M	2031	1
2002	2	2012	C	2022	N	2032	2
2003	3	2013	D	2023	P	2033	3
2004	4	2014	E	2024	R	2034	4
2005	5	2015	F	2025	S	2035	5
2006	6	2016	G	2026	T	2036	6
2007	7	2017	H	2027	V	2037	7
2008	8	2018	J	2028	W	2038	8
2009	9	2019	K	2029	X	2039	9
2010	A	2020	L	2030	Y	2040	A

第11位:装配厂。

第12~17位:顺序号。一般情况下,汽车召回都是针对某一顺序号范围内的车辆,即某一批次的车辆。

2. VIN码常见查找位置

汽车的VIN码通常可以在以下几个地方查找到,如图2-17所示。

图 2-17　汽车 VIN 码常见查找位置

1-主驾侧 B 柱或车门侧部；2-前风窗玻璃左下角；3-发动机舱减振底座；4-发动机舱散热器框架；5-发动机舱防火墙；6-副驾驶座椅下方

二、职业岗位职责

为达到最佳的服务水平和运营目标,汽车美容装饰企业需要根据企业类型(单店、连锁、加盟)、企业环境(稳定性)、企业规模等因素来设计组织架构,并根据组织经营管理需要和员工职业发展需要制定岗位职责,建立起各岗位的任务、责任、权力以及与其他岗位的关系,从而将工作内容、工作条件、报酬等结合起来,使员工明确自己在组织中应扮演的角色、应有的权力和应承担的责任,保证企业经营管理活动的有效开展。

1. 组织架构

以 20～30 人的中等规模汽车美容装饰连锁企业为例,常见组织架构设计如图 2-18 所示。

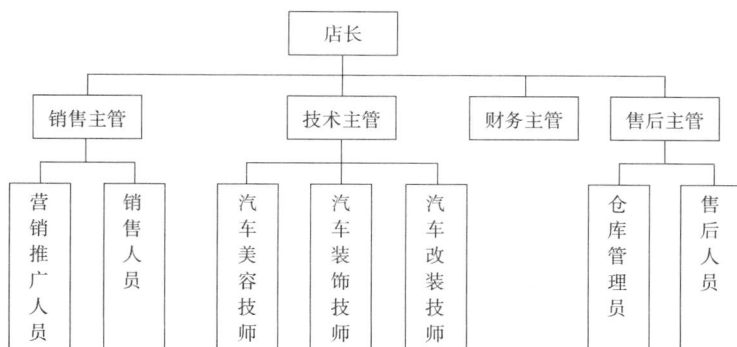

图 2-18　中等规模汽车美容装饰连锁企业常见组织架构

与汽车美容、汽车装饰等技术岗位相近的岗位有营销推广人员、销售人员、仓库管理员、售后专员等,发展岗位有技术主管、销售主管、售后主管、店长甚至公司经理等。

2. 岗位职责

1)汽车美容(装饰)学徒岗位职责

汽车美容(装饰)学徒岗位职责见表 2-4。

汽车美容(装饰)学徒岗位职责　　　　　　　　　　　表 2-4

岗位名称	汽车美容 (装饰)学徒	关联岗位 (横向)	销售人员 仓库管理人员	关联岗位 (纵向)	汽车美容(装饰) 技师
岗位描述	协助汽车美容(装饰)技师完成汽车美容(装饰)项目的技术服务与现场管理工作,满足客户需求并达到验收标准				
工作职责	(1)执行公司统一的规范标准,维护公司形象,做好公司对外的整体宣传; (2)服从技术主管和师傅的领导,听从师傅的安排,协助师傅工作; (3)努力学习和掌握汽车美容(装饰)知识、技术技能及操作规范,不断提高服务水平; (4)作业中,严格执行作业流程和操作规范,确保作业质量,提高作业效率; (5)做好工具设备日常维护管理和作业场地内清洁、整理工作; (6)树立服务意识、安全意识和环保意识,协助师傅做好客户服务、安全操作、现场管理等工作				
岗位目标	(1)完成公司制定的各项工作指标; (2)能通过公司定期组织的业务知识与技能考核				
工作权限	(1)对师傅的工作开展有建议权; (2)对责任区域内人员的言行规范、场地环境、工具设备有管理权; (3)对公司相关管理制度及办法有知情权和建议权; (4)对公司各项考核的过程、结果和结果运用有知情权				
岗位价值	(1)在岗位工作中发挥自身能力,体现个人价值; (2)在岗位平台上提升自己能力,赢取晋升机会,促进职业可持续发展; (3)获取应得"报酬",提升个人影响力和社会地位				
任职资格	(1)大、中专院校汽车相关专业毕业; (2)专业知识、技术技能达到汽车美容(装饰)学徒考核标准				

2)汽车美容(装饰)技师岗位职责

汽车美容(装饰)技师岗位职责见表 2-5。

汽车美容(装饰)技师岗位职责　　　　　　　　　　　表 2-5

岗位名称	汽车美容 (装饰)技师	关联岗位 (横向)	销售人员 仓库管理人员	关联岗位 (纵向)	技术主管汽车 美容(装饰)学徒
岗位描述	负责所有汽车美容(装饰)项目的技术服务与现场管理工作,满足客户需求并达到验收标准				
工作职责	(1)执行公司统一的规范标准,维护公司形象,做好公司对外的整体宣传; (2)服从技术主管的领导,安排、协调和督促汽车美容(装饰)学徒的工作; (3)接车时,同接待人员一起查看客户车况,并就所需进行的美容项目向客户提供建议或方案; (4)作业前,认真阅读《美容(装饰)工单》,按工单要求和流程标准进行作业; (5)作业中,合理安排汽车美容(装饰)学徒配合自己作业,严把质量关,既要确保施工效果,又要提高施工效率; (6)作业后,将《美容(装饰)工单》送交财务人员,以便及时打单结算收费; (7)交车时,向客户讲解本次美容(装饰)的效果和日常护理(使用)注意事项; (8)树立服务意识,与客户建立良好的服务关系,热情真诚地沟通并获取客户的汽车服务信息; (9)树立安全意识,严格执行安全操作规范,避免因操作失误造成车辆损伤和人员伤亡事故; (10)树立环保意识,节约资源,做好现场管理,妥善处理废旧物品; (11)不断总结提高,有好的经验和建议及时向技术主管提出,以便推广应用				

岗位目标	(1)完成公司制定的各项工作指标； (2)能通过公司定期组织的业务知识与技能考核
工作权限	(1)对客户车辆所需美容(装饰)项目、方案有建议权； (2)对作业过程有现场管理与监督权； (3)对汽车美容(装饰)学徒的工作开展有指导、协调和督促权； (4)对责任区域内人员的言行规范、场地环境、工具设备有管理权； (5)对公司相关管理制度及办法有知情权、建议权和表决权； (6)对公司各项考核的过程、结果和结果运用有知情权
岗位价值	(1)在岗位工作中发挥自身能力,体现个人价值； (2)在岗位平台上提升自己能力,赢取晋升机会,促进职业可持续发展； (3)获取应得"报酬",提升个人影响力和社会地位
任职资格	(1)大、中专院校汽车相关专业毕业； (2)3年以上汽车美容(装饰)学徒工作经验； (3)专业知识、技术技能达到汽车美容(装饰)技师考核标准

三、职业能力要求

职业能力是多种能力的综合,因此,可以把汽车美容与装饰职业能力分为方法能力、专业能力、社会能力和创新能力。

1.方法能力

1)信息收集和筛选能力

掌握汽车美容与装饰相关信息的收集渠道,对收集到的信息能进行正确识别和科学整理,有良好的信息素养。

2)自主学习能力

有自主学习意识,掌握多样化的自主学习技能和方法,能将所学运用于工作实践中,通过学习和探索、实践和创新,积极促进个人成长和职业发展。

3)职业规划能力

能正确认识自我,并根据所在岗位、企业、行业和社会环境以及发展形势制定职业发展规划。

4)计划制定、决策和实施能力

计划制定、决策和实施能力是指预先制订各类汽车美容装饰活动计划、准确决策相关事务和执行计划的能力。

2.专业能力

汽车美容与装饰行业要求从业人员具备的系统及熟练的专业能力,具体体现在以下九个方面:

(1)现代汽车、新能源汽车构造和工作原理分析能力；

(2)汽车使用操作和维护能力；

(3)汽车电器原理分析与常见故障检测能力；

(4)汽车内外饰件拆装能力；

(5)汽车美容用品销售与施工能力；

(6)汽车装饰用品销售与施工能力；

(7)汽车美容与装饰管理软件系统操作能力；

(8)汽车美容与装饰项目运营管理能力；

(9)行业发展方向分析能力。

3.社会能力

汽车美容与装饰行业要求从业人员具备能够适应岗位发展、促进职业成长的社会能力，具体体现在以下四个方面：

(1)良好的语言表达及社会交际能力；

(2)良好的职业素养和工作执行力；

(3)良好的团队合作精神和沟通、协调、组织能力；

(4)良好的现场管理能力、活动组织能力和公共关系处理能力。

4.创新能力

汽车美容与装饰行业要求从业人员具备能够适应行业变化和时代发展需要的创新能力，具体体现在以下三个方面：

(1)具备创新创业意识，有一定的创新创业能力；

(2)运用新技术、新方法分析和解决实际技术问题的能力；

(3)自觉关注行业发展趋势，能创新技术工艺、服务模式和服务理念。

四、职业道德规范

汽车美容装饰人员应具备较高的思想道德素质，自觉遵守职业道德规范，履行岗位职责，展示良好的服务品质、个人职业形象、企业形象和行业形象。

1.爱国守法

热爱祖国，热爱人民，拥护中国共产党领导，拥护社会主义。自觉遵守国家法律法规，不违背党和国家的方针政策。

2.爱岗敬业

热爱汽车美容与装饰行业，对企业忠诚，认真履行岗位职责。乐于奉献，对工作高度负责，追求精益求精。志存高远，不断提高和完善自己，在平凡的岗位上实现人生价值，充分体现社会主义职业精神。

3.诚实守信

对客户诚实，讲求信誉，不夸大产品功能、产品价格和服务效果，忠诚为客户服务。对企业诚实，重视信用，忠实履行自己承担的义务。对同事诚实，信守承诺，忠厚待人。

4.严格自律

不出卖企业利益，不泄露企业商业机密，不利用工作或职务之便谋私情、谋私利。

5.团结协作

有团队精神和合作意识，与同事平等友爱、相互合作、共同发展，促进工作高效开展，自觉服务于企业发展。

6. 文明生产

树立安全意识,严格执行安全操作规程,杜绝一切违规、违章行为。树立文明意识,做好作业现场管理,杜绝一切不文明生产行为。树立环保意识,节约资源,妥善处理废旧物品。

7. 服务客户

在不触犯企业正当利益的前提下,一切从客户的利益出发,为客户着想,努力为客户提供高质量的服务。

8. 奉献社会

树立奉献社会的职业理想,通过诚恳敬业的工作,自觉为客户和企业作贡献,通过创新和创造性工作,努力为行业和社会作贡献。

模块小结

(1)轿车广泛采用整体式车身(承载式车身),没有单独的车架,车身与车架合成一体,整个车身是由冲压成不同形状的薄钢板件用电阻点焊连接成的一个整体。

(2)汽车前、后保险杠属于被动安全件,普遍采用 PP + EPDM 材质,该材质具有良好的弹性和韧性。

(3)汽车前照灯灯罩普遍由聚碳酸酯 PC 材料制成,该材料具有优良的光学性能和力学性能。

(4)汽车 VIN 码俗称十七位码,由 WMI、VDS、VIS 三部分组成。"WMI"部分为世界制造厂识别代号,"VDS"部分为车辆特征说明部分,"VIS"部分为车辆出厂特征的指示部分。

(5)汽车 VIN 码可以在前风窗玻璃左下角、主驾侧 B 柱或车门侧部、发动机舱减振底座、发动机舱散热器框架、发动机舱防火墙、副驾驶座椅下方等几个地方查找到。

(6)接车时,汽车美容(装饰)技师应同接待人员一起查看客户车况,并就所需进行的美容项目向客户提供建议或方案。

(7)作业前,汽车美容(装饰)技师要认真阅读《美容(装饰)工单》,按工单要求和流程标准进行作业。

(8)作业中,汽车美容(装饰)技师应合理安排汽车美容(装饰)学徒配合自己作业,严把质量关,既要确保效果,又要提高效率。

(9)交车时,汽车美容(装饰)技师应向客户讲解本次美容(装饰)的效果和日常护理(使用)注意事项。

(10)汽车美容装饰从业人员应具备良好的方法能力、专业能力、社会能力和创新能力。

(11)汽车美容装饰从业人员应具有较高的思想道德素质,自觉遵守职业道德规范,履行岗位职责,展示良好的服务品质、个人职业形象、企业形象和行业形象。

(12)汽车美容装饰从业人员应自觉遵守职业道德规范,要做到爱国守法、爱岗敬业、诚实守信、严格自律、团结协作、文明生产、服务客户、奉献社会。

思考与练习

(一)填空题

1. 汽车前、后保险杠属于_____安全件,普遍采用 PP + EPDM 塑料材质,该材质具有良好的弹性和韧性。

2. 汽车前照灯灯罩普遍由聚碳酸酯 PC 材料制成,该材料具有优良的_____性能和力学性能。

3. 汽车 VIN 码俗称_____码,由 WMI、VDS、VIS 三部分组成。"WMI"部分为世界制造厂识别代号,"VDS"部分为_____说明部分,"VIS"部分为车辆出厂特征的指示部分。

4. 汽车 VIN 码可在_____、_____、发动机舱减振底座、_____、发动机舱防火墙、_____等几个地方查找到。

5. 汽车美容与装饰从业人员应具备良好的_____能力、_____能力、_____能力和创新能力。

(二)判断题

1. 轿车广泛采用整体式车身,没有单独的车架,车身与车架合成一体。( )

2. 汽车前、后保险杠属于主动安全件,普遍采用 PP + EPDM 塑料材质。( )

3. 汽车前照灯灯罩普遍采用聚碳酸酯 PC 材料,该材料的缺点是光学性能不佳。( )

4. 汽车 VIN 码的"WMI"部分为车辆特征说明部分。( )

5. 接车时,汽车美容(装饰)技师应同接待人员一起查看客户车况,并就所需进行的美容项目向客户提供建议或方案。( )

6. 交车时,汽车美容(装饰)技师应向客户讲解本次美容(装饰)的效果和日常护理(使用)注意事项。( )

7. 汽车美容装饰从业人员应具有较高的思想道德素质,自觉遵守职业道德规范,履行岗位职责,展示良好的服务品质、个人职业形象、企业形象和行业形象。( )

(三)简答题

1. 汽车内外饰件有哪些?

2. 汽车美容(装饰)师的工作职责是什么?

3. 汽车美容(装饰)师应具备哪些方面的创新能力?

4. 汽车美容装饰从业人员应遵守哪些职业道德规范?

模块三 汽车清洁护理

学习目标

1. 能说出汽车外观清洁的时机；
2. 能说出汽车外观件的护理方法；
3. 能使用外观清洁设备和工具对汽车进行清洁；
4. 能使用内饰清洁护理工具和产品对汽车内饰进行清洁护理；
5. 能使用发动机舱清洁护理工具和产品对汽车发动机舱进行清洁护理。

建议课时

8 课时。

根据汽车清洁护理部位的不同,可将汽车清洁护理分为外观清洁护理、内饰清洁护理和发动机舱清洁护理三部分,每部分均由清洁和护理两项工作组成。通过精细的清洁与专业的护理,使之达到汽车美容的效果。

一、汽车外观清洁护理

汽车外观清洁(即洗车)是汽车美容护理的首要环节,同时也是一个重要环节。它既是一种基础性的工作,也是一种经常性的美容作业。汽车在使用过程中,由于车身表面容易附着灰尘、泥土、废气颗粒、油污、焦油和沥青等污物,如果不及时进行清洁,不仅会影响汽车外观形象,还会对车身表面造成伤害。

汽车受日晒雨淋、风吹沙击、虫尸鸟粪侵蚀以及高温、严寒、强光、酸雨等恶劣环境的影响,导致车身表面受到侵蚀和伤害,进而严重影响车身装饰效果和使用寿命。因此,需要定期对汽车漆面和外观件进行维护。

由于汽车漆面美容护理项目种类多、工艺复杂、技术要求高,将单独在模块四中进行介绍,本模块只介绍汽车外观清洁和汽车外观件(不含漆面)的护理内容。

(一)汽车外观清洁

1. 汽车外观清洁知识

汽车外观清洁是指利用专用设备、工具和清洗剂对汽车车身及其外观件进行清洁处理,

使汽车保持原有风采的最基础美容项目或最基本美容工序。

1）汽车外观清洁的作用

（1）保持汽车外观整洁。

附着在车身上的灰尘、泥土等都会影响汽车的外观，为使汽车外观保持干净整洁，应经常对汽车外观进行清洁。

（2）消除大气污染的侵害。

大气中存在很多会对车身表面产生危害的污染物，此外，恶劣气象条件也会对车身表面产生危害。其中，酸雨的危害性最大，一旦其附着于车身表面，便会使漆面形成网纹或斑点，如不及时清洗则会造成漆层老化。

（3）清除车身表面顽渍。

车身表面黏附的树油、鸟粪、虫尸、焦油和沥青飞漆等顽渍，如不及时清除就会腐蚀漆面，给护理增加难度。

2）汽车外观清洁时机的选择

（1）根据气候状况选择。

①雨天。雨水呈酸性，而酸性物质对车辆的伤害很大。车身长时间淋雨会使其受到腐蚀；车底长期浸泡到酸性物质会发生氧化反应，造成车底生锈。因此，雨后应及时对车身进行清洁。如果遇到连续雨天，也要选择恰当时机及时清洁汽车外观。而且在这种环境下，空气潮湿，车内容易滋生细菌，还应对室内进行清洁和蒸汽消毒。

②灰霾天气。经历过灰霾天气后，车身会黏附大量灰尘和脏污，长时间后会在汽车表面形成顽固的"交通膜"，不仅影响车漆光泽，还会腐蚀漆面。尤其是玻璃部位，严重时会影响驾驶员视线，存在一定的安全隐患。在这种情况下，应及时进行清洁。

（2）根据行驶路况选择。

①工地。汽车行驶在工地或行经工地时，会有工地沙尘、污泥、沥青、水泥等黏附在车身后。因此，应及时进行彻底清洁，长时间黏附会伤及漆面。

②海岸。汽车行驶在海岸有露水或有雾区时，海水盐分会侵蚀车身表面，长时间后会使车身遭受严重腐蚀。在这种情况下，也应及时进行清洁。

③积雪撒盐道路。大雪过后，路面上通常会撒上融雪剂来加速冰雪融化。融雪剂中含有大量盐分，在这种路面上行驶后，盐分会随雪水黏附在车身上，并在一段时间后伤害车漆且侵蚀车身，也极易引发底盘生锈。因此，行驶过后应及时进行清洁。

（3）其他特殊情况。

鸟屎、虫尸、树胶、沥青、柏油、飞漆、水泥等杂物中含有大量高浓度的腐蚀性物质，这些物质非常容易侵蚀车身漆面。腐蚀性极强的脏物黏附在车身上的时间越长，对车身漆面及外观件表面的破坏性就越大，因此，应及时进行清除并清洁干净。

此外，极端天气状况下不宜进行汽车外观清洁，如夏季太阳暴晒及极度寒冷天气时，不宜立即清洁车身。

3）汽车外观污垢的种类

（1）水溶性污垢。水溶性污垢主要包括泥土、沙粒和灰尘等，这类污垢能溶于水中，因此很容易用水冲洗掉。

(2)非水溶性污垢。非水溶性污垢主要包括炭烟、矿物油、油脂、胶质物、铁锈和废气凝结物等,这类污垢不溶于水,一般需用清洗剂清洗。

4)清洗剂的除垢机理

清洗剂除垢包括润湿、吸附、溶解、悬浮和去污五个过程。

(1)润湿。清洗剂溶液对汽车表面上的污垢质点有很强的润湿力,使被清洗物的表面很容易被清洗剂溶液润湿,并促使它们之间形成充分接触。清洗剂溶液不仅能润湿污垢质点表面,而且能深入到污垢聚集体的细小空隙中,使污垢与被清洗表面因结合力减弱而松动。

(2)吸附。清洗汽车外表面时,既有物理吸附过程(分子间相互吸引)又有化学吸附过程(类似化学键的相互吸引)。清洗剂溶液中的电解质形成的无机离子吸附在污垢质点上,能改变对污垢质点的静电吸引力,并可防止污垢再沉积。

(3)溶解。溶解是指使污垢溶解在清洗剂溶液中。

(4)悬浮。清洗剂溶液中的表面活性物质能在污垢质点表面形成定向排列的分子层,使污垢质点和周围的水溶液牢固地联结在一起,使憎水性污垢产生亲水性质,使表面上的污垢脱落后悬浮于清洗剂中,进一步增加去污效果。

(5)去污。去污指用高压水枪将污垢冲掉的过程。通过这种润湿—吸附—溶解—悬浮—去污的过程,不断循环,或综合起作用,便可将汽车表面上的污垢清除干净。

5)汽车外观清洗剂种类及选用

(1)汽车外观清洗剂的种类。

①水性清洗剂。对于水溶性污垢,采用水性清洗剂即可达到较好的清洗效果。这种清洗剂一般由多种表面活性剂配制而成,有很强的浸润和分散能力,且配方中基本不含碱性盐类,不仅能有效去除一般性污垢,而且对漆面原有的光泽具有保护作用。

②有机清洗剂。对于非水溶性污垢,应采用有机清洗剂进行清洁。这种清洗剂主要用于去除车身表面的油脂类污垢,其主要成分是有机溶剂,国内产品中的有机溶剂主要有汽油、煤油、甲苯和二甲苯等。在使用中应尽量避免有机清洗剂与塑料、橡胶部件接触,以免造成老化。

③油脂清洗剂。油脂清洗剂又称为去油剂,具有极强的去油功能,主要用于发动机、轮毂等油污较重部位的清洗。目前市场上的油脂清洗剂有三类,即水喷去油剂、石化溶剂型去油剂和天然溶剂型去油剂。

(2)汽车外观清洗剂的选用。

进行汽车外观清洁时,不能选用洗衣粉、洗洁精等含碱性成分较大的普通洗涤用品。长期使用这些洗涤用品洗车会使车身漆面失去光泽,严重的会使车漆干裂,造成不可挽回的损失。因此,一定要使用专业清洗剂。

专业清洗剂均含有界面活性剂、功能性高分子材料,具有较强的渗透能力和增溶能力,可大大降低界面间的张力,既能有效去除车体表面的各类顽固污垢,同时又具有除雾、防锈功能,并且不含有害物质,长期使用不会损伤车体表面及皮肤。专业清洗剂pH值通常在7.0左右,特性温和,不会伤及汽车表面材质。

选用汽车外观清洗剂时,应根据污垢的种类和清洗剂特性、功能等因素合理进行选择。

2.汽车外观清洁方法

目前,汽车外观清洁主要有普通洗车和电脑自动洗车两种方法,如图 3-1 所示。

a)普通洗车　　　　　　　　　　b)电脑自动洗车

图 3-1　汽车外观清洁方法

1)普通洗车

普通洗车即人工洗车,指整个洗车过程主要由人工操作,借助冲洗、泡沫、吸尘等设备完成。普通洗车对洗车人员要求较高,如果洗车人员对工艺流程掌握不到位或操作不当,便会使车身泥沙对车漆多次造成划痕,导致车漆暗淡无光,甚至使漆面爆裂脱落。

2)电脑自动洗车

电脑自动洗车机是利用电脑对毛刷、高压水、车辆移动的控制来清洗汽车的一种设备,分为半自动洗车机和全自动洗车机两种。半自动洗车机一般是指无触摸式的洗车机,没有毛刷直接接触车身,通过设备的喷水清洗后,需要人工进行擦拭;全自动洗车机的洗车过程全部由电脑程序控制,只需要人工开启一些功能,汽车洗完就能够被开走。

电脑自动洗车的特点主要有如下三点。一是高效、省时,1.5min 左右即可完成对一辆车的清洁工作。二是不伤漆面。据测试,电脑自动洗车 50 次后车身油漆磨损小于 3×10^{-4} mm,而人工洗车磨损大于 1×10^{-3} mm。三是耗水量小,电脑洗车机一般都能对水进行循环利用。通常情况下,人工清洗一辆车用水量在 50L 左右,而配备污水循环净化器的电脑控制洗车设备清洗一辆车用水量为 0.7L 左右。

电脑洗车机主要由电脑控制装置、电路、气路、水路、机械机构和控制机构组成。常见的电脑洗车机有全电脑整车无刷清洗机、隧道式电脑洗车机、1+1 电脑洗车机、龙门式电脑洗车机等。

(1)全电脑整车无刷清洗机。

全电脑整车无刷清洗机能一次性对汽车进行整车外部清洁,它主要由高压喷水清洗系统和电脑控制系统组成。高压喷水清洗系统由水泵室、储水罐、输水管路、喷头和控制阀等组成。

清洗时,首先将待清洗汽车开到清洗停放的位置停稳,关好车门,然后关好清洗机门;启动控制系统,调好高压水压,打开喷头控制阀,按清洗工艺要求所规定的参数对汽车进行喷淋清洗;清洗完后停机,打开清洗机门,用干净的专用毛巾把车身外表擦干净,然后将车开出,对清洗质量进行检查。若不合格,则进行补救清洗,直到合格为止。

(2)隧道式电脑洗车机。

隧道式电脑洗车机如图 3-2 所示。

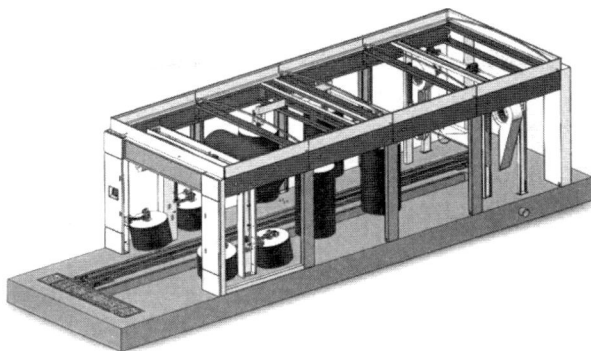

图 3-2　隧道式电脑洗车机示意图

隧道式电脑洗车机主要由输送机系统、高压喷水系统、高泡沫喷洒系统、滚刷系统、亮光蜡喷洒系统、强力吹风系统、擦干系统、控制操作箱等组成,各部分的作用见表 3-1。

隧道式电脑洗车机组成及作用　　　　　　　　　　表 3-1

组　　成	作　　用
输送机系统	(1)待清洗的汽车进入隧道时,轮胎的导正系统可使汽车停在输送机的停车轨道上; (2)输送机系统的功能是输送待清洗的汽车通过隧道而完成清洗
高压喷水系统	(1)采用强力电动机和水泵产生高压水,对汽车表面进行冲洗; (2)其功能是先将车身上的微小砂粒和灰尘除去,以便进行下一步安全刷洗
一对前小刷	前小刷可对汽车的下部外表进行刷洗,以便除去部分污垢
高泡沫喷洒系统	利用该系统向车身喷洒高泡沫洗车液,以增强清洗除污能力
滚刷系统	(1)由一对前大刷、一个前顶刷、一个后顶刷、一对轮刷、一对后大刷和一对后小刷组成了隧道式洗车机的滚刷系统; (2)大侧刷可依车型的斜度自动倾斜,轻柔而平稳地包裹车身,以达到良好的清洗效果。刷洗车身的前后刷毛似手臂,采用交叉式刷洗方法,洗车无死角,清洗效果最好。横卧式洗刷能干净、彻底地清除车身下方的严重污垢
壳光蜡喷洒系统	在滚刷刷洗之后,用亮光蜡喷洒系统对车身进行清洗后的护理,使车身漆更加鲜艳靓丽
强力吹风系统	由前风机和后风机组成,用清洁的高压空气将车身吹干
擦干系统	由特殊的绒毛布条组成,可将风干后所残留的水痕彻底擦拭干净
控制操作箱	由控制箱和操作控制台组成,其作用是完成对汽车清洁过程的操控

隧道式电脑洗车机的洗车过程是全自动的,只要将待清洗的车辆按要求停放在输送机的停车位置上,然后启动洗车机,即可进入洗车规定程序,约 90s 即可将车洗完,可实现快速、完全和无刮痕的洗车要求。

(3)1+1 电脑洗车机。

1+1 式电脑洗车机主要由主架、大刷、顶刷、蝶刷,风车等部件组成,其结构特点见表 3-2。

1＋1式电脑洗车机特点   表3-2

特　　点	描　　述
平衡的机械结构	因车型的大小、高低不同,采用平衡的洗车方式,洗车时毛刷与车身接触的各点、面皆保持平均压力,在最小的压力下,刷毛能彻底包裹车身,以达到最好的洗车效果
安全的防撞设计	在洗车过程中,各部位都有光电技术安全防护装置,有足够的防撞功能
独特的轮胎清洗方式	设有专用的轮胎刷洗喷头和轮刷,轮刷可正、反转进行刷洗,以达到最佳的清洗效果
先进的气压控制系统	气压控制系统是洗车时刷毛游走的中枢,每个部位都设有独立的调压阀,可保证洗车作业全程流畅
洗车机的特制刷毛	为满足清洗的不同需求,洗车机有传统的尼龙刷、高级的绒布刷、轻柔的棉质刷等
强力的吹干系统	每组风机系统都配有专用的电动机。鼓风机具有风压高、风量大、噪声小、吹风效果好等特点,采用光电控制,以车型进行升降,实现不接触的吹风流程
采用电脑新技术	电控线路规整,一目了然,采用精密的光电技术,独立控制,运行可靠
电脑操控台	(1)电脑操控台由故障显示、测试功能和记录电脑三部分组成。它能显示洗车机洗车过程中的故障状态,并通过指示图指导操作人员排除故障; (2)能测试洗车机手动、自动、电动机、气压控制、喷水、喷蜡、吹风系统的功能; (3)记录电脑有显示水洗数量、蜡洗数量、各车型数量、单日数量、累计数量等功能,且操作及维修简便

清洗时可实现全自动操作,也可手动控制操作。按操控台的指示操作,操作方法相对简单、方便,全过程约需1.5min。

(4)龙门式电脑洗车机。

龙门式电脑洗车机主要由机架、轨道、侧洗辊轮、俯洗辊轮、端洗辊轮和风机等部件组成,结构比隧道式机型和1＋1式机型简单。

清洗时,应把车开到清洗停车位置停稳,拉紧驻车制动器操纵杆,关闭车门;同时启动控制系统,调好清洗的水压、流速、时间等有关参数,然后便可开始清洗,全过程由电脑控制,洗完后自动停机;停机后将车开出,擦干车身并进行检查。如有质量问题,则要返工,并检查设备。

3.汽车外观清洁标准

以普通洗车为例,其对场地、设备、工具、工艺标准以及验收标准都有严格的要求。

1)场地标准

汽车外观清洁需要在专业的洗车车间内进行,专业洗车车间具备设施设备完善、布局合理、操作便捷、施工效率高、清洁质量能够得到保证以及符合环保要求等特点。

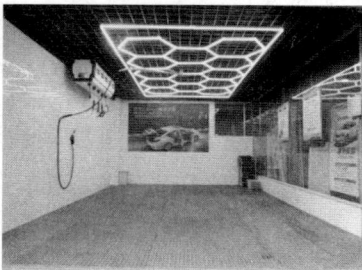

图3-3　专业洗车车间

(1)设施配置。

车间宽度为5m左右,长度为7m左右;天花板做防水处理,吊装格栅顶;墙面做防水处理;地面下部设置排水沟槽,表面铺设地格栅;根据场地状况和环保要求设置沉淀池、隔油池;并根据场地状况和设备放置要求设置设备间。专业洗车车间如图3-3所示。

(2)设备配置。

专业洗车车间设备配置见表3-3。

专业洗车车间设备配置　　　　　　　　　　　　　　　表 3-3

序　号	设　备	标　准	图　示
1	灯光系统	格栅顶配套专用灯光,照射亮度、范围能达到施工要求	
2	高压清洗机	选择带有遥控功能的高压清洗机	
3	高压摇臂	摇臂能 360°灵活旋转,连接高压水管和水枪	
4	洗车组合鼓	水、电、气、液组合鼓,带各式喷枪、电源插座、气枪	
5	配比器	起稀释外观清洗产品的功能,能够调节清洗产品浓度	
6	空气压缩机	选择无油静音空气压缩机	
7	吸尘器	选择功率较大、干湿两用吸尘器	

（3）管路布局。

专业洗车车间除配置标准的设施设备外,还要对水源、气源、电源等管路进行合理的设计规划,如图 3-4 所示。管路布局合理是专业洗车车间的重要保障。

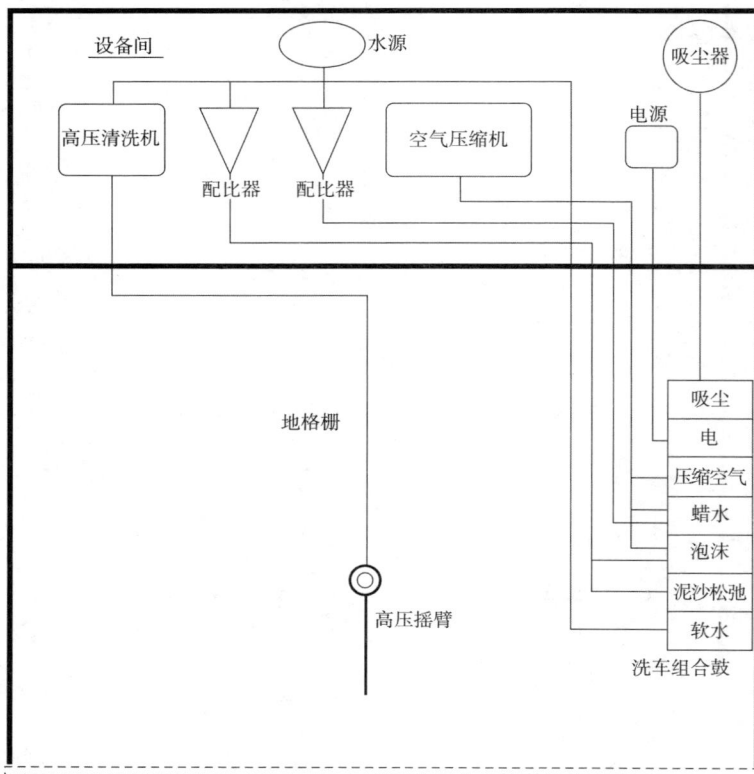

图 3-4　专业洗车车间内管路布局示意图

2）工具标准

在汽车外观清洁过程中,还需要用到一些专用工具,常用到的专业工具及作用见表 3-4。

汽车外观清洁工具标准　　　　　　　　　　表 3-4

工　具	图　示	作　用	工　具	图　示	作　用
工具车		放置清洁工具	擦车海绵		擦洗车身
脱水大毛巾		发动机舱盖、车顶、行李舱盖脱水	车身专用毛巾		擦干漆面水分

续上表

工　　具	图　　示	作　　用	工　　具	图　　示	作　　用
车裙专用毛巾		车裙部水分擦干	玻璃专用毛巾		擦干玻璃水分
门框专用毛巾		清洁门框	室内专用毛巾		清洁内饰
轮胎刷		刷洗轮胎	轮毂专用毛巾		擦干轮毂水分

3)工艺标准

汽车外观清洁工艺流程、具体技术要求及操作示范见表3-5。

汽车外观清洁工艺标准　　　　　　　　　　　　　　　表3-5

步　　骤	技　术　要　求	操作示范图
1.车况检查	快速检查汽车外观和室内情况,对损伤部位进行记录。 注意:检查完后让客户确认并签字	
2.车辆预洗	均匀喷洒泥沙松弛剂,使车身表面泥沙软化、松弛。 注意:喷洒时要与车身保持一定距离,以增大喷洒范围	
3.冲洗车身	用高压水枪(调成扇形出水)冲洗车身。 注意:冲洗顺序为车顶→后风窗玻璃→行李舱盖→后保险杠→右后翼子板→右后轮舱→右后门→右前门→右侧裙边→前风窗玻璃→刮水槽→右前翼子板→右前轮舱→发动机舱盖→前保险杠→左前翼子板→左前轮舱→左前门→左后门→左侧裙边→左后翼子板→左后轮舱	

步　骤	技　术　要　求	操作示范图
4.喷洒泡沫	均匀喷洒洗车液泡沫于车身表面。 注意:喷洒时要与车身保持一定距离,以增大喷洒范围	
5.清洁车身	用擦车海绵(或专用擦车手套)擦拭车身。 注意:两人从发动机舱盖前端开始同步擦拭,车身裙部留到最后,用裙部专用海绵单独擦拭	
6.清洁车轮	用轮胎刷刷洗轮胎,用轮毂专用海绵清洁轮毂。 注意:防止轮毂边缘部位割伤手	
7.冲洗车身	用高压水枪(调成扇形出水)将车身上的泡沫冲洗干净。 注意:冲洗顺序同第3步,中网、进气格栅、车标、胶条缝、门把手、后视镜、前照灯缝隙处要认真冲洗	
8.脱水擦车	大毛巾拖水(发动机舱盖、车顶、前后风窗玻璃和行李舱盖);三色毛巾擦干车身水分(漆面、玻璃、车身裙部)。 注意:从前脸开始向车尾拖水,拖水中将刮水器抬起在毛巾上抖干,再反向拖水一次;车身、裙部、玻璃毛巾不能混用	
9.缝隙除水	用气枪吹除进气格栅、车标、胶条缝、门把手、后视镜、车灯缝隙等处水分。 注意:气枪不能触碰车身表面;用毛巾将吹出的水分擦干	

续上表

步　骤	技　术　要　求	操作示范图
10. 清洁门框	用专用毛巾清洁门框。 注意:按"左前门框→左后门框→尾门框→油箱盖→右后门框→右前门框"的顺序清洁;毛巾折成 4 层(8 面),擦完 1 个门框更换 1 面;门框较脏时,用毛刷和清洗液刷洗后再擦干	
11. 取出脚垫	将脚垫略微弯曲后拿出车外。 注意:不要触碰到内饰;脚垫上的灰尘尽量不要掉落到车内地毯上	
12. 清洁脚垫	根据脚垫材质选用对应的清洁方法。 注意:对于皮革类脚垫,用万能泡沫洁剂配合毛巾进行;对于亚麻、化纤类脚垫,先用水枪冲洗,再喷洒清洗剂,用脚垫刷刷洗后甩干;对于橡胶、PVC 塑料、丝圈类脚垫,先用水枪冲洗,再喷洒清洗剂,用脚垫刷刷洗后擦干	
13. 物品收纳	将车内物品放入专用收纳盒内。 注意:收纳前观察好各物品的摆放位置;发现贵重物品或现金时,及时提醒车主对其进行保管	
14. 室内除尘	用吸尘器吸除车内所有储物格、座椅和地毯上的灰尘。 注意:吸尘顺序为从上到下;吸管不要碰到车漆,吸嘴不要碰到屏幕等易划伤部位;座椅吸尘时可先用手掌拍打几下再吸;不要忘记清洁烟灰缸	
15. 室内清洁	用万能泡沫清洁剂和室内专用毛巾清洁内饰件表面。 注意:按从上到下、从前到后的顺序清洁	

步 骤	技 术 要 求	操作示范图
16. 放回物品	将收纳到车外的所有物品放回车内。 注意：所有物品一定要放回原来的位置	
17. 放入脚垫	将清洁干净的脚垫略微弯曲后放入车内。 注意：不要碰到内饰；放入后调整好位置；主驾驶员一侧脚垫不要压住离合器踏板、加速踏板及制动踏板	
18. 检查交车	按验收标准进行自检，再交由质检人员或组长进行验收	

4）验收标准

汽车外观清洁验收标准见表3-6。

汽车外观清洁验收标准 表3-6

部 位	验 收 标 准
外观	车身清洁干净，无残留泥沙、灰尘和水迹； 后视镜、开门拉手、油箱盖、保险杠、进气格栅、车灯、车标、牌照、胶条缝隙等清洁干净，无残留泥沙、灰尘和水分； 轮胎、轮毂、轮舱清洁干净，无残留泥沙、灰尘和水分； 车身裙部清洁干净，无残留水分、泥沙、虫渍和沥青
驾驶室	全车门框、门边无水迹、无灰尘； 顶棚无灰尘和明显脏污； 仪表板、门护板、立柱护板清洁干净，无灰尘和水迹； 手套箱、扶手箱、杯孔、烟灰缸、门护板储物格清洁干净，无灰尘和明显脏污； 座椅无灰尘、脏物，坐垫整齐； 地毯清洁干净，无明显脏污、沙粒和灰尘，清洗后的脚垫放回原位； 室内物品全部放回原位，座椅位置恢复到之前位置
行李舱	行李舱门框无水迹、无灰尘； 行李舱内清洁干净，无灰尘和脏物； 行李舱内物品全部放回并摆放到位

（二）汽车外观件护理

1. 汽车外观件常见损伤情况

1）轮毂发黄（黑）

汽车制动时，制动盘会因摩擦产生很多铁粉吸附在轮毂上，长时间不清洁会造成轮毂发黄（黑）。

2）镀铬件失色、失光

汽车经长期风吹日晒后，会出现氧化层，造成外观失色、失光。

3）车身胶条、塑料件发白

车身经紫外线长期照射后发生老化，另造成塑胶件发白。

4）前风窗玻璃模糊不清

车辆尾气中含有的油性物质附着在玻璃上一段时间后会形成油膜，使用刮水器难以将其清洁干净。另外，玻璃接触到含有有色物质的水（一旦凝固后很难去除）后会产生水痕，洗车时难以清除掉，下雨天刮水器刮水后便会使玻璃变得模糊不清。此外，本车风窗玻璃被对向车灯照射后会出现"白茫茫、成块状"的印迹，影响驾驶员视线。

5）前照灯发黄、模糊不清

前照灯长时间使用后灯罩会出现发黄现象。另外，前照灯遭到剐蹭后会出现划痕，从而模糊不清。

汽车外观件出现以上这些损伤情况时，不但会影响汽车外观的整洁和靓丽，甚至还会影响到行车的安全。因此，需要选用正确的产品和工具对汽车各外观件进行恢复和护理。

2. 汽车外观件护理方法

1）轮毂镀膜护理

（1）清洗。清洗指用高压水枪、轮毂清洁毛刷清洗轮毂，清除轮毂上的灰尘和沙粒。

（2）清洁。清洁指用铁粉去除剂去除轮毂上黏附的铁粉和氧化层。此外，也可用洗车泥去除，如果效果不理想，应再用毛巾沾上漆面研磨剂进行手工研磨，但研磨后需要进行手工抛光还原处理。

（3）风干。风干是指用干毛巾配合气枪吹干轮毂表面的水分。

（4）脱脂。将油脂脱脂剂喷在干净的干毛巾上，在轮毂上进行擦拭脱脂。

（5）镀膜。用专用镀膜海绵将轮毂镀膜剂均匀涂抹在轮毂表面，如图3-5所示。

2）玻璃镀膜护理

（1）清洗。清洗汽车车身，注意清洗干净玻璃上的灰尘和脏污。

（2）清洁。用洗车泥深度清洁玻璃，去除氧化层、制动铁粉等顽固污垢。玻璃上氧化层较严重时，可使用抛光机配合研磨剂进行处理，并在处理结束后进行还原处理。

（3）脱脂。用无纺布和脱脂剂对玻璃表面进行脱脂处理，也可用酒精代替脱脂剂。

图3-5　轮毂镀膜

（4）遮蔽。将玻璃周围不需要镀膜的部位用遮蔽纸防护好。

（5）镀膜。将玻璃镀膜剂用专用镀膜海绵均匀地涂抹在玻璃上，等待2min左右，用干净的毛巾将多余的镀膜剂擦干。

玻璃镀膜剂具有很强的疏水性，镀膜后可以提升玻璃的拨水性能，雨天能够使视野更为清晰，玻璃镀膜前后的拨水性对比情况如图3-6所示。同时，灰尘及污渍难以附着在玻璃表面上，使玻璃表面更容易被清洁，有效降低刮水器磨损。

3）前照灯镀膜护理

（1）查看前照灯。查看前照灯及灯罩受损情况，并将评估修复后的效果告知客户。

（2）拆卸前照灯。按要求正确拆下前照灯总成。

（3）前照灯修复。灯罩表面有划痕时，根据划痕深浅选择合适型号（从粗到细）的砂纸打磨，再进行抛光和还原处理。

（4）脱脂处理。用无纺布和脱脂剂对灯罩表面进行脱脂处理。

（5）清洁灯罩。用毛巾、气枪将前照灯上的水分、打磨粉尘清洁干净。

（6）遮蔽防护。把不需要镀膜的部位用遮蔽膜防护好。

（7）前照灯镀膜。应将前照灯镀膜剂用专用毛巾均匀涂抹在灯罩表面，如图3-7所示。

图3-6　玻璃镀膜前后的拨水性对比　　　　图3-7　前照灯镀膜

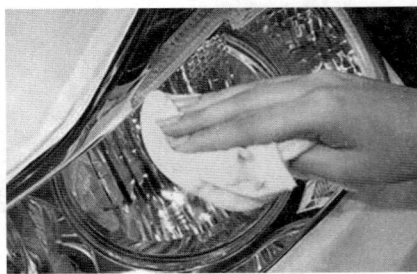

（8）安装检查。按照安装顺序正确安装前照灯，打开灯光开关，检查前照灯工作是否正常。

4）镀铬件（亮条）翻新护理

汽车外观镀铬件长时间与空气、水分以及其他氧化物质接触后，会慢慢出现氧化腐蚀现象，汽车表面会布满密密麻麻的锈点。在这种情况下，应对汽车进行修复和护理，具体方法是：清洁干净后，用洗车泥去除氧化层；效果不理想时，可用研磨剂和毛巾进行手工研磨和抛光处理，最后再涂抹镀铬件翻新剂或镀膜剂进行护理。如果镀铬件表面状况良好，清洁后直接进行翻新或镀膜即可。

5）塑胶件翻新及护理

汽车外观塑胶件经长期日晒雨淋而老化发白，可以使用塑胶件翻新护理剂进行翻新和护理，具体操作方法是：清洁干净塑胶件后，用海绵将喷塑胶件翻新护理剂均匀涂抹在塑胶件表面，再进行擦拭即可。

二、汽车内饰清洁护理

汽车室内是一个相对封闭的狭小空间，受人员频繁进出、空调循环、车窗开关以及车内人员吸烟、汗渍挥发等因素影响,汽车顶棚、座椅、仪表台、出风口、门护板、地毯等内饰件会附着大量灰尘、污垢,从而使车内滋生细菌、空气变质产生刺激性气体等,危害人体健康。同时,汽车长期在太阳下暴晒,仪表台、真皮座椅、门板、转向盘饱受通过车窗进入的紫外线侵袭,易造成塑胶件、皮革件过早老化和失色。因此,需要定期开展内饰清洁护理工作,以营造健康、优良、舒适的车居环境。

(一)汽车内饰清洁护理知识

1.汽车室内污垢的种类

1)水溶性污垢

汽车室内的水溶性污垢主要是糖浆或果汁中的有机酸、血液及具有黏附性的液体等。

2)非水溶性固体污垢

汽车室内的非水溶性污垢主要有泥、沙、金属粉末、铁锈、虱虫等。

3)油脂性污垢

汽车室内的油脂性污垢主要有润滑油、漆类产品、油彩、沥青及食物油等。

2.汽车室内污垢的形成过程

1)黏附

污垢会在重力的作用下停落或黏附在物件表面,当产生压力或摩擦力时,会渗入物件的表层,变得难以去除,如汽车玻璃及仪表板上的灰尘等。

2)渗透

饮料或污水会渗入物件的表面,被物件吸收,导致很难清除。如车门内饰板、后挡台、脚垫上的饮料或血渍等。

3)凝结

黏性污垢变干凝固后,会紧紧黏附在物件表面,如汽车内饰丝绒、脚垫或地毯表面的轻油脂类污垢等。

3.汽车内饰常用清洁护理用品

1)内饰清洗液

汽车内饰清洗液利用活性因子来激活内饰件上的污渍,使污垢快速分解并脱离附体表面,其 pH 值为7,呈中性,使用过程中不会对内饰和工作人员手部造成伤害。使用内饰清洗液前,要按比例与水进行配置,再将配置好的液体加入内饰清洗枪中,借助压缩空气以雾状的形式喷洒在内饰件表面进行清洗。

2)万能泡沫清洁剂

万能泡沫清洁剂喷出后呈细腻的泡沫状,其含有抗菌、芳香成分,去污能力强,能快速使汽车内饰件表面光洁如新,使用时只需喷洒和擦抹即可。万能泡沫清洁剂一般用于清除汽车内饰污渍,可用于汽车顶棚、仪表板、门护板、座椅和地毯的清洁。

3)内饰镀膜液

在内饰件表面涂抹汽车内饰镀膜液后,会形成一层纳米保护层,能有效防止污渍腐蚀和高温氧化发白等问题。

4）表板蜡

表板蜡可用于对仪表板、立柱及门护板进行有效的清洁和护理，防止紫外线的侵蚀，使板材产生抗静电特性，防止板材失色、龟裂和老化。

5）真皮护理镀膜剂

真皮护理镀膜剂通过特有的渗透功能，用天然的营养精华对真皮进行清洁、滋润，可使真皮更加柔和、富有弹性，有效延长真皮的使用寿命。

（二）汽车内饰清洁护理标准

汽车内饰清洁护理是一项系统、细致的作业，一定要遵循规范的操作程序，同时也要遵循由高处到低处的原则，即从顶棚到座椅、玻璃、仪表板、门护板开始进行，最后清洁地毯、脚垫等。

1. 工具标准

汽车内饰清洁护理需要由专用工具和产品配合进行，常用工具见表3-7。

汽车内饰清洁护理工具标准 表3-7

工 具	图 示	作 用	工 具	图 示	作 用
工具车		放置清洁护理工具	收纳盒		收纳车内物品
内饰毛巾		擦拭，按清洁部位不同选用不同毛巾	风口清洁毛刷		清洁空调出风口
内饰清洗枪		借助压缩空气雾化喷洒内饰清洗液	真皮镀膜海绵		室内座椅等真皮部位镀膜

2. 工艺标准

汽车内饰清洁护理工艺流程、具体技术要求及操作示范见表3-8。

汽车内饰清洁护理工艺标准 表3-8

步 骤	技 术 要 求	操作示范图
1. 车况检查	快速检查汽车外观和室内情况，对损伤部位进行记录。 注意：检查完后让客户确认并签字	

步　骤	技 术 要 求	操作示范图
2.收纳物品	将车内物品放入专用收纳盒内。 注意:收纳前观察好各物品的摆放位置;发现贵重物品或现金时,及时提醒车主进行保管	
3.清洁门框	用内饰清洗剂配合软毛刷清洁门框、车门密封条、车门铰链等位置,再用干毛巾擦干	
4.室内吸尘	用吸尘器吸除车内灰尘。 注意:吸尘时遵循从高到低的原则	
5.顶棚清洁护理	喷洒顶棚清洁剂或万能泡沫清洁剂,待泡沫浸透污渍后,用干净的内饰专用毛巾擦拭、清洁。 注意:尽量不要选用深色毛巾清洁顶棚	
6.仪表板清洁护理	用万能泡沫清洁剂配合软毛刷清洁空调出口,配合内饰专用毛巾清洁仪表板。清洁完成后,喷洒表板蜡或真皮上光保护剂进行护理。 注意:万能泡沫清洁剂不要直接喷在玻璃上,也不要直接喷在电子开关和液晶屏幕上	
7.玻璃清洁	用玻璃专用毛巾配合玻璃清洁剂进行清洁	

续上表

步　骤	技　术　要　求	操作示范图
8. 座椅清洁护理	用万能泡沫清洁剂配合内饰专用毛巾清洁座椅,待真皮座椅表面干透后,喷洒真皮上光保护剂或用专用海绵将真皮镀膜剂均匀涂抹在座椅表面。 注意:织物座椅不需要清洁和镀膜,只需拆下座套或座垫进行清洗即可	
9. 立柱及门护板清洁护理	用万能泡沫清洁剂配合内饰专用毛巾清洁立柱及门护板,清洁完成后,喷洒表板蜡或真皮上光保护剂进行护理	
10. 地毯清洁护理	用内饰清洗液或万能泡沫清洁剂配合毛巾清洁地毯	
11. 行李舱清洁护理	打开尾门,用收纳盒收好行李舱物品,妥善保管。用内饰清洗液配合毛刷和毛巾清洁尾门框。对行李舱进行吸尘操作,用内饰清洗液或万能泡沫清洁剂配合毛巾清洁行李舱	
12. 放回物品	将收纳到车外的所有物品放回车内	
13. 检查交车	按验收标准进行检查,再交由质检人员或组长进行验收	

三、汽车发动机舱清洁护理

(一)汽车发动机舱清洁护理知识

汽车发动机清洁护理包括内部清洁护理和外部清洁护理两部分。内部清洁护理是指对燃油与空气供给系统、润滑和冷却系统进行免拆清洁护理;外部清洁护理是指对发动机及其舱内零部件表面进行清洁和护理,即发动机舱清洁护理,通常被专业人士称为发动机美容。

1. 汽车发动机舱清洁护理的重要性

发动机舱是否整洁不仅关乎车辆的整洁和美观,更关乎用车安全,因此,对发动机舱的清洁护理显得非常重要,主要体现在以下四个方面:

(1)发动机舱内油路、电路等塑胶线材表面缺少专业的养护会导致其过早老化和龟裂。

(2)发动机表面的油污受热会形成蒸汽,蒸汽和灰尘混合在一起,时间变长后就会形成油泥,阻碍发动机有效散热、造成功率下降、油耗增大,且易引发车辆自燃。

(3)发动机舱处于封闭、潮湿和高温的环境中,舱内蓄电池接头容易腐蚀生锈,导致接触不良。

(4)汽车经常停在树下时,树叶等杂物易从发动机舱盖和前风窗玻璃之间掉入发动机舱内,在高温机舱内容易燃烧,存在安全隐患。

2. 汽车发动机舱清洁护理的好处

汽车发动机舱清洁护理的好处主要体现在以下五个方面:

(1)去除油污、减少腐蚀。

(2)去除油污影响,保证发动机正常工作。

(3)防止高温引起油污、杂物燃烧。

(4)减缓线束、管路、塑胶件老化。

(5)保持发动机舱内干净整洁。

3. 汽车发动机舱常用清洁护理产品

1)发动机外部清洗剂

(1)产品性能:发动机外部清洗剂是以煤油为基础料的去油剂(也称作溶剂)。该清洗剂是生物不可降解型,因此,应妥善处理用后的脏液。发动机外部清洗剂能去除较重的油污,能快速乳化、分解并去除油污,且不腐蚀机体及零部件;产品呈碱性,含有缓蚀剂成分;水溶性好,可完全生物溶解,易用水冲洗,且不留残余物。

(2)适用范围:适用于发动机外表及底盘等部位的清洗。

(3)使用方法:用水稀释后,喷洒在待清洗物表面上;用适量的高压水冲洗;用布擦干净,或用压缩空气吹干。

(4)注意事项:因产品呈碱性,故需稀释后使用,稀释比例按产品使用说明书要求进行。

2)发动机外部清洁养护用品

发动机外部清洁养护用品主要有发动机外部清洗剂、发动机外部保护剂、除锈剂、汽车线束保护剂、电子清洁剂、橡胶清洗剂、橡胶保护剂等。

（二）汽车发动机舱清洁护理标准

1. 工具标准

汽车发动机舱清洁护理需要由专用工具和产品配合进行，常用工具见表3-9。

汽车发动机舱清洁护理工具标准　　　　　　　　　　表3-9

工　具	图　示	作　用	工　具	图　示	作　用
工具车		放置清洁护理工具	发动机清洗枪		用压缩空气喷洒清洗液进行舱内清洁
遮蔽纸		防护漆面；遮蔽舱内电气设备及电子元器件	发动机舱专用毛刷		刷洗发动机舱内部件
发动机舱专用毛巾		清洁发动机舱	砂纸		打磨蓄电池端子及接头氧化层
镀膜海绵		将专用镀膜涂在发动机表面			

2. 工艺标准

汽车发动机舱清洁护理工艺流程、具体技术要求及操作示范见表3-10。

汽车发动机舱清洁护理工艺标准　　　　　　　　　　表3-10

步　骤	技　术　要　求	操作示范图
1. 车况检查	检查车辆外观、仪表指示灯、发动机运转、发动机舱内部件情况；记录检查情况，让客户确认并签字。 　注意：待冷却风扇停转后，再打开发动机舱盖进行检查；检查发动机舱内各部件是否有损伤，是否有漏油、气、水等现象	
2. 车辆防护	用遮蔽纸或专用防护套件防护左右翼子板、前保险杠和前风窗玻璃	

步　骤	技　术　要　求	操作示范图
3.舱内除尘	用气枪或发动机清洗枪吹除灰尘。 注意:使用发动机清洗枪除尘时,需要关闭出液口	
4.电气设备防护	用塑料遮蔽纸防护电气设备及电子元器件。 注意:防护部位包含保险盒、发电机、电脑单元、起动机、高压包、电路插接件以及电器、电路破损部位	
5.舱内清洗	用发动机清洗枪清洗发动机舱。 注意:待发动机冷却后再进行清洗;按从上到下、从左到右的顺序进行清洗;可用清洗枪枪头自带的毛刷或专用毛刷配合刷洗;待清洗液充分溶解污渍后,再用专用毛巾擦干	
6.舱内风干	用气枪吹水,并使用干毛巾配合擦拭。 注意:电气设备及电子元器件周边的水分要清除干净	
7.去除防护	去除塑料遮蔽纸,并用毛巾沾少量清洗液清洁防护部位 注意:用砂纸清洁或打磨蓄电池端子及接头氧化层	
8.线束护理	将线束绝缘护理剂均匀喷洒在线束和橡胶管路表面	

步　骤	技　术　要　求	操作示范图
9.镀膜护理	用专用镀膜海绵将发动机镀膜剂均匀涂抹在发动机表面等塑胶件表面	
10.质检交车	按验收标准进行检查,再交由质检人员或组长进行验收	

技能实训

(一)汽车外观清洁

1.准备工作

(1)场地:专业洗车车间(需做防水处理和排水设计,带沉淀池和隔油池)。

(2)设备:实训车辆、车轮挡块、高压清洗机、洗车组合鼓、配比器、空气压缩机、吸尘器;枪、气枪、泡沫枪、工具车、擦车海绵、脱水大毛巾、车身专用毛巾、车裙专用毛巾。

(3)工具:高压水玻璃专用毛巾、门框专用毛巾、室内专用毛巾、轮胎刷、轮毂专用毛巾。

(4)防护用品:工作服、防护手套、防水鞋。

2.实训过程

(1)检查车况(外观和室内),并将检查情况记录在车况检查表里。

(2)均匀喷洒泥沙松弛剂于车身表面。

(3)用高压水枪按"从上到下、从前到后"的顺序冲洗车身。

(4)均匀喷洒洗车泡沫于车身表面。

(5)用擦车海绵擦拭车身。

(6)用轮胎刷刷洗轮胎,并用专用海绵清洁轮毂。

(7)用高压水枪按"从上到下、从前到后"的顺序冲洗车身。

(8)两人配合用大毛巾从车头开始向后脱水,再用专用毛巾擦除车身、车裙、玻璃上的水分。

(9)用气枪吹除车身缝隙中的水分。

(10)打开车门,用门框专用毛巾清洁门框。

(11)取出并清洁脚垫。

(12)用物品收纳盒收纳车内物品。

(13)用吸尘器吸除车内储物格、座椅和地板上的灰尘、脏物。

(14)用室内专用毛巾配合万能泡沫清洁剂清洁仪表板、门护板、立柱护板等部件。

(15)将收纳出车外的物品放回车内原位。

(16)放入脚垫,将座椅调整至原位。

(17)按验收标准进行自检和互检。

(二)汽车外观件护理

1.准备工作

(1)场地:汽车美容车间。

(2)设备:实训车辆、车轮挡块、抛光机。

(3)工具:铁粉去除剂、气枪、油脂脱脂剂、镀膜海绵、轮毂镀膜剂、洗车泥、玻璃镀膜剂、美容砂纸、前照灯研磨剂、抛光盘、前照灯镀膜剂、镀铬件镀膜剂、塑胶件翻新护理剂。

(4)防护用品:工作服、防护口罩。

2.实训过程

1)轮毂镀膜护理

(1)用铁粉去除剂或洗车泥去除轮毂上的铁粉和氧化层。

(2)用轮毂专用毛巾清洁轮毂,并用气枪吹干轮毂上的水分。

(3)用毛巾配合油脂脱脂剂对轮毂进行脱脂。

(4)用镀膜海绵将轮毂镀膜剂均匀涂抹在轮毂表面。

2)玻璃镀膜护理

(1)用洗车泥深度清洁玻璃表面的氧化层。

(2)用玻璃专用毛巾清洁玻璃。

(3)用毛巾配合油脂脱脂剂对玻璃表面进行脱脂处理。

(4)用塑料遮蔽纸遮蔽玻璃周边。

(5)用镀膜海绵将玻璃镀膜剂均匀涂抹在玻璃表面。

3)前照灯镀膜护理

(1)查看灯罩受损情况,评估修复效果。

(2)拆卸前照灯总成。

(3)用美容砂纸、抛光机、研磨剂修复灯罩上的划痕,修复完后进行还原处理。

(4)用毛巾配合油脂脱脂剂对灯罩表面进行脱脂处理。

(5)用毛巾清洁灯罩。

(6)用塑料遮蔽纸遮蔽灯罩周边。

(7)用镀膜海绵将大灯镀膜剂均匀涂抹在灯罩表面。

(8)安装前照灯总成。

(三)汽车内饰清洁护理

1.准备工作

(1)场地:汽车美容车间。

（2）设备：实训车辆、车轮挡块、工具车。

（3）工具：收纳盒、内饰清洗枪、内饰清洗液、内饰毛巾、清洁毛刷、镀膜海绵。

（4）防护用品：工作服、防护口罩。

2. 实训过程

（1）收纳室内、行李舱内物品（收纳盒）。

（2）清洁门框、车门密封条、车门铰链（内饰清洗枪、内饰清洗液、毛刷、毛巾）。

（3）室内吸尘（吸尘器）。

（4）清洁护理顶棚（顶棚清洁剂/万能泡沫清洁剂、浅色内饰毛巾）。

（5）清洁仪表板、空调风口（万能泡沫清洁剂、软毛刷、内饰毛巾）。

（6）护理仪表板（表板蜡/真皮上光保护剂）。

（7）清洁玻璃（无纺布、玻璃清洁剂）。

（8）清洁座椅（万能泡沫清洁剂、内饰毛巾）。

（9）护理真皮座椅（镀膜海绵、镀膜剂）。

（10）清洁立柱及门护板（万能泡沫清洁剂、内饰毛巾）。

（11）护理立柱及门护板（表板蜡/真皮上光保护剂）。

（12）清洁护理地毯（内饰清洗液/万能泡沫清洁剂、内饰毛巾）。

（13）清洁尾门框（内饰清洗枪、内饰清洗液、毛刷、毛巾）。

（14）清洁护理行李舱（吸尘器、内饰清洗液/万能泡沫清洁剂、内饰毛巾）。

（15）放回室内、行李舱内物品。

（16）进行自检和互检。

（四）汽车发动机舱清洁护理

1. 准备工作

（1）场地：专业洗车车间。

（2）设备：实训车辆、车轮挡块、工具车。

（3）工具：塑料遮蔽纸、发动机清洗枪、发动机清洗液、长把毛刷、砂纸、镀膜海绵、发动机镀膜剂。

（4）防护用品：工作服、防护手套、防护口罩。

2. 实训过程

（1）检查发动机舱。

（2）遮蔽防护前翼子板、前保险杠、前风窗玻璃（塑料遮蔽纸）。

（3）舱内除尘（气枪）。

（4）遮蔽防护舱内电气设备及电子元器件（塑料遮蔽纸）。

（5）清洗发动机舱（发动机清洗枪、发动机清洗液、毛刷）。

（6）风干发动机舱（毛巾、气枪）。

（7）去除防护部位的塑料遮蔽纸。

（8）护理舱内线束（线束绝缘护理剂）。

（9）发动机表面镀膜（镀膜海绵、发动机镀膜剂）。

（10）进行自检和互检。

模块小结

（1）根据部位的不同，汽车清洁护理可分为外观清洁护理、内饰清洁护理和发动机舱清洁护理三部分，每部分都由清洁和护理两项工作组成。

（2）汽车外观清洁的作用是保持汽车外观整洁，消除大气污染侵害和清除车身表面顽渍。

（3）汽车外观清洁时机应视气候状况、行驶路况和其他特殊情况而定。

（4）汽车外观污垢有水溶性污垢和非水溶性污垢两类。

（5）清洗剂除垢包括润湿、吸附、溶解、悬浮和去污五个过程。

（6）汽车外观清洗剂有水性清洗剂、有机清洗剂和油脂清洗剂三类。

（7）专业洗车车间内的设备配置有灯光系统、高压清洗机、高压摇臂、洗车组合鼓、配比器、空气压缩机和吸尘器等。

（8）专业洗车车间除配置标准的设施设备外，还要对水、气、电源等管路进行合理布局。

（9）汽车外观清洁工艺流程为：车况检查→车辆预洗→冲洗车身→喷洒泡沫→清洁车身→清洁车轮→冲洗车身→脱水擦车→缝隙除水→清洁门框→取出脚垫→清洁脚垫→物品收纳→室内除尘→室内清洁→放回物品→放入脚垫→检查交车。

（10）汽车室内污垢分为水溶性污垢、非水溶性固体污垢和油脂性污垢三类。

（11）汽车室内污垢的形成过程分三个阶段，依次是黏附、渗透和凝结。

（12）汽车内饰的清洁护理要遵循由高处到低处的原则，即从顶棚到座椅、玻璃、仪表板、门护板开始进行，最后清洁地毯。

（13）汽车内饰清洁护理工艺流程为：车况检查→收纳物品→清洁门框→室内吸尘→顶棚清洁护理→仪表板清洁护理→玻璃清洁→座椅清洁护理→立柱及门护板清洁护理→地毯清洁护理→行李舱清洁护理→放回物品→检查交车。

（14）汽车发动机舱清洁护理工艺流程为：车况检查→车辆防护→舱内除尘→电气设备防护→舱内清洗→舱内风干→去除防护→线束护理→镀膜护理→质检交车。

思考与练习

（一）填空题

1. 汽车清洁护理根据部位的不同，可分为＿＿＿＿＿清洁护理、＿＿＿＿＿清洁护理和＿＿＿＿＿清洁护理三部分，每部分都由＿＿＿＿＿和＿＿＿＿＿两项工作组成。

2. 大气中有很多会对车身表面产生危害的污染物。其中，＿＿＿＿＿的危害性最大，它附着于车身表面会使漆面形成网纹或斑点，如不及时清洗还会造成漆层老化。

3. 专业清洗剂 pH 值通常在＿＿＿＿＿左右，特性温和，不会伤及汽车表面材质。

4. 汽车外观清洁时机应视＿＿＿＿＿状况、＿＿＿＿＿路况和其他特殊情况而定。

5. 汽车外观污垢分水溶性污垢和＿＿＿＿＿污垢两类。

6. 清洗剂除垢包括润湿、吸附、＿＿＿＿＿、＿＿＿＿＿和去污五个过程。

7.汽车外观清洗剂有水性清洗剂、_____清洗剂和_____清洗剂三类。

8.专业洗车车间除配置标准的设施设备外,还要对_____源、_____源、_____源等管路进行合理的设计规划。

9.汽车室内污垢的形成包括_____、_____和凝结三个过程。

10.汽车内饰的清洁护理要遵循_____的原则,即从顶棚到座椅、玻璃、仪表板、门护板开始进行,最后清洁_____。

11.发动机表面的油污受热形成蒸汽,蒸汽和灰尘混合在一起,时间变长后就会形成_____。

(二)判断题

1.专业清洗剂 pH 值越大越好,不会伤及汽车表面材质。   (　　)

2.汽车外观清洁即洗车,是汽车美容护理的首要环节,同时也是一个重要环节。它既是一种基础性的工作,也是一种经常性的美容作业。   (　　)

3.鸟屎、虫尸、树胶、沥青、柏油、飞漆、水泥等污垢中含有少量高浓度的腐蚀性物质,不容易侵蚀漆面。   (　　)

4.如果遇到连续雨天,可以不用清洁汽车外观。   (　　)

5.经历过灰霾天气后,车身会黏附大量灰尘和脏污,长时间后会在汽车表面形成顽固的"交通膜",不仅影响车漆光泽,还会腐蚀漆面。   (　　)

6.极端天气状况下不宜进行清洁汽车外观,如夏季车辆经太阳暴晒后不宜立即清洁,极度寒冷天气时也不宜进行。   (　　)

7.非水溶性污垢主要包括炭烟、矿物油、油脂、胶质物、铁锈和废气凝结物等。这类污垢不溶于水,一般应用有机清洗剂清洗。   (　　)

8.车辆预洗是指用常压水先润湿车身。   (　　)

9.轮毂发黄是由于制动铁粉吸附在轮毂上,且长时间未清洁造成的。   (　　)

10.汽车发动机清洁护理包括内部清洁护理和外部清洁护理两部分。外部清洁护理通常被专业人士称为发动机美容。   (　　)

(三)简答题

1.如何正确选择汽车清洗时机?

2.普通洗车的流程是什么?

3.汽车轮毂护理的方法是什么?

4.汽车内饰清洁护理的流程是什么?

5.汽车发动机舱清洁护理的流程是什么?

模块四　汽车漆面美容护理

学习目标

1. 能说出汽车车漆的结构和种类;
2. 能说出汽车漆面损伤种类和原因;
3. 能说出汽车漆面抛光的基本知识;
4. 能说出汽车漆面护理的基本知识;
5. 能使用抛光设备、工具对汽车漆面进行抛光;
6. 能使用漆面修复设备、工具对汽车漆面常见损伤进行修复;
7. 能使用漆面护理设备、工具和产品对汽车漆面进行护理。

建议课时

10 课时。

一、汽车车漆知识

(一)汽车车身涂层

1. 汽车车漆简介

为保护金属车身,增加车身的美观性和使用年限,需要给车身表面喷涂特殊的涂层,这个特殊的涂层就是汽车车漆,俗称"漆膜"。

2. 轿车车漆涂装工艺

轿车原厂车漆涂装工艺由清洗车壳、磷化处理、电泳底漆(将光车壳浸入漆槽进行静电正负极涂装)、涂封闭胶、喷涂色漆(无尘车间,约165℃烘烤)和喷涂面漆(约135℃烘烤)几步构成。

3. 涂料的基本组成

汽车涂料一般由树脂、颜料、溶剂和添加剂组成,各组成元素起着不同的作用。

1)树脂

树脂是涂料中的成膜物质,是涂料的主体成分,也是决定涂料类型的物质,其作用是使颜料保持明亮状态,使之坚固耐久并黏附在物体表面。树脂一般由干性油或半干性油改性的天然树脂(如松香)、人造树脂(如失水苹果酸树脂)、合成树脂类(如甲基丙烯酸酯、聚氨基甲酸乙酯、聚苯乙烯、聚氯乙烯等)制成,通常通过添加增塑剂和催化剂来调整、改变其耐久性、附着力、防蚀性、耐磨性和韧性。

2)颜料

颜料是涂料中两种不挥发的物质之一,可以使漆面呈现出丰富的颜色,使涂料具有一定的遮盖力,并且具有增强涂膜力学性能和耐久性的作用。此外,颜料还可以提高表面强度和黏合性,改善漆面光泽。

3)溶剂

溶剂是涂料中的挥发成分,其主要作用是溶解和稀释成膜物,使涂料能被正常喷涂。溶剂在涂料中所占比例大多在50%以上,在涂料施工结束后,一般都挥发到大气中,很少残留在漆膜内。

4)添加剂

随着涂料工艺的变化,添加剂越来越多被使用。虽然添加剂在涂料中的比例不超过5%,但不同的添加剂起着不同的重要作用。例如,有能加速干燥并增强光泽的固化剂,有减缓干燥速度的缓凝剂,有能减弱光泽的散光剂,还有些添加剂能同时起到减少起皱、加速干燥、防止发白和提高耐化学物质的能力。

4. 汽车车身涂层结构

根据施工工艺的不同,汽车车身涂层分为原厂漆和修补漆两类,它们在涂层结构和涂层厚度上存在着一定的区别,如图4-1所示。

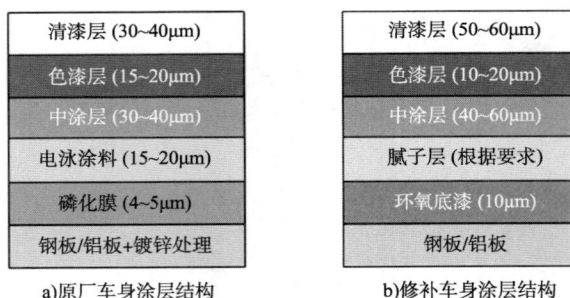

| 清漆层 (30~40μm) |
| 色漆层 (15~20μm) |
| 中涂层 (30~40μm) |
| 电泳涂料 (15~20μm) |
| 磷化膜 (4~5μm) |
| 钢板/铝板+镀锌处理 |

a)原厂车身涂层结构

| 清漆层 (50~60μm) |
| 色漆层 (10~20μm) |
| 中涂层 (40~60μm) |
| 腻子层 (根据要求) |
| 环氧底漆 (10μm) |
| 钢板/铝板 |

b)修补车身涂层结构

图 4-1　不同施工工艺的汽车车身涂层结构

根据涂料类型的不同,汽车车身涂层又可分为单工序、双工序和三工序三类,如图4-2所示。

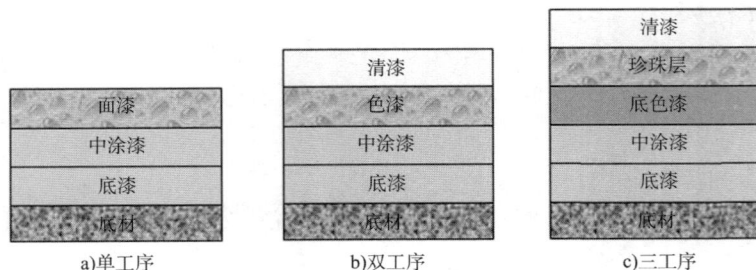

| 面漆 |
| 中涂漆 |
| 底漆 |
| 底材 |

a)单工序

| 清漆 |
| 色漆 |
| 中涂漆 |
| 底漆 |
| 底材 |

b)双工序

| 清漆 |
| 珍珠层 |
| 底色漆 |
| 中涂漆 |
| 底漆 |
| 底材 |

c)三工序

图 4-2　不同涂料类型的汽车车身涂层结构

注:单工序是指面漆一次成型,具有光泽和耐久性,不需要喷涂清漆;双工序是指面漆由色漆和清漆组成;三工序是指面漆由底色漆、特殊效果层和清漆组成。

5.汽车漆面种类

根据面漆成分和制作工艺的不同,可将汽车漆面分为素色漆、金属漆和珠光漆三种,如图4-3所示。

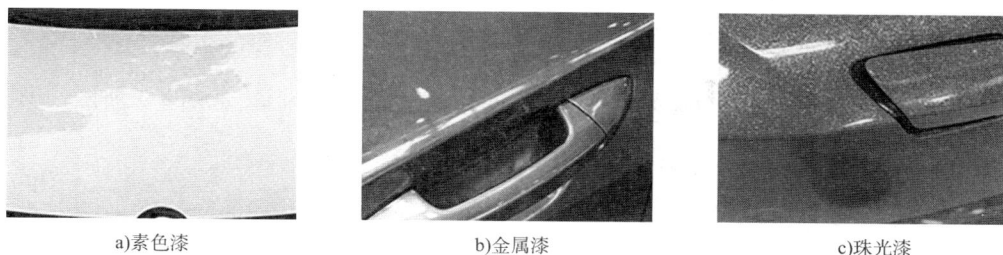

a)素色漆　　　　　　　　　b)金属漆　　　　　　　　　c)珠光漆

图4-3　汽车漆面种类

素色漆、金属漆和珠光漆的具体描述及特点见表4-1。

汽车漆面种类及特点　　　　　　　　　　　　　　表4-1

序号	漆面种类	描　　述	特　　点
1	素色漆	最常见的车漆,又称纯色漆或普通漆,常见有黑、白、红、黄等基本颜色,多用于货车和客车上	成本低、工艺简单;颜色单调、光泽度不太好;车漆软、容易划伤;容易氧化变色和受外界腐蚀
2	金属漆	目前流行的一种汽车面漆,漆基中加有微细的铝粒。光线射到铝粒上后,又被铝粒透过气膜反射出来,看上去好像金属在闪闪发光一样。改变铝粒的形状和大小,就可以控制金属闪光漆膜的闪光度	成本较高;颜色丰富、亮度较高、有层次感;硬度较高、不易被划伤;抗氧化抗腐蚀能力较强
3	珍珠漆	目前流行的一种汽车面漆。其原理与金属漆基本相同,用云母代替铝粒,漆基中加有涂有二氧化钛和氧化铁的云母颜料。光线照射到云母颗粒上后会呈现出二氧化钛和氧化铁的颜色,并在云母颗粒中发生复杂的折射和干涉。同时,云母本身也有一种特殊的、有透明感的颜色。这样,反射出来的光线,就具有像珍珠般的闪光效果	成本高、工艺复杂;颜色丰富、亮度高、有通透的立体感;硬度高;抗氧化、抗腐蚀能力强

6.汽车清漆

清漆材料主要有氨基甲酸酯、聚氨酯、氟和聚酯四种。喷涂清漆可以增加漆面的亮度和反光度。状况良好的清漆,能达到镜面的效果,但色漆达不到这种效果。此外,喷涂清漆还可以保护色漆层。清漆一般含有抗紫外线添加剂,可延缓色漆的老化(褪色),但无法长期有效防御各类污染的侵蚀。喷涂清漆的漆面,其色漆的厚度要比以前薄很多。

(二)汽车漆面分辨

1.清漆层识别

1)目测法

有清漆的漆面层次要比没有清漆的漆面(色漆)深。

2）研磨法

（1）用湿毛巾沾少量研磨剂在车漆不显眼处摩擦，若毛巾上有颜色则为色漆层，反之为有清漆。

（2）用 P2000 砂纸在车漆不显眼处摩擦，若砂纸上有颜色则为色漆层，反之为有清漆。

2. 漆面损伤诊断

汽车漆面常见损伤可分为两大类，一是漆面失光；二是漆面划痕，如图 4-4 所示。

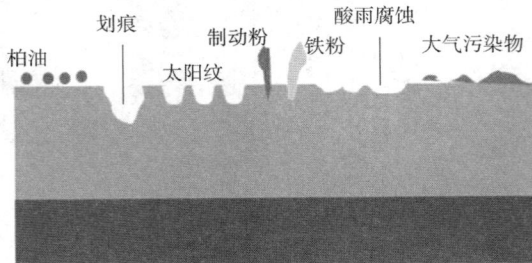

图 4-4　汽车漆面常见损伤情况示意

1）漆面失光

汽车在使用过程中，会受到风吹、日晒、雨淋以及空气中有害物质的侵蚀，如果清洁护理不到位，强氧化物质便会与漆面作用互相形成氧化层，导致漆面失去原有的光泽。如果漆面腐蚀严重，还会引起色漆起泡、开裂甚至锈蚀，需采取全车重新喷漆的方法进行处理。造成漆面失光的因素及其原因见表 4-2。

汽车漆面失光因素及其原因　　　　　　　　　　　　　　表 4-2

序号	失光因素	图　示	形　成　原　因
1	氧化		太阳光的常年照射是漆面寿命缩短的主要原因之一。漆面在太阳紫外线照射下，漆膜中的油分不断蒸发，油分过分散失后会导致漆面亮度变暗、颜色变浅，漆面慢慢形成氧化层。漆面上水滴在阳光的照射下会形成"透镜效应"，加速漆面氧化。漆面氧化症状为：漆面发乌、发白、失光、表面粗糙
2	交通膜		汽车行驶过程中与空气摩擦产生强静电层，静电吸附灰尘、油污、废气颗粒、化学粉尘等物质，时间久了会在漆面上形成一层坚硬的交通膜，容易使漆面发生氧化腐蚀
3	蚀痕		鸟粪、虫尸、树胶、焦油、沥青等物质在漆面停留时间过长后，就会缓慢地与车漆发生化学反应，逐渐侵蚀和渗透车漆，从而使漆面出现蚀痕

续上表

序号	失光因素	图 示	形 成 原 因
4	水痕纹		水痕纹呈环状，是水滴蒸发后留下的痕迹，几乎所有车辆都不同程度地存在水痕纹，水痕中的残留化学物质在车身受到阳光照射而升温时，会继续与车漆发生化学反应，对车漆产生损害。漆面被氧化、有龟裂以及常用清洗剂清洗的车身表面更容易产生水痕纹
5	鸟粪		汽车停放在树下，树上鸟类的粪便掉落在漆面上
6	太阳纹		抛光方法不正确或抛光盘不干净会产生螺旋状的划痕，在太阳下看非常明显。另外在擦车时转圈擦或擦车海绵、手套、毛巾不干净也会产生太阳纹
7	沥青/柏油		夏季在沥青柏油路面行驶
8	虫尸		汽车高速行驶中，蚊虫与汽车相撞后黏附在车漆表面。多出现在汽车前脸位置。虫尸中的腐蚀性物质会渗入车漆内层，对漆面造成伤害
9	树胶		汽车停放在树下，树的分泌物以及树上昆虫的排泄物掉落在漆面上

续上表

序号	失光因素	图　示	形成原因
10	飞漆		附近喷漆场所内的油漆散落
11	龟裂		通常发生在金属漆面上。金属漆面因维护不当、老化或氧化受损后，会产生一种非常细微的裂纹，裂纹不断加深，最后会"击穿"整个色漆层。 重新喷涂金属漆时，如果存在喷涂质量问题，油漆中的树脂可能会因"萎缩"而产生龟裂

2）漆面划痕

车辆使用过程中产生摩擦或日常护理不当，都会使漆面出现划痕，这些划痕在阳光下尤其明显，不仅影响美观，还会加速漆面损坏，因此必须及时处理。

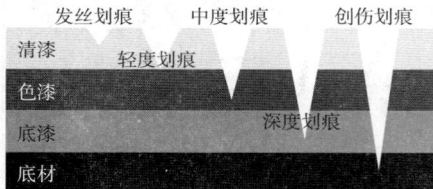

图 4-5　汽车漆面划痕类型示意

（1）划痕类型。

根据划痕对车漆的损伤程度大小，可将划痕分为发丝划痕、轻度划痕、中度划痕、深度划痕和创伤划痕五类，如图 4-5 所示。

车辆在不同使用状态下会产生不同类型的划痕，具体见表 4-3。

汽车漆面划痕种类　　　　　　　　　　　　表 4-3

序号	划痕类型	产生原因及特点
1	洗车划痕	洗车不当所致，其纹路特性是不规则形状及深浅不一
2	风沙划痕	车辆高速行驶时与空气中风沙、尘土摩擦产生，其特性为方向单一
3	太阳纹（螺旋纹）	洗车或打蜡、抛光施工的局部操作不当，造成深浅不一的划痕
4	拖纹	抛光移动速度不均造成深浅不一
5	旋纹	抛光、打蜡技术不当造成深浅不一的局部纹路

（2）划痕判断。

如果观察者视线与漆面超过 60°看不清划痕时，即为轻度划痕；超过 45°看不清时为中度划痕；超过 30°看不清时为重度划痕。

在划痕修复前，也可同时用指甲来感受，看得到但指甲感受不到的划痕可以进行修复；看得到、指甲也能感受得到的划痕已伤及整个漆层，建议不要使用美容手段进行处理。

3.漆面厚度判断

判断漆面厚度时，可借助漆面厚度计测量，漆面厚度计如图 4-6 所示。

当漆面厚度超过200μm时,表示漆面无损失;漆面厚度为100～200μm时,表示清漆厚度正常,可以执行抛光作业;漆面厚度为80～100μm时,表示车漆清漆可能太薄,抛光要小心;漆面厚度低于80μm时,表示车漆太薄,要尽量取消研磨步骤或采取长效填充研磨剂。

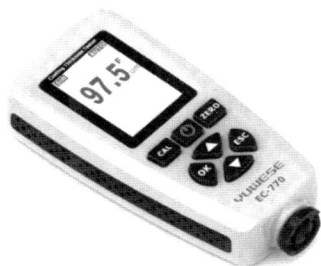

漆面抛光时,主要是去除清漆上的划痕及氧化层。由于色漆较薄很容易抛穿,因此要尽量避免抛色漆。没有清漆层的漆面,色漆较厚,可以抛光的次数相对较多。

图4-6　漆面厚度计

在正规施工技术下,每次抛光去除的漆面厚度一般为:粗抛在4～10μm,中抛在2～6μm,还原在0.5～2μm。

二、汽车漆面抛光

汽车美容项目中难度最大、要求最高、最难掌握的就是漆面美容护理,而漆面抛光又是漆面美容护理技术中最为重要的组成部分。抛光技术的高低直接关系到汽车美容护理的最终效果。因此,漆面抛光是汽车美容灵魂,掌握了研磨抛光技术就等同于掌握了汽车美容的精髓。

(一)漆面抛光基本知识

1. 抛光的定义

漆面抛光是指利用抛光机配合抛光盘和研磨剂在车身漆面高速旋转产生摩擦,以去除漆面氧化层、划痕等缺陷,恢复漆面原始光泽所进行的作业。

2. 抛光的原理

抛光作业是在抛光盘、研磨剂和漆面三者之间进行的,抛光盘高速旋转、摩擦会产生热量,同时也产生静电,热量促使漆膜变软、漆面毛细孔扩张;在静电的作用下,孔内的脏物被吸出。抛光盘与研磨剂一同又将漆面的氧化层磨掉,并将细微划痕拉平填满。同时,研磨剂中的一些成分溶于漆面并发生还原反应,最后使得漆面清洁如新、光滑亮丽。

3. 抛光的作用

汽车漆面抛光的作用主要有:

(1)去除漆面氧化层。

(2)去除漆面细小划痕和蚀点。

(3)恢复漆面原始光泽(光亮度、光滑度)。

4. 抛光的步骤

漆面抛光一般由研磨、抛光及还原三道基本工序构成。

5. 影响抛光作业的主要因素

汽车漆面抛光时,需要综合考虑以下五个方面的因素:

(1)认识并正确分辨车漆结构。

(2)漆面状态诊断及脏污处理。

(3)抛光机的转速及操作技巧。

（4）抛光盘的特性及选用。

（5）研磨剂的功效及选用。

只有明确了上述五个因素以及之间的关系，才能找到最佳品质、最高效和最高性价比的抛光方案，达到理想的抛光效果。

（二）漆面抛光设备、工具和产品

1. 抛光机

抛光机是一种集研磨、抛光和还原为一体的设备。安装研磨盘时可进行研磨作业，安装抛光盘时可进行抛光作业，安装还原盘时可进行还原作业。常用的抛光机有立式抛光机和卧式抛光机两种，如图4-7所示。

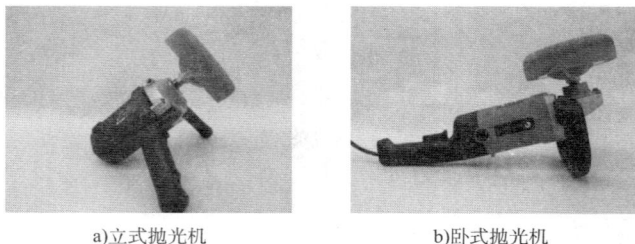

a）立式抛光机　　　　　　　　b）卧式抛光机

图4-7　汽车漆面抛光机

1）立式抛光机

立式抛光机质量小，操控性比较灵活，在边角、侧部抛光时较为方便，适合亚洲人体型。但立式抛光机采用垂直体设计模式，不好控制施力以及稳定性，一般只有技术熟练的中高端技师使用。

2）卧式抛光机

卧式抛光机质量较大，容易施力，技术要求相对较低，在平面部位抛光较为方便，适合初学者使用。因为操作人员体型的关系，欧美地区人员大多使用卧式抛光机。

以上两种抛光机都属于同心轴高速抛光机，具备研磨力强、抛光效率高的优点。在进行抛光机开、关机操作时，抛光盘不能接触漆面。由于是高温、高速抛光，在抛光过程中，应避免将抛光机电源线卷入机器，同时尽量不要靠近车体上可能会咬盘、卡盘的部位抛光，更需要注意对漆面温度的控制，因为控制不当容易产生抛焦、抛穿漆面和越抛越花的现象。抛光机旋转方向如图4-8所示，抛光盘在漆面上的运动轨迹如图4-9所示。

图4-8　抛光机旋转方向

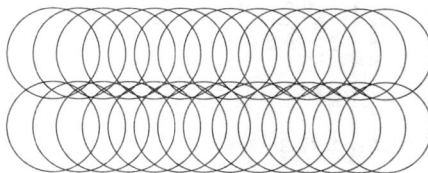

图4-9　抛光盘在漆面上的运动轨迹

2. 抛光盘

按使用性质不同，抛光盘可分为研磨盘、抛光盘和还原盘三种。抛光盘的切削能力强于还原盘,但低于研磨盘。抛光盘按材料不同可分为羊毛抛光盘、兔毛抛光盘和海绵抛光盘三种,切削能力从强到弱依次是:羊毛抛光盘、兔毛抛光盘和海绵抛光盘(图4-10)。

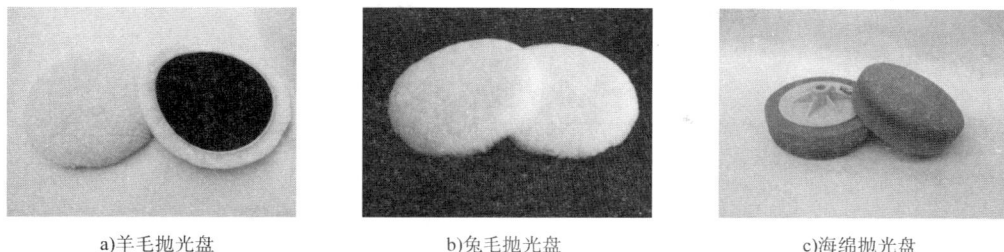

a)羊毛抛光盘　　　　　　　　b)兔毛抛光盘　　　　　　　　c)海绵抛光盘

图4-10　抛光盘

1)抛光盘的种类

(1)羊毛抛光盘。羊毛抛光盘研磨能力最强、功效快,但如果人员技术不到位,操作时会留下旋纹。因此,羊毛抛光盘对技师要求较高,一般由接受过正规训练的技师使用。

羊毛抛光盘一般分为白色和黄色两种,抛光盘底部可自动粘贴以实现抛光盘的快速转换。黄色羊毛抛光盘切削力强,能去除漆面严重瑕症,配合较粗的研磨剂可快速去除划痕或修饰研磨痕。白色羊毛抛光盘切削力较黄色羊毛抛光盘弱一些,一般配合还原剂来抛光漆面,去除漆面粗蜡抛光痕及轻微擦伤痕。

(2)兔毛抛光盘。兔毛抛光盘的切削力介于羊毛抛光盘和海绵抛光盘之间,背部可粘贴在抛光机的托盘上,可用于普通漆和透明漆的抛光。使用兔毛抛光盘时建议抛光机转速为1500～2500r/min。

(3)海绵抛光盘。海绵抛光盘上有大量的空孔,每寸含有的空孔越少,其切削力越大。海绵抛光盘越来越多用于还原和镜面处理。海绵抛光盘的盘面越小,其切削效率越高,盘面越大抛光面越大。海绵抛光盘的厚度决定了其使用寿命及硬度。

海绵抛光盘按颜色不同一般可分为黄色盘、白色盘和黑色盘,切削能力从强到弱依次是:黄色盘、白色盘和黑色盘。按形状不同可分为直切型、平切型和波浪形三种,其中波浪形盘主要用于封釉。海绵抛光盘能有效去除漆面中度瑕疵,底背可自动粘贴,可快速转换抛光盘,主要用于羊毛、兔毛抛光盘粗抛之后的细抛和还原。

2)抛光盘的维护

(1)羊毛抛光盘、兔毛抛光盘的清洁。将抛光机调到最高转速,打开开关(注意拿稳机器),用气枪从上往下反复吹除盘面上的脏污(枪口向下吹),清洁干净后关闭抛光机开关。

(2)海绵抛光盘的清洁。将抛光机调到最高转速,打开开关(注意拿稳机器),用气枪从上往下反复吹除盘正面上的脏污(枪口向下吹),再吹除盘侧面的脏污(枪口向外吹),待盘面干净后关闭抛光机开关,完成清洁工作。

当海绵盘较脏时,应先拆下海绵盘,给盘上倒适量的洗车液或者内饰清洗剂,用双手大拇指从盘中心向外挤压抛光盘,观察脏污脱离后,再用手把抛光盘的水挤出,最后装回抛光盘(安装牢固),将抛光盘平放进桶内,打开抛光机甩干抛光盘。

(3)海绵抛光盘的修复。将抛光机放于地面,用脚固定好抛光机,将砂纸卷好,双手轻握砂纸的两端,先打磨抛光盘正面,打磨平整正面后开始修边侧,注意正面与侧面的过渡处(边侧)需要微微修出弧度。

3. 研磨剂

1) 研磨剂的成分

（1）研磨颗粒。常见研磨颗粒及其特点见表4-4。

常见研磨颗粒及其特点 表4-4

序号	研磨颗粒	特点
1	硅藻土	用 $SiO_2 \cdot nH_2O$ 表示。硅藻土的矿物成分为蛋白石及其变种,藻土粒径为 $15 \sim 50\mu m$。硅藻土一般是由生活在海洋中的统称为硅藻的单细胞藻类水生植物死亡以后的硅酸盐遗骸形成的,硅藻在生长过程中吸收水中的游离硅形成多孔而坚固的细胞壁,死后其细胞壁也不会分解,而会沉积水底,经过几十万年的积累和地质变迁成为硅藻土。硅藻土由无定形的 $SiO_2(SiO_2 \cdot nH_2O)$ 组成,通常呈浅黄色或浅灰色,质软,莫氏硬度为 $1 \sim 1.5$,多孔而轻,润滑性能强
2	氧化铝	用 Al_2O_3 表示,其粒径一般在 $1.5 \sim 4\mu m$。常用有 $a\text{-}Al_2O_3$(纳米六方晶体/A 型)和 $y\text{-}Al_2O_3$(纳米四方晶体/Y 型)两种。$a\text{-}Al_2O_3$ 属于六方最密堆积,熔点、硬度高,六方紧密堆积晶体磨料的硬度仅次于金刚石,它具有高密度、尖锐、棱角结构,是目前最快速的切割磨料之一;$y\text{-}Al_2O_3$ 属于立方紧密堆积晶体,由 $140 \sim 150℃$ 的低温环境下脱水制得,工业上也称活性氧化铝、铝胶
3	二氧化铈	用 CeO_2 表示,是一种软质陶瓷,是璃清洁及研磨抛光的最佳选择

（2）溶剂。

（3）综合润滑油。

（4）遮盖油。

可根据溶剂、综合润滑油和遮盖油这三个主要成分来设计不同性质的研磨剂,如水性研磨剂、油性遮盖研磨剂和树脂遮盖研磨剂。

2) 研磨剂的分类

（1）按切削划痕能力区分。划痕标准以能去除某个号数水砂纸来确定,如 P800 ～ P1200 属于粗抛,P1200 ～ P4000 属于中抛,P4000 ～ P7000 属于细抛,P7000 ～ P12000 用于还原去除太阳纹、螺旋纹。

（2）按研磨剂功能区分。根据用途不同,研磨剂可分为汽车用研磨剂包含钣喷用(不含硅油)及漆面美容用两大类,其中漆面美容用又包含一般车用、进口车漆用、高温抛光剂、低温抛光剂、玻璃抛光剂和金属抛光剂等。根据功能表现不同,研磨剂可分为水性研磨剂、油性遮盖研磨剂和树脂遮盖研磨剂三类。根据功能变化不同,研磨剂可分为研磨蜡(如去污蜡)、魔泥(火山泥)、研磨清洁剂(如爆白、碱性研磨清洁剂)。

（3）按研磨剂使用位置区分。根据使用位置不同,研磨剂可分为漆面用、前照灯用、镀铬/金属件用和玻璃用四类。

（4）按后续护理项目区分。根据后续护理项目不同,研磨剂可分为快速氧化膜去除模式、抛光打蜡模式、抛光封釉/镀膜模式、抛光镀晶等模式。

3) 水性、油性研磨剂的特点及分辨方法

（1）水性、油性研磨剂的特点。

水性研磨剂属于划痕去除型研磨剂,使用后能真正去除划痕,而并非遮盖划痕。其技术要求和成本较高,适用于难去除氧化层、大量划痕、镀晶前抛光还原和高标准抛光等情况。

油性研磨剂属于划痕遮盖型研磨剂,其含有较高比例的矽油(硅油)或树脂成分,在研磨的同时会产生较好的覆盖效果。需要注意的是,虽然它可以覆盖划痕,但经过脱脂剂的擦拭或者几次洗车,覆盖的成分流失后,划痕就会再次出现。而且由于研磨剂较粗,可能会为漆面带来新的划痕,无形中造成二次伤害。其优点是成本较低(适用于快速还原低收费项目),技术要求低,能够增加漆面抛光次数;缺点是洗车后或酸雨腐蚀后,遮盖油消失,被遮盖的划痕会再次出现,所以一般会通过打蜡或者封釉延长其遮盖性。此外,镀晶前脱脂后会将遮盖油去除,遮盖划痕便会出现。

(2)水性、油性研磨剂的分辨方法。

分辨水性研磨剂、油性研磨剂和树脂遮盖研磨剂时,可选用以下方法:一是搓试法,即把一滴研磨剂滴在手指上,用另一根手指按压并用力搓试,如果搓试几下感觉干爽、易搓干成粉末状,说明是水性研磨剂;如果连续搓试之后仍感觉油腻、难以搓干,说明是油性遮盖研磨剂;如果连续搓试之后成膜状(如搓出老泥),便是树脂遮盖研磨剂。二是冲洗法,即把研磨剂涂抹在手背上用水冲洗,水性研磨剂具有亲水效果,油性研磨剂具有拨水效果。三是测试法,用P2000水砂纸在漆面上横向划出划痕,然后用研磨剂进行抛光处理,水性研磨剂容易收油、漆面透亮,油性研磨剂难收油、漆面油亮。如仍难以分辨,可继续抛光至划痕消失后,用全能水或者脱脂剂按竖向进行擦拭,如果划痕未出现,说明此研磨剂是水性研剂;如果擦拭后划痕出现,说明此研磨剂是油性遮盖研磨剂;树脂遮盖研磨剂比油性遮盖研磨剂遮盖能力强,擦拭时较难出现明显的划痕,但也能够留下痕迹。

分辨研磨颗粒的大小时,可先把一滴研磨剂倒在玻璃上,然后用烟壳薄膜袋套在手指上,用手感觉研磨颗粒的大小和多少。此方法还可用于检测漆面的平度和粗糙度。

4)研磨剂的选用原则

研磨剂研发时考虑到了工具、转速、技术、抛光机、漆面等因素,这些因素之间有着非常大的关联性,对于不同的漆面状况,要有对应的研磨剂、抛光盘和抛光技术的变化。因此,选用研磨剂时要综合考虑上述因素。

(1)研磨剂与漆面的关系。

研磨颗粒为硅藻土的研磨剂,属于水性研磨剂,其切削力在 800～1200 号左右,适用于硬度为 HB 的素色漆;研磨颗粒为氧化铝的研磨剂,属于油性遮盖研磨剂,其切削力在 2000～3000 号左右,适用于硬度为 1～2 级的金属漆;研磨颗粒为混合型的研磨剂,属于树脂长效遮盖研磨剂,其切削力在 6000～9000 号左右,适用于前照灯部位和重烤漆车漆;研磨颗粒为二氧化铈的研磨剂,属于研磨蜡/清洁研磨剂,其切削力在 9000～12000 号左右,适用于玻璃部位和水性车漆。

(2)研磨剂与转速的关系。

研磨颗粒为硅藻土的研磨剂,转速要求为 800～1000r/min;研磨颗粒为氧化铝的研磨剂,转速要求为 1000～1200r/min;研磨颗粒为混合型的研磨剂,转速要求为 1500～2000r/min;研磨颗粒为二氧化铈的研磨剂,转速要求为 4500r/min 左右。

(3)研磨剂与技术的关系。

研磨颗粒为硅藻土的研磨剂,抛光技术应为重抛;研磨颗粒为氧化铝的研磨剂,抛光技术应为轻抛;研磨颗粒为混合型的研磨剂,抛光技术应为浮抛;研磨颗粒为二氧化铈的研磨剂,抛光技术应为斜抛。

(4)研磨剂与抛光时间的关系。

研磨剂的切削力大小会随研磨时间的变化而变化,其变化情况如图4-11所示。

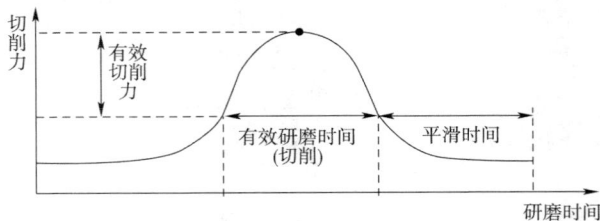

图4-11　研磨剂切削力随研磨时间变化曲线

(5)研磨剂与抛光盘的关系。

应结合漆面状况,正确协调研磨剂和抛光盘的粗细对应关系,如图4-12所示。

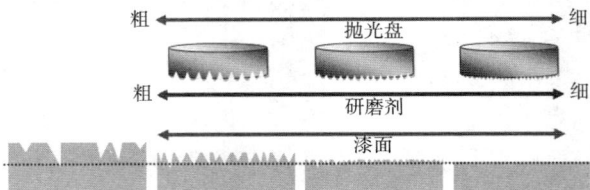

图4-12　漆面状况与抛光盘、研磨剂的对应关系

(三)漆面抛光技术

漆面抛光技术是一项学问很深的技术,且非常讲究细节和技巧,每一个动作、每一个步骤都直接关系到抛光的结果。作为抛光技术人员,既要知道抛光技术的原理,也要掌握抛光技术的方法与技巧。

1.抛光技术的原理

1)影响抛光质量的因素

抛光实质上是由操作者、抛光机、抛光盘、研磨剂和漆面五部分共同配合进行的。选配好抛光机、抛光盘、研磨剂后,最终影响抛光质量的关键因素便是操作者。操作者通过控制转速、下压力、温度和移动速度来控制抛光效果。因此,转速、下压力、温度和移动速度成为影响抛光质量的四要素。抛光的五部分和四要素如图4-13所示。

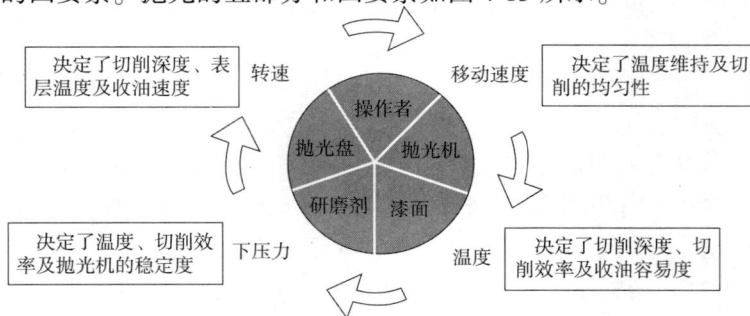

图4-13　抛光的五部分和四要素

　　漆面抛光是一种多工序作业,一般由粗抛、中抛、细抛、还原和收油五道工序构成,金属研磨剂加上良好的抛光技术可以做到 1~2 步的抛光后直接进行还原,油性遮盖研磨剂也可以做到 1~2 步的抛光后进行还原。漆面抛光就是在正确的工作温度下,将漆面划痕变成螺旋纹,再将螺旋纹不断细化到在阳光下肉眼看不到为止,最终达到镜面效果的过程。

　　抛光各工序中四要素的关系见表 4-5。

抛光各工序中四要素的关系配合　　　　　　　　　表 4-5

项　　目	粗　抛	中/细抛	还　原	收　油
下压力(kg)	5	4	2~3	1~2
温度(℃)	65	55	45	40
温度维持时间	长	中	短	极短
转速(r/min)	1200~2000	1500~2000	2000~4500	2000~4500
移动速度	慢	中	慢-快	油多时慢;油少时快
HB 车漆切削厚度(μm)	4~6	2~4	1~2	无

　　注:粗抛——力度大、温度高、移转速度慢;中抛——力度适中、温度中、移转速度中;还原——力度小、温度低、移转速度快。

　　2)抛光温度

　　抛光温度控制的好坏会直接影响抛光效率,应防止出现干抛造成越抛越花的情况。温度控制包含快速升温和温度稳定控制两个阶段。抛光时漆面的理想温度见表 4-6。

抛光漆面温度参照表(单位:℃)　　　　　　　　　表 4-6

项　　目	素色漆(软车漆)	金属漆(硬车漆)	修　补　漆
粗抛	60	65	60
中抛	55	55	55
还原	45	45	45
收油	40	40	40

　　判断漆面温度,可以使用红外线温度枪作为辅助工具,红外线温度枪如图 4-14 所示。

　　3)抛光角度

　　抛光时,立式抛光机抛光盘的倾斜度为 3°~5°,粗抛时为 5°,还原时为 3°(图 4-15)。

　　卧式抛光机抛光盘的倾斜度为 8°~15°,粗抛时为 15°,还原时为 8°(图 4-16)。

　　4)抛光施力点

　　左手抛光时,单向抛光施力点位于左边。抛光机向右移动是顺抛,向左移动是逆抛,左手抛光时用顺抛做切削,如图 4-17 所示。

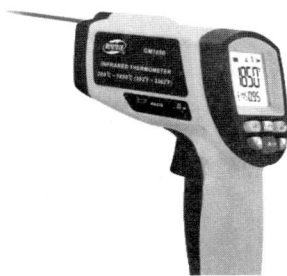

图 4-14　红外线温度枪

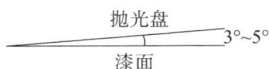

图 4-15　立式抛光机抛光盘倾斜度　　　图 4-16　卧式抛光机抛光盘倾斜度

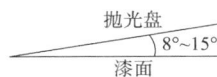

右手抛光时,单向抛光施力点位于右边。抛光机向右移动是顺抛,向左移动是逆抛,右手抛光时用逆抛做切削,如图 4-18 所示。

图 4-17　左手抛光时施力点与切削方向示意　　　图 4-18　右手抛光时施力点与切削方向示意

2.抛光技术的方法与技巧

1）抛光方法

（1）平抛。平抛时,抛光盘与漆面呈完全贴合状态,目的是防止机器在高速运转过程中因受力点不均而损伤车漆,适用于平面部位和还原情况下的抛光。

（2）斜抛。斜抛时,抛光盘一端翘起,与漆面形成一定的角度,目的在于增强切削力,提高抛光速度。斜抛适用于弧度部位、原车漆或漆面上有杂物的情况。斜抛危险性高,同时对技术要求也较高。

（3）点抛。点抛时,抛光盘与漆面通过点接触,是一种能够适当降低转速的抛法。点抛用于边、角、棱、筋处及车标、门把手等复杂危险的部位,另外可以用来配合斜抛和重抛去除深度划痕。

（4）重抛。重抛过程中使用的下压力较大（约 5 kg）,转速为 1200 ~ 1500r/min,移动速度慢。重抛多用于去除深划痕。

（5）轻抛。轻抛是指在抛光机快送慢拉过程中,均轻微用力,避免损伤车漆。轻抛一般用于前后保险杠、防擦条等塑料件上漆面的抛光。

（6）浮抛。浮抛在抛光过程中完全没有下压力,抛光机反复快速移动,一般在还原、收油时使用。

（7）慢抛。慢抛时,抛光机的移动速度缓慢,施力均匀,便于进一步处理划痕,一般在车况较差时应用。

2）各部位抛光技巧

（1）发动机舱盖。如图 4-19 所示,抛光时下身直立,上身稍微前倾,按从里到外、从上到下的顺序抛光。注意边部抛光时,不要抛到翼子板。

（2）前、后保险杠。如图 4-20 所示,抛光时下身半蹲或弯腰,按照保险杠的弧度调整抛光机的倾斜度,先抛立面,再抛倾斜面,最后抛边角。前后保险杠一般属于塑料件喷漆物件,油漆与塑料件的附着力差,加之塑料件受热

图 4-19　发动机舱盖抛光

后膨胀,一旦温度过高,油漆很容易脱落,发生抛皱、抛穿、抛漏等情况。因此,前后保险杠抛光时,温度不能太高。

（3）翼子板。先抛大面积平面,再处理有弧度的部位,抛光机应随着漆面的弧度调整,按从上到下的顺序抛光,注意不要抛到周围的塑胶件。

（4）车顶。尽量不要打开车门站在门槛上抛光,可以站在洗车凳上抛光,按从前往后的顺序平抛。无特殊要求情况下,不要抛光天窗玻璃。车顶抛光如图 4-21 所示。

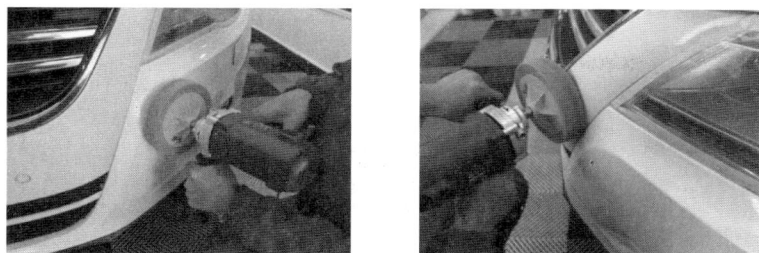

a)前保险杠立面抛光示意   b)前保险杠斜面抛光示意

图 4-20 前保险杠抛光

（5）车门。如图 4-22 所示，抛光时下身半蹲或弯腰，按从上到下的顺序抛光。腰线和裙边塑料件不必进行抛光，门把手处采用点抛的方式，门碗内用毛巾沾研磨剂擦拭，如图 4-23 所示。

图 4-21 车顶抛光   图 4-22 车门抛光

（6）立柱。抛光前应先检查立柱材质，如果是塑料件喷漆或电木板，要特别注意防止抛坏。抛光时采用低转速点抛，如图 4-24 所示。

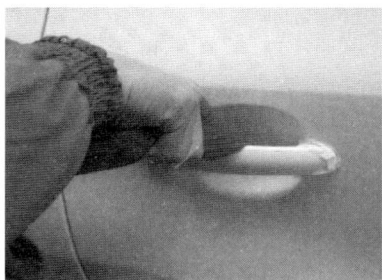

图 4-23 门碗抛光   图 4-24 立柱抛光

3）抛光技术要点

一个完整的抛光过程中主要包含安装抛光盘、涂抹研磨剂、抛光站姿、抛光机拿法、抛光处理、收油处理六个技术要点。

（1）安装抛光盘。将抛光盘轻轻放到抛光机托盘上，微调抛光盘位置，直至对正后，再用力粘牢抛光盘。如果抛光盘安装不正，抛光时便可能会出现抛光机发抖，导致漆面产生拖纹、眩光、发丝纹等。

（2）涂抹研磨剂。

方法一：一手拿抛光机，另一手将研磨剂涂抹在盘面上距离盘边缘 1~3cm 左右的位置，如图 4-25a）所示，双手握好抛光机并平放到漆面上，抛光机转速调到最低，将研磨剂涂抹均匀。

方法二：根据每次抛光面积的大小，将适量的研磨剂滴到漆面上，将抛光盘边缘内 1cm 处对准漆面上的研磨剂，如图 4-25b）所示，再用点抛的方法把研磨剂涂抹均匀。

a）涂在盘上 b）涂在漆面上

图 4-25　研磨剂涂抹方法

（3）抛光站姿。如图 4-26 所示，双脚打开与肩同宽，臀部微微后探，上半身微微前倾，使上半身的重力点保持在抛光机的正上方。

a）后部示意图 b）侧部示意图 c）前部示意图

图 4-26　抛光站姿

（4）抛光机把手握法。如图 4-27a）所示，双手大拇指与抛光机把手平行，其余手指握住抛光机的两个把手，根据切削力度决定手握抛光机把手内端还是外端（粗抛时要往内端，细抛时要往外端）。如图 4-27b）所示，双臂轻轻往身体侧收紧，肩膀往一侧倾斜（左手抛光往左侧倾斜，右手抛光往右侧倾斜）。盘与漆面的施力点根据左手抛光还是右手抛光而定，如图 4-27c）所示。粗抛时抛光机的移动是靠腰部左右摆动来实现。

a）手部示意图 b）上半身示意图 c）漆面施力点示意图

图 4-27　抛光机把手握法

（5）抛光处理。如图 4-28 所示，抛光时，眼睛要紧盯漆面处理情况。

（6）收油处理。以浮抛或轻抛的方式在漆面上来回移动，移动速度取决于残油量多少，残油较少时加快移动速度并微抬抛光机，残油较多时放慢移动速度并稍微施加下压力。收油结束的动作是将抛光盘的一端微微提起，再使其缓慢地离开漆面，这样能有效减少漆面拖纹和眩光，如图 4-29 所示。

图 4-28 漆面抛光处理

图 4-29 漆面收油处理

3. 全车抛光工艺

全车抛光工艺流程、具体技术要求及操作示范见表 4-7。

全车抛光工艺标准   表 4-7

步　　骤	技 术 要 求	操作示范图	
1. 外观清洁	高压冲洗后去除虫尸、沥青、黏胶、铁粉、树胶、氧化层		
2. 遮蔽防护	用塑料遮蔽纸和纸胶带遮蔽防护后视镜、字标、车标、车窗玻璃、车窗胶条、前照灯、尾灯、喷水嘴、天线、牌照框等部位		
3. 损伤修复	用美容砂纸、研磨剂、抛光机修复漆面划痕、蚀痕、严重氧化层等损伤； 对于漆面流挂、橘皮、蚀痕、深划痕等比较严重的状况，可依次用 P1000、P1500、P2000 美容砂纸打磨，去除损伤后，再用抛光机进行研磨抛光操作； 漆面状况一般时，可直接用抛光机配合研磨剂用点抛和加大下压力的方式进行修复		

续上表

步　骤	技　术　要　求	操作示范图
4.抛光	参照抛光技术要点	
5.还原	参照抛光技术要点	

4.抛光问题及对策

抛光过程中常见的问题有漆面结块、漆面雾蒙、粉尘过多、越抛越花、收油困难、抛皱漆面和抛穿漆面等,上述各类问题的产生原因、解决方法和预防对策见表4-8。

抛光过程中常见问题产生原因、解决方法和预防对策　　　　　表4-8

序号	问　题	产　生　原　因	解　决　方　法	预　防　对　策
1	漆面结块	抛光机转速过高,下压力过大,漆面温度过高;漆面有氧化层(脏污);抛光盘较脏;油性、水性研磨剂混合使用	用湿毛巾或用毛巾沾研磨剂擦掉结块;用低转速配合研磨剂磨掉结块;用抛光机点抛搓掉结块;清洁或更换抛光盘	抛光前仔细清洁漆面(去除漆面氧化层);选用干净的抛光盘;认真区分水性、油性研磨剂
2	漆面雾蒙	研磨剂过少干抛,产生细划痕;漆面有脏污、灰尘	添加研磨剂;加大下压力(金属漆);清洁抛光盘和漆面	涂抹适量研磨剂;抛光前仔细清洁漆面
3	粉尘过多	抛光过程中斜抛;研磨剂涂抹过多;使用硅藻土研磨剂	采用平抛;清洁抛光盘;更换研磨剂;用气枪吹除漆面粉尘	涂抹适量研磨剂;及时清洁抛光盘
4	越抛越花	漆面较脏;抛光盘未及时清洁;下压力过大导致干抛;研磨剂施工方式不正确	清洁漆面;清洁抛光盘;调整下压力;根据研磨剂特性调整施工方式	抛光前仔细清洁漆面;选用干净的抛光盘;熟悉研磨剂特性及施工方式
5	收油困难	研磨剂涂抹过多;使用油性研磨剂;抛光盘未及时清洁	用半湿毛巾擦一遍再收油;收油时加快移动速度	涂抹适量研磨剂;收油时加快移动速度
6	抛皱漆面	漆面温度过高;使用软车漆或修补漆	补漆	控制抛光下压力;控制漆面温度;随时观察漆面变化
7	抛穿漆面	研磨剂过少进行干抛或斜抛;抛光过程温度过高;未注意观察漆面	补漆	控制抛光下压力;控制漆面温度;随时观察漆面变化

三、汽车漆面轻微损伤修复

（一）汽车漆面损伤修复工具、产品

1. 洗车泥

洗车泥又称去污泥、洗车火山泥、擦车泥、磨泥、洗车橡皮泥，是用于深度清洁车漆的一种泥巴，如图 4-30 所示。

1）成分

洗车泥主要由超细纤维和固体胶状物经过反复碾磨提炼而成的，具有超微细、超黏性和超柔软三重特征。

2）特点

在使用中，洗车泥不但不会损伤车漆，还能很好地去除车漆表面平时难以洗掉的各种顽固污渍以及车漆毛细孔隙里的污物，经洗车泥处理过的车漆表面会非常光滑、明亮。

图 4-30　洗车泥

（1）超微细。洗车泥可以深入车漆内部因被氧化而产生的超微细孔，去除微细孔隙内的污物。

（2）超黏性。洗车泥黏性很高，能够去除车漆表面上的自然氧化层、水垢、鸟（虫）粪便、铁粉、酸雨、树汁液以及不当护理残留的物质。

（3）超柔软。洗车泥非常柔软，其在使用过程中会完全与漆面紧密贴合，如表面变脏只需轻轻揉捏，待露出新表面后继续使用。

3）使用方法

先在漆面上喷洒汽车外观清洗液，再用洗车泥擦拭漆面，一般进行全车擦拭。用完后的洗车泥应放入水中密封保存，以防接触空气后变干、变硬，导致以后无法正常使用。

2. 美容砂纸

美容砂纸能去除漆面上不漏底漆的中度划痕以及严重氧化层等。用美容砂纸将将漆面打磨成哑光后，还需要抛光、还原等后续工序进行处理。汽车用美容砂纸如图 4-31 所示。

图 4-31　汽车美容砂纸

1）型号

常见的美容砂纸型号有 P1000、P1200、P1500 和 P2000 四种。

2）使用方法

要根据漆面状况选择合适型号的美容砂纸。美容砂纸一般配合砂纸垫板共同使用，打磨时要均匀用力轻磨，并时刻观察漆面变化，防止过度打磨，导致抛光还原困难。

3. 还原剂

还原剂属于一种研磨颗粒更加细微的研磨剂，用来消除抛光工序留下的炫纹或太阳纹，还原漆面本身光亮度，使漆面快速提高亮度及光泽度。常见的还原剂有增艳剂、镜面处理

剂等。

另外,抛光过程还需用到抛光机、抛光盘和研磨剂,其作用、特点和使用方法已在汽车漆面抛光部分介绍,本部分不再赘述。

(二)汽车漆面损伤修复方法

在进行漆面损伤修复时,应视漆面损伤形式、损伤种类和损伤程度选择不同的修复方法,具体见表4-9。

汽车漆面损伤修复方法   表4-9

漆面损伤形式	损伤种类	损伤程度	修复办法
附着物	氧化层、交通膜	轻微	洗车泥去除
		严重	洗车泥+抛光+还原去除
	鸟屎/虫尸/树胶/沥青/飞漆	—	1.专用清洁剂去除; 2.沥青、飞漆也可用洗车泥去除
漆面划、擦	太阳纹	发丝划痕	抛光+还原消除
	划痕/擦痕	轻度划痕	抛光+还原消除
		中度划痕	美容砂纸打磨+研磨+抛光+还原消除
		深度划痕	补漆
漆面损坏	掉漆		补漆(不属于汽车美容范围)
	变形		钣金+做漆(不属于汽车美容范围)
	老化、龟裂		补漆(不属于汽车美容范围)

(三)漆面轻微损伤修复工艺

1.漆面污垢(柏油、鸟粪、虫尸、树胶)的去除

1)专用清洁剂去除

清洁干净漆面,将柏油/树胶/鸟粪/虫尸清洁剂摇晃均匀,喷涂于污垢表层,等待2min左右,待附着在车身上的污垢颗粒软化后,再用不脱毛纯棉毛巾擦拭,最后用清水清洗该处并擦干。

2)洗车泥去除

清洁干净漆面,用洗车泥擦拭污垢黏附部位,待漆面上的污垢去除后,用清水清洗并擦干。漆面污垢清除后,如漆面上留有蚀痕,则需要进行抛光处理。

2.漆面轻微氧化层的去除

1)外观清洁

按照汽车外观清洁流程清洗干净漆面。

2）去除氧化层

用洗车泥进行清洁,根据氧化层污染程度和厚度调整擦拭时间与力度。

3）冲洗车身

全车氧化层去除干净后,用高压水枪冲洗车身,再用干净的不脱毛纯棉毛巾擦干车身。

3.漆面严重氧化层的去除

1）外观清洁

按照汽车外观清洁流程清洗干净漆面。

2）漆面深度清洁

一边向漆面喷洒洗车液,一边用洗车泥擦拭漆面,根据氧化层污染程度和厚度调整擦拭力度。

3）冲洗车身

全车氧化层去除干净后,用高压水枪冲洗车身,再用干净的不脱毛纯棉毛巾擦干车身。

4）漆面抛光

用纸胶带、遮蔽纸防护塑胶件和玻璃,正确选择研磨剂和抛光盘,参照中/细抛各参数进行抛光。

5）漆面还原

去除氧化层后,选择还原剂和对应的还原盘,参照还原各参数进行还原。

6）漆面收油

参照收油各参数进行收油操作。

7）漆面清洁

所有工序完成后,用干净纯棉毛巾清洁干净漆面。

4.漆面轻度划痕修复

1）外观清洁

按照汽车外观清洁流程清洗干净漆面。

2）漆面深度清洁

用洗车泥擦拭漆面,去除漆面氧化层及污垢。

3）冲洗车身

全车氧化层去除干净后,用高压水枪冲洗车身,再用干净的不脱毛纯棉毛巾擦干车身。

4）划痕判断及标注

用指甲测试法或观察法判断划痕深浅,并用白板笔或纸胶带标注划痕部位。

5）漆面抛光

用纸胶带、遮蔽纸防护塑胶件和玻璃,正确选择研磨剂和抛光盘,参照粗抛、中/细抛各参数进行抛光(划痕切削)处理。

6）漆面还原

去除氧化层后,选择还原剂和对应的还原盘,参照还原各参数进行还原处理。

7）漆面收油

参照收油各参数进行收油操作。

8）漆面清洁

以上所有工序完成后,用干净纯棉毛巾清洁干净漆面。

5.漆面中度/重度划痕修复

漆面中度/重度划痕修复与轻度划痕修复不同之处在于在抛光工序前多了一步打磨工序,具体方法是:用 P2000 美容砂纸包裹垫板,采用湿打磨法打磨划痕,打磨时沿垂直划痕方向反复进行,并时刻观察漆面状况以防磨坏漆层。打磨完后擦干,用羊毛盘配合研磨剂抛光,再用黑色海绵盘抛光去除盘印,最后进行还原和收油操作。

四、汽车漆面打蜡护理

(一)汽车漆面打蜡知识

1.漆面打蜡的定义

汽车打蜡是指给车身漆面涂上一层保护蜡后,再将蜡抛出光泽的过程。由于蜡层能在一定程度上防止漆面与外界接触,因而能起到保护漆面和提升漆面光亮度的作用。汽车漆面打蜡原理如图 4-32 所示。

图 4-32 汽车漆面打蜡示意

2.漆面打蜡的作用

汽车蜡的主要成分是聚乙烯乳液或硅酮类高分子化合物,并含有油脂和其他添加成分,这些物质涂覆在车身表面具有以下作用。

1）隔离作用

汽车蜡可在漆面与外界之间形成一层保护层,将车漆与有害物质隔离,起到一种"屏障"的作用。防水性能好的汽车蜡可使车身表面的水滴附着减少 60% 以上,高档车蜡还可以使残留在漆面上的水滴进一步平展呈扁平状,最大限度地降低水滴对阳光的聚焦作用,有效降低车漆遭受侵蚀的可能性,使车漆得到保护。

2）上光作用

汽车的车身漆面类似汽车的"外衣",一辆车看上去是新是旧,好不好看,很大程度上取决于其车漆情况,因此对车漆的护理十分重要。打蜡可以改善漆面的光亮程度,为漆面增添亮丽的色彩,但维持时间一般不长。

3）抗高温作用

汽车蜡可以对不同方向的入射阳光进行有效反射,进而减缓漆面老化变色,延长漆面的使用寿命。

4）防紫外线作用

阳光中的紫外线较易折射进入漆面。防紫外线车蜡充分考虑了紫外线的特性,能最大限度地降低其对漆面的侵害。

5）防静电作用

汽车在行驶过程中,空气中的尘埃与车身表面相互摩擦产生静电,由于静电的作用,灰尘会附着于车身表面。车蜡不仅可以隔断尘埃与车身表面的接触,也能有效地防止车身表面产生静电,还可以防止带电尘埃在车身表面附着形成交通膜腐蚀漆面。

3.汽车漆面蜡产品种类及特点

汽车漆面蜡产品有很多种类,其在成分、使用性质、主要功能、物理状态、生产国别上等都会有不同,常见汽车漆面蜡产品的种类及特点见表4-10。

汽车漆面蜡产品种类及特点　　　　　　　　　　　　表4-10

分类方式	种　类	特　　点
组成成分	石蜡	从石油中提取,属于低端蜡
	树脂蜡	植物成分提取,不损伤车漆,属于中等蜡
	合成蜡	人工合成,性能好,属于高档蜡
	混合蜡	各种成分混合,适应更复杂的车漆状况
使用性质	研磨/抛光蜡(去污蜡)	含有研磨颗粒,用于处理漆面划伤、氧化、腐蚀、异物,有粗、中、细之分
	上光蜡	主要提升漆面光亮度
	保护蜡	作用较单一,主要保护车漆
主要功能	防水蜡	有特殊的防水性能
	防高温蜡	有较好的抗高温性能
	防静电蜡	有效防止漆面静电的产生
	防紫外线蜡	可降低紫外线对车漆层的侵害
物理状态	固体蜡	用于手工操作,打蜡操作费时,渗透车漆速度慢,适合DIY产品,去污能力较弱,但光泽亮丽,持久性强
	膏状蜡	乳状,适合手工操作,去污能力一般
	液体蜡	使用方便,多用于机器操作,去污能力强,但持久性较弱,光泽度不如固体蜡
	喷雾蜡	主要用于上光
生产国别	国产蜡	进口蜡多为中、高档蜡
	进口蜡	

常见汽车漆面蜡产品如图4-33所示。

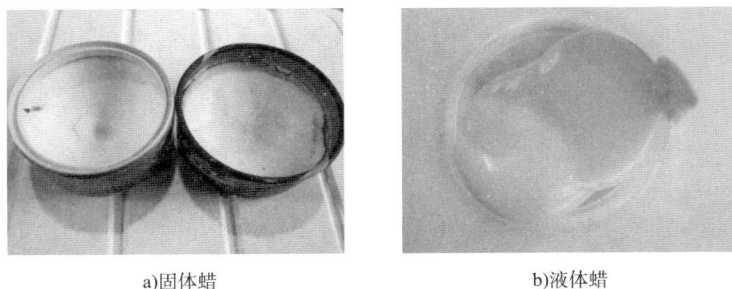

a)固体蜡　　　　　　　　　　　　b)液体蜡

图4-33　汽车漆面蜡产品

4.汽车漆面蜡的选用

正确地选择、使用汽车漆面蜡是打蜡护理成败的关键。由于各种漆面蜡的性能不同,其产生的作用与效果也不一样。在选用车蜡时必须慎重,选用不当不仅不能保护车漆,反而会对车身表面产生不良影响,严重的还会造成车漆褪色或变色。

1)汽车蜡选用的依据

选择汽车蜡应考虑汽车蜡的作用特点、车辆的新旧程度、车漆颜色及运行环境等因素,选用时一般应注意以下五点。

(1)根据汽车的行驶环境选择。由于车辆的使用环境千差万别,在车蜡的选择上应侧重对汽车漆面的保护。如汽车经常行驶在泥泞、山区、沙尘等恶劣道路环境条件中,应选用保护作用突出的树脂车蜡;沿海地区应选用防盐雾功能较强的车蜡;化学工业区应选用防酸雨功能较强的车蜡;光照好的地区应选用防紫外线、抗高温性能优良的车蜡;多雨水地区应选用防水性能优良的车蜡。

(2)根据漆面的质量来选择。对于中高档轿车,其漆面质量较好,应选用高档车蜡,普通车辆可选用一般车蜡。

(3)根据车漆颜色选择。浅色车漆选用银色、白色、珍珠色系列车蜡;红色、黑色和深蓝色等颜色的车身应选用深色系列的车蜡,以掩盖车身表面的细小划痕,使车身显得更加光滑亮丽。

(4)根据漆面的新旧程度来选择。新车或新喷漆的车辆,应选用上光蜡,以保持车身的光泽和颜色;对旧车或漆面有漫射光痕的车辆,可选用研磨蜡对其进行抛光处理后,再用上光蜡上光。

(5)根据季节不同来选择。夏季一般光照较强,宜选用防汗高温、防紫外线能力强的车蜡。

2)汽车蜡选购的方法

(1)看品牌。选择汽车蜡时,应注意包装上标明的品牌和生产厂家,要选择正规厂家生产的产品或名牌产品。

(2)看说明。正规厂家生产的产品或名牌产品都有使用说明书,或在包装上标明产品特性、适用范围、使用方法和注意事项等内容。选购时要仔细阅读这些说明,根据自己的需要进行选择。

(3)看质量。选购车蜡时,可用手指蘸一点蜡,在两指之间轻轻揉搓,如果感觉到有小颗粒状的物质,说明此蜡是劣质蜡,打蜡时会造成划痕。

(二)汽车漆面打蜡护理

1. 工具标准

汽车漆面打蜡护理工具除洗车泥、抛光机、抛光盘、工具车外,还需要用到的其他工具见表4-11。

汽车漆面打蜡护理工具标准   表4-11

工 具	图 示	作 用	工 具	图 示	作 用
纸胶带		防护车窗胶条、车身塑料件、车标及车身细小缝隙	遮蔽纸		遮蔽车窗玻璃

工　具	图　示	作　用	工　具	图　示	作　用
上蜡海绵		漆面涂蜡(手工上蜡)	打蜡机		漆面上蜡(机器上蜡)
抛蜡毛巾		漆面上蜡后抛蜡使用	清洁毛巾		打蜡完成后清洁车身使用

2. 工艺标准

1)前处理工艺

由于不同车辆漆面会存在各种不同的问题,加上各车漆面状况不尽相同,在实施漆面打蜡、封釉、镀膜、镀晶等护理前都需要根据实际情况进行漆面前处理。漆面前处理工艺见表4-12。

汽车漆面前处理工艺　　　　　　　　　　　　　　　　表4-12

漆面等级	漆面状况	前处理工艺
A级	漆面无明显附着物、划痕、氧化、腐蚀等以及使用不久的新车	洗车→打洗车泥/镜面还原
B级	漆面有轻微失光、失色,有轻微附着物和太阳纹	洗车→打洗车泥→镜面还原
C级	漆面存在较多浅划痕,有明显附着物和氧化层、腐蚀痕迹,有失光、失色现象	洗车→打洗车泥→抛光→镜面还原
D级	漆面存在较多中度、微度划痕,有严重附着物和氧化层、蚀痕,有失光、失色现象	洗车→打洗车泥→研磨→抛光→镜面还原

2)护理工艺

以C级漆面为例,其打蜡护理工艺标准见表4-13。

汽车漆面打蜡护理工艺标准　　　　　　　　　　　　　　表4-13

步　骤	技 术 要 求	操作示范图
1.车况检查	快速检查汽车外观和室内,对损伤部位进行记录。 注意:重点检查漆面(划痕、掉漆、变形、补漆部位);检查完后让客户确认并签字	

步　骤	技 术 要 求	操作示范图
2.外观清洁	按照外观清洁流程清洗干净外观。 注意:使用专用清洁剂将漆面上的顽固污垢进行彻底清除	
3.深度清洁	用洗车泥清洁处理漆面氧化层; 清洁顺序:发动机舱盖→前保险杠→前翼子板→车顶→车门→后翼子板→行李舱盖→后保险杠; 清洁处理完成后,冲洗并擦干车身。 注意:要对全车漆面进行清洁处理,不要遗漏	
4.遮蔽防护	用纸胶带防护车窗胶条/缝隙、车身细小缝隙、车身塑料件、车标等部位; 用塑料遮蔽纸/报纸/大毛巾遮蔽车窗玻璃	
5.抛光处理	选用正确的抛光盘和研磨剂,参照中/细抛各参数,运用正确的抛光方法进行全车漆面抛光处理	
6.还原处理	选用正确的还原盘和还原剂/镜面去处理剂,参照还原各参数,运用正确的抛光方法进行全车漆面还原处理和进一步收油操作	

步 骤	技 术 要 求	操作示范图
7.打蜡护理	方法一:手工上蜡。 用上蜡海绵沾取适量蜡,使手掌平压上蜡海绵,进行画圈式上蜡,上蜡路线如下图所示:  上蜡顺序:发动机舱盖→前保险杠→右前翼子板→右前车门→右侧车顶→右后车门→右后翼子板→行李舱盖→后保险杠→左后翼子板→左后车门→左侧车顶→左前车门→左前翼子板。 注意:上蜡时不要遗漏部位。 方法二:机器上蜡。 将蜡涂在打蜡机海绵上,来回直线往复上蜡,上蜡顺序与手工上蜡一致。 注意:上蜡时不要遗漏部位;打蜡机不要超出漆面,把蜡涂在其他部位	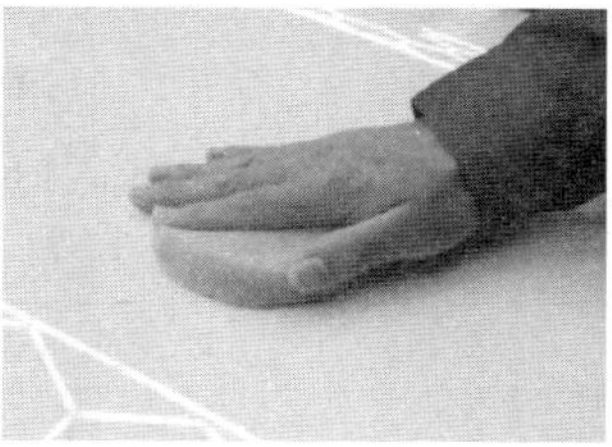 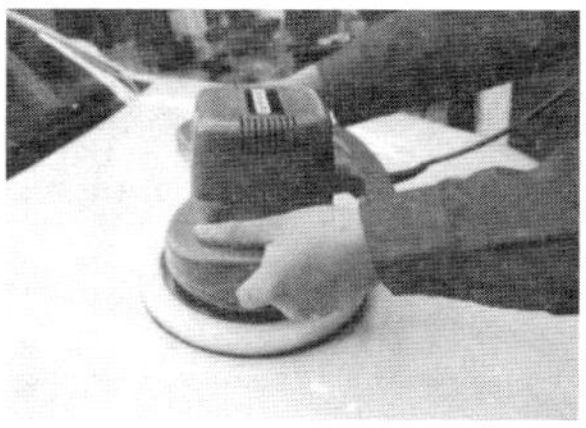
8.抛蜡处理	上完蜡等待10min左右,用手背感受漆面,车蜡刚刚干燥不粘手时便可进行抛蜡处理; 选用干净的不脱毛纯棉毛巾,将毛巾折平,按照上蜡顺序做直线往复抛蜡;也可采取机器抛蜡(抛光机转速调至最低,用最细腻、柔和的海绵盘按照抛光方法和上蜡顺序进行抛蜡)	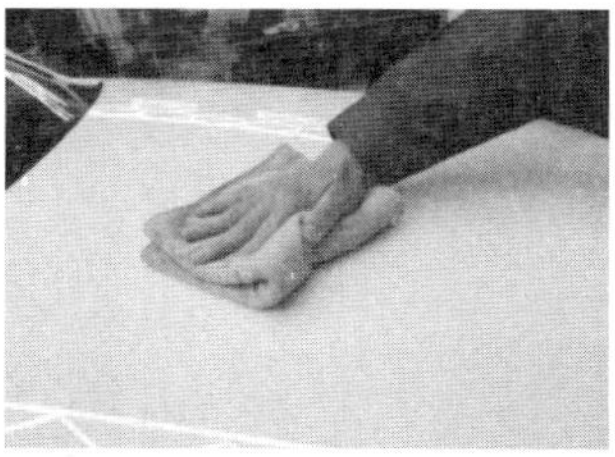
9.清洁残蜡	用干净纯棉毛巾和软毛刷清除漆面过多积蜡、越界蜡和死角残蜡。 注意:越界蜡指超出漆面范围的蜡,如后视镜塑胶座、发动机舱盖后端的刮水挡板、玻璃边框、车门防擦条、塑料包围等部位;死角残蜡一般集中在车身如保险杠的角、孔、缝中	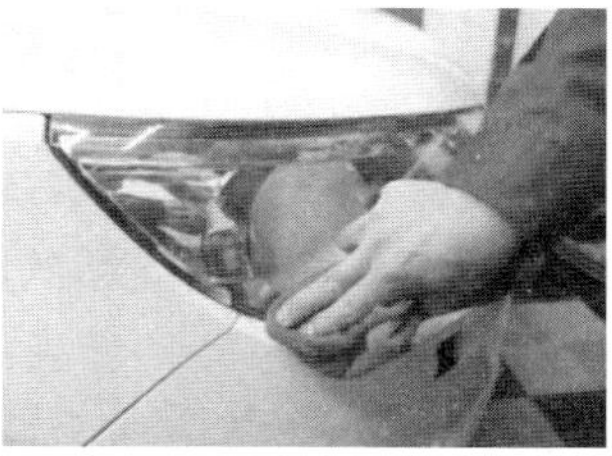
10.质检交车	施工完成后,先进行自检,发现问题及时进行处理;自检达标后,交由质检人员完成验收和交车	

3.验收标准

汽车漆面打蜡护理验收标准见表4-14。

汽车漆面打蜡护理验收标准　　　　　　　　　表 4-14

部　位	验收标准
漆面	漆面干净(无灰尘、水迹、沙粒、残余研磨剂、残蜡);无明显太阳纹;光滑度、亮度足够
字标、车标	字标、车标表面干净光亮;四周缝隙清洁干净
车身缝隙	胶条缝、前照灯缝、发动机舱盖边缘、后视镜、门边缝、车门拉手、油箱盖缝、尾灯缝、行李舱缝干净(无残余研磨剂、残蜡)
车窗玻璃	玻璃表面、胶条表面、胶条缝隙内干净(无灰尘、残蜡、印迹)
车轮	轮胎清洁干净、无脏污,轮胎已上光;轮毂无脏污、无残蜡

五、汽车漆面封釉护理

(一)汽车漆面封釉知识

1.汽车漆面封釉的定义

汽车封釉是指依靠震抛技术将釉剂反复深压进车漆纹理(微孔)中,形成一种特殊的网状保护膜,从而提高漆面的光泽度和硬度,使车漆能更好地抵挡外界环境的侵袭,有效减少划痕,保持车漆亮度。汽车封釉原理如图 4-34 所示。

2.汽车漆面釉产品

汽车漆面釉产品是一种从石油副产品中提炼出来的抗氧化剂,如图 4-35 所示。

图 4-34　汽车封釉原理图　　　　　图 4-35　汽车漆面釉产品

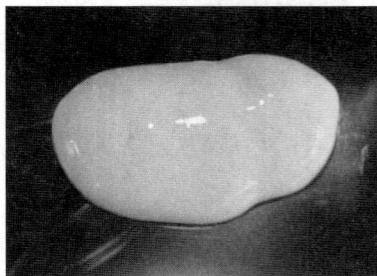

1)汽车漆面釉产品的成分

组成汽车漆面釉产品的各成分见表 4-15。

汽车漆面釉产品成分　　　　　　　　　表 4-15

序　号	成　分	描　述
1	液体硅	多功能、半透明、美观稳定
2	光泽元素	光亮、华丽
3	研磨素	可将汽车漆面的凹凸不平填充磨平
4	乳化剂	将液体硅进一步稀释成乳液增加渗透性
5	固化剂	使汽车漆面与釉分子充分固化
6	水剂	经过提炼的高分子水,能使二氧化硅充分稀释,从而达到有机结合的目的
7	平衡剂	将七种化学分子有机结合

2)汽车漆面釉产品的特点

汽车漆面釉产品具有防酸、抗腐、耐高温、耐磨、耐水洗、渗透力强和高光泽度等特点。

3.汽车封釉机

汽车封釉机又称封釉振抛机,有电动和气动两种,分别如图4-36a)、4-36b)所示。汽车封釉机主要通过高频振动与漆面摩擦产生热量,使漆面局部产生一定程度的扩张,使釉剂通过振动被均匀地挤压渗透到漆面中,并在漆面上形成一层极薄的保护膜,起到保护和美化漆面的作用。

封釉盘为波浪形海绵盘,通过粘贴与封釉机的托盘相连。封釉盘如图4-36c)所示。

a)电动封釉机   b)气动封釉机   c)封釉盘

图4-36 汽车封釉机及封釉盘

4.汽车漆面封釉的作用

汽车漆面封釉的作用见表4-16。

汽车漆面封釉的作用   表4-16

序 号	作 用	描 述
1	美容	增加车漆亮度,旧车翻新、新车更亮
2	密封	密封车漆,使车漆与外界隔离,防止静电、氧化、腐蚀
3	防划	增加漆面硬度
4	防水	降低雨水附着,减轻雨水腐蚀及透镜效应
5	长效保护	耐高温、抗老化、氧化、防褪色

(二)汽车漆面封釉护理标准

1.工具标准

漆面封釉过程除用到洗车泥、抛光机、抛光盘、工具车、纸胶带、遮蔽纸外,其他用到的工具及其作用见表4-17。

汽车漆面封釉护理工具标准   表4-17

工 具	图 示	作 用	工 具	图 示	作 用
清洁毛刷		清洁胶条缝隙脏污	封釉机		向漆面施加振动

工 具	图 示	作 用	工 具	图 示	作 用
封釉盘		借助封釉机的振动将釉产品压入漆面微孔	抛釉毛巾		抛光漆面釉层

2. 工艺标准

以 D 级汽车漆面为例,其封釉护理工艺流程及标准见表4-18。

汽车漆面封釉护理工艺标准

表4-18

步　骤	技　术　要　求	操作示范图
1.车况检查	快速检查汽车外观,对损伤部位进行记录。 注意:重点检查漆面(划痕、掉漆、变形、补漆部位);检查完后让客户确认并签字	
2.外观清洁	按照外观清洁流程清洗干净汽车外观。 注意:使用专用清洁剂将漆面上的顽固污垢进行彻底清除干净	
3.深度清洁	用洗车泥擦洗漆面上平时洗车难以去除的氧化层和脏污。 清洁顺序:发动机舱盖→前保险杠→前翼子板→车顶→车门→后翼子板→行李舱盖→后保险杠; 清洁处理完成后,冲洗并擦干车身。 注意:要对全车漆面进行清洁处理,不要遗漏	
4.清洁胶条缝	用牙刷或稍硬的毛刷配合洗车液清洁胶条缝隙内的脏污	

续上表

步　骤	技　术　要　求	操作示范图
5.清洁车身	冲洗并擦干车身	
6.遮蔽防护	用纸胶带防护车窗胶条/缝隙、车身细小缝隙、车身塑料件、车标等部位; 用塑料遮蔽纸、报纸或大毛巾防护车窗玻璃	
7.研磨处理	用 P1000/P1500/P2000 美容砂纸对漆面划痕、严重氧化层、橘皮等进行打磨处理。 注意:砂纸选用应遵循"从粗到细"的原则	
8.抛光处理	选用正确的抛光盘和研磨剂,参照粗抛、中/细抛各参数,运用正确的抛光方法进行全车漆面抛光处理	
9.还原处理	选用正确的还原盘和还原剂/镜面处理剂,参照还原各参数,运用正确的抛光方法进行全车漆面还原处理和进一步收油操作	
10.清洁车身	冲洗(去除研磨、抛光、还原产生的粉尘)并擦干车身	

续上表

步　　骤	技术要求	操作示范图
11.封釉护理	将釉剂倒在波浪形海绵盘上,用海绵盘将釉剂在漆面上均匀涂开(不开机); 将封釉机放在漆面上并施加一定的下压力后再开机,封釉机移动路线为直线往复移动; 发动机舱盖、车顶、行李舱盖采用"井"字形网状封釉,车身侧部采用"一"字形直线封釉。 注意:塑胶件上不能封釉(一段时间后会发白),封釉过程中盘不要碰到塑胶件	
12.抛釉处理	封完釉后15min左右,待釉剂充分深入漆面微孔中,再开始抛釉; 将干净的抛釉毛巾折成四方形,手型打开,按封釉顺序做直线往复抛釉	
13.清洁残釉	用干净纯棉毛巾和软毛刷清除漆面过多积釉、越界釉和死角残釉。 注意:越界釉指超出漆面范围的釉,如后视镜塑胶座、发动机舱盖后端的刮水挡板、玻璃边框、车门防擦条、塑料包围等部位;死角残釉一般集中在车身如保险杠的角、孔、缝中	
14.质检交车	施工完成后,先进行自检,发现问题及时进行处理; 自检达标后,交由质检人员完成验收和交车	

3.验收标准

汽车漆面封釉护理验收标准可参照打蜡验收标准进行。

六、汽车漆面镀膜护理

(一)汽车漆面镀膜知识

1.镀膜的定义

汽车漆面镀膜指在抛光、还原工艺的基础上,选用专用镀膜剂将其均匀地涂抹在漆面上,再用无纺布抛光,在漆面形成一层保护膜的过程。该保护膜可以将车漆和外界完全隔开,具有较高的强度和耐久性。

2.镀膜的原理

汽车漆面镀膜实质上是给车身漆面涂上一层保护膜,该产品材料在漆面产生化学反应生成一种致密的保护膜层(不与漆面产生反应),该保护膜层硬度大,耐摩擦,保持时间长,同时对漆面具有良好的附着性,能够有效保护漆面,如图 4-37 所示。

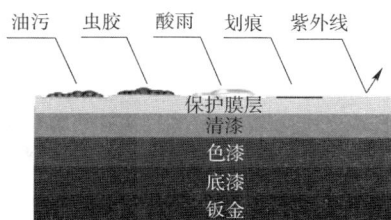

图 4-37　汽车漆面镀膜原理示意

3.镀膜产品

汽车漆面镀膜产品主要由玻璃纤维、纤维素和氟硅聚合物组成,一般为乳白色或淡黄色,物理状态呈乳状。汽车漆面镀膜产品对漆面的保护效果要好于封釉,能更有效地提升漆面的亮度、光滑度和硬度。镀膜产品的施工方式与封釉不同,可直接用手工进行涂抹,操作起来更为简单。

(二)汽车漆面镀膜护理标准

1.工具标准

汽车漆面镀膜护理常用到的工具见表 4-19。

汽车漆面镀膜护理工具标准　　　　　　　　　　表 4-19

工　具	图　示	作　用	工　具	图　示	作　用
镀膜海绵		涂抹镀膜产品	镀膜擦拭巾		擦拭镀膜层

除镀膜海绵和镀膜擦拭巾外,漆面镀膜护理用到的其他工具与封釉工具(除封釉机、抛釉毛巾外)相同。

2.工艺标准

以 D 级汽车漆面为例,其镀膜护理工艺流程及标准见表 4-20(其中第 1～10 步工艺可参考封釉护理的前 10 步工艺,此处省略)。

汽车漆面镀膜护理工艺标准　　　　　　　　　　表 4-20

步　骤	技 术 要 求	操作示范图
11.车间降尘	关闭施工车间门,打开降尘系统,并持续 3～5min,使空气中的飞尘颗粒落地; 降尘后再用干毛巾擦拭全车漆面一遍	

步　骤	技 术 要 求	操作示范图
12.涂镀膜剂	将镀膜无纺布包在海绵上,倒适量镀膜剂于无纺布上; 涂抹时将各部位漆面分成面积相等的几个小块,分块进行施工,每小块要涂2次镀膜剂,在第一小块第一次镀膜完成后,进行第一小块的第二次镀膜。漆面部位的镀膜顺序及分块数量为:发动机舱盖(2～3块)→车顶(2～3块)→行李舱盖(1～2块)→车头(1～2块)→A、C柱(2块)→前翼子板(1～2块)→前车门(2块)→后车门(2块)→后翼子板(1～2块)→车尾(1～2块)。第一次镀膜路径如图4-38所示,第二次镀膜路径如图4-39所示。 注意:天热时分块要小一点,天冷时分块要大一点;镀膜剂要涂抹均匀	
13.擦拭镀膜剂	第一小块涂完后,等待1～3min,当感觉表面变涩时开始进行擦拭; 使用专用镀膜擦拭巾擦拭已镀膜部位,直到出现镜面亮泽,擦拭路线如图4-40所示; 擦拭完第一小块后,开始第二小块的镀膜和擦拭工作,直至全部漆面施工完成	
14.质检交车	施工完成后,先进行自检,发现问题及时进行处理; 自检达标后,交由质检人员完成验收和交车	

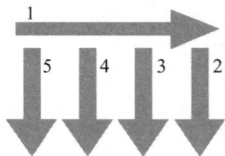

图 4-38　第一次镀膜路径　　　　图 4-39　第二次镀膜路径

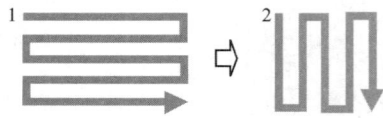

注:镀膜时按照1、2路线反复涂抹数次,直至液体在漆面上涂布均匀。

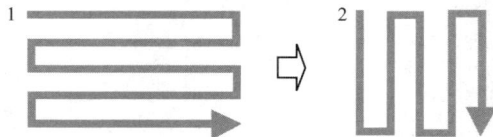

图 4-40　擦拭路线

注:擦拭时,先按路线1擦拭一遍,再按路线2擦拭一遍,之后再重复路线1、2反复擦拭,直至漆面出现镜面。

3.验收标准

汽车漆面镀膜护理验收标准见表4-21。

汽车漆面镀膜护理验收标准 表4-21

部 位	验 收 标 准
漆面	漆面干净(无灰尘、水迹、沙粒、残余研磨剂);无明显太阳纹;漆面光滑、有陶瓷光泽感,似液体玻璃,手感光滑;漆面无新增损伤部位,无明暗不均、漏镀现象,漆面具有良好的拨水效果
字标、车标	字标、车标表面干净光亮;四周缝隙清洁干净
车身缝隙	胶条缝、前照灯缝、发动机舱盖边缘、后视镜、门边缝、车门拉手、油箱盖缝、尾灯缝、行李舱缝干净(无残余研磨剂、无镀膜剂堆积)
车窗玻璃	玻璃表面、胶条表面、胶条缝隙内干净(无灰尘、印迹)
车轮	轮胎清洁干净、无脏污,轮胎已上光;轮毂无脏污、无残蜡

七、汽车漆面量子镀晶护理

(一)汽车漆面量子镀晶知识

1. 量子镀晶的定义

汽车漆面镀晶是指在镀膜的基础上改进产品,采用结构紧密、性能稳定的100%纯无机结晶材料,用专用镀晶喷枪均匀喷洒在漆面上,利用红外线烘烤原理,将产品快速渗入车漆气孔内部,形成一层强大的保护晶体和不被氧化的玻璃质层。量子镀晶可大大提高漆面的亮度和硬度,防止划痕、紫外线、酸雨等对漆面的侵害和损伤。

2. 量子镀晶的原理

如图4-41所示,进行量子镀晶时,应采用分子结构远小于漆孔直径的镀晶产品。通过喷枪均匀喷涂,使产品分子渗入车漆内部,在车漆表面快速、自主形成纳米分子团,由分子团之间相互牢固结合,从而快速形成一种更加致密的保护晶体。该晶体层硬度大、耐摩擦、持续时间更长、在漆面上有良好的附着性,还能够隔绝了灰尘、油污、水分子、脏污等微粒以及紫外线,避免车漆褪色和被氧化。汽车漆面镀晶后形成的晶体层如图4-42所示。

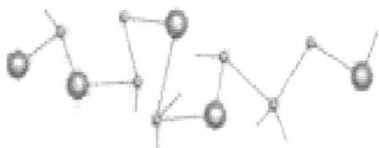

图4-41 量子镀晶产品分子结构

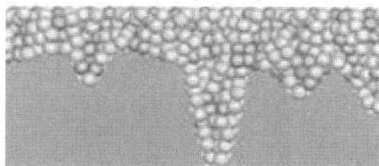

图4-42 汽车漆面镀晶后形成的晶体层

3. 量子镀晶产品

量子镀晶产品主要由硅酮树脂、氧化钛、氟素化合物组成,为无色透明液体(无机结晶类似于玻璃)。量子镀晶产品如图4-43所示。

量子镀晶产品附着力很强,能在漆面上形成一层透明的玻璃质保护晶层,漆面硬度可提升到6~9级,光泽度高,同时能维持长时间不被氧化,抗腐蚀能力强,污水、树脂只能停

图4-43 量子镀晶产品

留在晶层表面,保持时间一般在一年以上。但其缺点是施工较为复杂,需要借助镀晶喷枪喷涂和红外线烘烤操作,且产品还包含玻璃和铝合金轮毂表面的镀晶。

(二)汽车漆面量子镀晶护理标准

1. 工具标准

汽车漆面量子镀晶护理的常用工具见表4-22。

汽车漆面量子镀晶护理工具标准　　　　　　　　表4-22

工　具	图　示	作　用	工　具	图　示	作　用
镀晶喷枪		喷涂量子镀晶产品	远红外线烤灯		烘烤漆面,加速产品渗透、表面成膜功效
超细纤维毛巾		喷涂后擦拭漆面涂层			

除表4-22所列工具外,量子镀晶用到的其他工具与封釉工具相同。

2. 工艺标准

以D级汽车漆面为例,其量子镀晶护理工艺流程及标准见表4-23(其中第1～10步工艺可参考封釉护理的前10步工艺,此处省略)。

汽车漆面量子镀晶护理工艺标准　　　　　　　　表4-23

步　骤	技　术　要　求	操作示范图
11.清洁玻璃	用洗车泥去除玻璃上的氧化层、制动铁粉等顽固污垢; 氧化层较严重时,可使用抛光机配合研磨剂进行处理,处理结束后进行还原处理。 注意:镀膜前,必须确保玻璃表面干净	
12.清洁轮毂	用铁粉去除剂去除轮毂上黏附的铁粉和氧化层,若效果不理想,可再用毛巾沾上研磨剂进行手工研磨抛光,并进行手工还原处理。 注意:镀膜前,必须确保轮毂表面干净	

步　　骤	技　术　要　求	操作示范图
13. 纳米封釉	按照封釉技术标准完成漆面封釉、抛釉和清洁任务。 注意:要确保漆面无残釉存在	
14. 漆面量子镀晶	将镀晶产品按施工量倒入喷枪,喷涂时喷枪头应与漆面保持垂直,距离保持在 10～20cm; 喷涂分 2 次进行,时间间隔为 5～10min。 注意:喷涂要均匀,也不宜过厚,否则会影响亮度并出现发乌现象;若喷涂过厚出现白雾状态,在 30min 后用干净毛巾擦至光亮即可	
15. 红外烘烤	漆面喷涂完后,使用远红外灯烘烤,以加速产品渗透、表面成膜功效,烘烤时间为 10～15min。 烘烤顺序:发动机舱盖→车顶→行李舱盖→车身左侧→右侧	
16. 擦拭	烘烤完成后用超细纤维毛巾擦拭全车,擦拭至光亮为止	
17. 玻璃量子镀晶	用玻璃清洁剂将玻璃表面进一步清洁干净并除干水分; 在无纺布上喷适量的玻璃镀晶剂后,涂抹于玻璃表面; 约 25min 左右固化后,用超细纤维毛巾擦拭光亮	

续上表

步 骤	技 术 要 求	操作示范图
18.轮毂量子镀晶	用轮毂清洗液将轮毂表面进一步清洁干净并除干水分; 将轮毂镀晶剂喷涂到轮毂表面,直到表面完全被覆盖为止,无须用毛巾擦拭	
19.质检交车	施工完成后,先进行自检,发现问题及时进行处理; 自检达标后,交由质检人员完成验收和交车	

3.验收标准

汽车漆面量子镀晶护理验收标准见表4-24。

汽车漆面量子镀晶护理验收标准　　　　　　　　　　表4-24

部 位	验 收 标 准
漆面	无明显太阳纹;光滑、有陶瓷光泽,晶莹剔透,似液体玻璃,手感清凉如丝;漆面无新增损伤部位,无明暗不均、漏镀现象;漆面具有良好的拨水效果
字标、车标	字标、车标表面干净光亮;四周缝隙干净
车身缝隙	胶条缝、前照灯缝、发动机舱盖边缘、后视镜、门边缝、车门拉手、油箱盖缝、尾灯缝、行李舱缝干净
车窗玻璃	玻璃表面镀膜均匀、无堆积,玻璃光滑、亮丽,玻璃具有良好的拨水效果 塑胶件表面及缝隙内无脏污,表面已上光
车轮	轮胎清洁干净、已上光 铝合金轮毂表面镀膜均匀、无堆积,光滑、亮丽

八、汽车漆面琉晶护理

1.琉晶的定义

琉晶是指在抛光、还原工艺的基础上,使用滴管将专用琉晶产品滴到漆面上,均匀涂开后在漆面上形成一层坚固、光亮的保护层,从而将车漆和外界完全隔开。经琉晶护理后,漆面将具有更高的强度和耐久性。

2.琉晶产品

汽车漆面琉晶产品利用创新的自洁技术,采用传统镀晶材料二氧化硅与新型自洁材料聚硅氮烷相结合而成。其中,聚硅氮烷(PHPS)是一类重要的化工原材料,能耐1400℃高温。汽车漆面琉晶产品如图4-44所示。

琉晶产品经施工后,可使漆面光滑如琉。同时,琉晶产品具有超强自洁防污功能,能消除紫外线对漆面的老化作用,且能在一定程度上对抗划痕和具有耐酸雨、耐冲洗等特性。

由于聚硅氮烷的分子结构与二氧化硅不同,因此相较于传统镀膜产品,琉晶产品的渗透性更强、更坚固、更光亮,对漆面的保护也更为长久。

3.漆面琉晶护理工艺

汽车漆面琉晶护理工艺与镀膜护理工艺基本相同,不同之处是需采用专用滴管将琉晶产品直接滴在漆面上后再涂开,如图4-45所示。

图4-44　汽车漆面琉晶产品　　　　　图4-45　汽车漆面琉晶护理

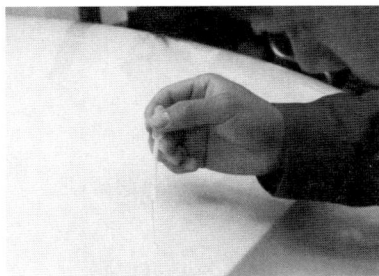

九、漆面护理方式对比

不同漆面护理方式采用的产品不同,施工工艺也有一定的区别,对漆面的护理效果也有一定的差异,具体对比见表4-25。

五种漆面护理方式对比情况　　　　　　　　　　表4-25

项　目	打　蜡	封　釉	镀　膜	镀　晶	琉　晶
成分	石油提取物/植物提取物	石油提取物	无机玻璃纤维素	无机玻璃质二氧化硅	二氧化硅＋聚硅氮烷
原理	通过打蜡机或手工将蜡涂于漆面	通过封釉机把釉压在漆面上	将镀膜液均匀涂抹于漆面	在漆面形成玻璃质结晶层	在漆面形成自洁琉晶层
施工难度	简单	简单	一般	高	较高
工时	1.5h	2h	2.5h	6~8h	4~6h
硬度	无	底	中	高	较高
亮度	一般	一般	较高	高	高
疏水性	基本无	一般	较强	较强	强
持久度	约1个月	2~3个月	约6个月	约18个月	约12个月

技能实训

(一)汽车漆面分辨

1.准备工作

(1)场地:灯光充足的汽车美容车间。

(2)设备:实训车辆(已清洗)、车轮挡块、漆面厚度计。

(3)工具:研磨剂、浅色毛巾、P2000 砂纸。

2.实训过程

1)漆面种类识别

(1)观察轿车漆面特点。

(2)判断漆面种类(素色漆、金属漆、珍珠漆)。

2)漆面清漆层识别

(1)用目测法识别漆面是否有清漆层。

(2)用浅色湿毛巾沾少许研磨剂或用 P2000 砂纸摩擦漆面(后车门下方),确认目测结果。

3)漆面损伤诊断

(1)环车一周,检查漆面。

(2)识别漆面损伤种类及程度。

(3)用车况检查表记录漆面损伤情况。

(4)用白板笔标注划痕位置。

(5)目测或用指甲感受划痕深度。

(6)用纸胶带标注无法用美容手段修复的划痕位置。

(7)根据划痕特点判断其产生原因。

4)漆面厚度测量

(1)测量发动机舱盖漆层厚度,在同一位置测量三次或以上,读取平均值。

(2)测量车门中部漆层厚度,在同一位置测量三次或以上,读取平均值。

(3)测量车顶漆层厚度,在同一位置测量三次或以上,读取平均值。

(4)判断漆层薄厚情况。

5)制定抛光方案

(1)根据车漆种类、损伤情况、车漆厚度选择研磨剂。

(2)根据车漆种类、损伤情况、车漆厚度选择抛光盘。

(3)根据车漆种类、损伤情况、车漆厚度确定抛光机转速、抛光温度、抛光下压力、移动速度和抛光方法。

(二)汽车漆面轻微损伤修复

1.准备工作

(1)场地:灯光充足的标准化汽车美容车间。

(2)设备:实训车辆、车轮挡块、抛光机。

(3)工具:洗车泥、纸胶带、遮蔽纸、美容砂纸、研磨剂、抛光盘、漆面毛巾。

2.实训过程

1)去除漆面顽固污垢

(1)判断污垢种类。

(2)喷涂专用清洁剂。

（3）待软化后用干净的漆面毛巾擦拭。

2）去除漆面氧化层

（1）洗车泥深度清洁全车漆面、玻璃。

（2）冲洗车身。

（3）擦除车身水分并吹干。

（4）用纸胶带和塑料遮蔽纸防护车身塑胶件和玻璃。

（5）按制定好的抛光方案去除漆面氧化层。

（6）用还原剂和还原盘（海绵盘）还原漆面。

（7）漆面出现镜面效果后进行收油操作。

（8）用干净的漆面毛巾清洁漆面。

3）修复漆面划痕

（1）用抛光机配合研磨剂修复漆面轻度划痕。

（2）用美容砂纸打磨中度及重度划痕。

（3）用抛光机配合研磨剂进一步修复中度及重度划痕。

（4）用还原剂和还原盘（海绵盘）还原修复部位。

（5）出现镜面效果后进行收油操作。

（6）用干净的漆面毛巾清洁漆面。

（三）漆面打蜡护理

1．准备工作

（1）场地：灯光充足的标准化汽车美容车间。

（2）设备：实训车辆、车轮挡块。

（3）工具：漆面蜡、上蜡海绵、打蜡机、抛蜡毛巾、漆面清洁毛巾。

2．实训过程

1）手工打蜡（左侧车体）

（1）用上蜡海绵沾适量蜡。

（2）左半部分前保险杠上蜡。

（3）左半部分发动机舱盖上蜡。

（4）左前翼子板上蜡。

（5）左半部分车顶上蜡。

（6）左前车门上蜡。

（7）左后车门上蜡。

（8）左后翼子板上蜡。

（9）左半部分行李舱盖上蜡。

（10）左半部分后保险杠上蜡。

（11）等待 10min 左右，用抛蜡毛巾按上蜡顺序抛蜡。

（12）用漆面清洁毛巾清除残蜡。

2）机器打蜡（右侧车体）

（1）把蜡涂在打蜡机海绵盘上。

（2）右半部分前保险杠上蜡。

（3）右半部分发动机舱盖上蜡。

（4）右前翼子板上蜡。

（5）右半部分车顶上蜡。

（6）右前车门上蜡。

（7）右后车门上蜡。

（8）右后翼子板上蜡。

（9）右半部分行李舱盖上蜡。

（10）右半部分后保险杠上蜡。

（11）等待几分钟后，用抛光机（转速降到最低）配合柔软海绵盘按上蜡顺序抛蜡。

（12）用漆面清洁毛巾清除残蜡。

（13）按验收标准进行自检。

（14）按验收标准进行互检。

（四）漆面封釉护理

1. 准备工作

（1）场地：灯光充足的标准化汽车美容车间。

（2）设备：实训车辆、车轮挡块。

（3）工具：漆面釉、封釉机、封釉盘、抛釉毛巾。

2. 实训过程

（1）将釉滴在封釉盘上。

（2）快速、均匀地在漆面上涂开釉（封釉机关机情况下）。

（3）在漆面上按压好封釉机后开机。

（4）发动机舱盖前保险杠封釉。

（5）前保险杠封釉。

（6）左前翼子板封釉。

（7）左侧车顶封釉。

（8）左前车门封釉。

（9）左后车门封釉。

（10）左后翼子板封釉。

（11）行李舱盖封釉。

（12）后保险杠封釉。

（13）按相反方向对车身右侧进行封釉。

（14）等待15min左右，用抛釉毛巾按封釉顺序抛釉。

（15）用漆面清洁毛巾清除残釉。

（16）按验收标准进行自检。

(17)按验收标准进行互检。

(五)漆面镀膜护理

1. 准备工作

(1)场地:灯光充足、带有降尘系统的标准化汽车美容车间。

(2)设备:实训车辆、车轮挡块。

(3)工具:漆面毛巾、漆面镀膜剂、镀膜海绵、无纺布、镀膜擦拭巾。

2. 实训过程

(1)打开车间降尘系统3~5min。

(2)用漆面毛巾擦干车身。

(3)用无纺布包住镀膜海绵。

(4)滴适量镀膜剂在无纺布上。

(5)将发动机舱盖分成2块,第1块分两次进行涂抹,等待2min左右用镀膜擦拭巾擦拭镀膜部位,然后再按照此方法对第2块进行镀膜。

(6)将车顶分成3块进行镀膜。

(7)将行李舱盖分成2块进行镀膜。

(8)后保险杠镀膜。

(9)A柱、C柱镀膜(分两侧进行)。

(10)后翼子板镀膜(分两侧进行)。

(11)后车门镀膜(分两侧进行)。

(12)前车门镀膜(分两侧进行)。

(13)前翼子板镀膜(分两侧进行)。

(14)前保险杠镀膜。

(15)按验收标准进行自检。

(16)按验收标准进行互检。

模块小结

(1)轿车原厂车漆涂装工艺由清洗车壳、磷化处理、电泳底漆、涂封闭胶、喷涂色漆和喷涂面漆六步构成。

(2)汽车油漆一般由树脂、颜料、溶剂和添加剂组成,它们在油漆中起着不同的作用。

(3)树脂是油漆的成膜物质,也是油漆的主体成分,其作用是使颜料保持明亮状态,使之坚固耐久并黏附于物体表面,是决定油漆类型的物质。

(4)素色漆成本低、工艺简单,颜色单调、光泽度不太好,车漆软、容易划伤,容易氧化变色和受外界腐蚀。

(5)金属漆是目前流行的一种汽车面漆,其漆基中含有微细的铝粒。金属漆成本较高,颜色丰富、亮度较高、有层次感,硬度较高、不易被划伤,抗氧化、抗腐蚀能力较强。

(6)珍珠漆也是目前流行的一种汽车面漆,它的原理与金属漆基本相同,不同之处在于用云母代替铝粒,且漆基中含有涂有二氧化钛和氧化铁的云母颜料。珍珠漆成本高、工艺复杂,颜色丰富、亮度高、有通透的立体感,硬度高,抗氧化、抗腐蚀能力强。

(7)清漆材料主要有氨基甲酸酯、聚氨酯、氟、聚酯四种,其色漆的厚度要薄得多。

(8)汽车车漆根据施工工艺的不同分为原厂漆和修补漆两类,原厂漆由钢板/铝板、镀锌处理层、磷化膜、电泳涂料、中涂层、色漆层和清漆层组成;修补漆由钢板/铝板、环氧底漆、泥子层、中涂层、色漆层和清漆层组成。

(9)汽车车漆又可以根据涂料类型的不同分为单工序、双工序和三工序三类。单工序是指面漆一次成型,具有光泽和耐久性,不需要喷涂清漆;双工序是指面漆由色漆和清漆组成;三工序是指面漆由底色漆、特殊效果层和清漆组成。

(10)识别漆面是否有清漆层可用目测法和研磨法。

(11)汽车漆面常见损伤可分为两大类,一是漆面失光,二是漆面划痕。

(12)造成漆面失光的因素有漆面氧化、交通膜、蚀痕(水痕纹、飞漆、虫尸、鸟粪、树胶、柏油腐蚀漆面)、太阳纹等。

(13)根据划痕对车漆的损伤程度不同,可将划痕分为发丝划痕、轻度划痕、中度划痕、深度划痕和创伤划痕五类。

(14)一般情况下,能看得到且能被指甲感受到的划痕已伤及整个漆层,建议不要使用美容的手段进行处理。

(15)漆面厚度为 80~100μm 时,表示车漆清漆可能太薄,进行抛光时要小心;漆面厚度低于 80μm 时,表示车漆太薄,尽量取消研磨步骤或采取长效填充研磨剂。

(16)漆面抛光是漆面美容护理技术中最为重要的组成部分。抛光技术的高低直接关系到汽车美容护理的最终效果。

(17)漆面抛光是指利用抛光机配合抛光盘和研磨剂在车身漆面高速旋转产生摩擦,以去除漆面氧化层、划痕等缺陷,恢复漆面原始光泽所进行的作业。

(18)抛光前考虑的主要因素有车漆结构、漆面状态、抛光盘的选用和研磨剂的选用。

(19)常用的抛光机有立式抛光机和卧式抛光机两种。

(20)抛光盘按使用性质不同,可分为研磨盘、抛光盘和还原盘三种;按材料不同,可分为羊毛抛光盘、兔毛抛光盘和海绵抛光盘三种。

(21)研磨剂由研磨颗粒、溶剂、综合润滑油和遮盖油组成。研磨颗粒目前主要有硅藻土、氧化铝和二氧化铈。

(22)研磨剂分水性和油性两种,水性研磨剂能够去除划痕而非遮盖划痕;油性研磨剂含有较高比例的矽油(硅油)或树脂成分,在研磨的同时会带来较佳的覆盖效果。

(23)分辨水性研磨剂和油性研磨剂通常采用搓试法、冲洗法和测试法。

(24)抛光的四要素是转速、下压力、温度和移动速度。

(25)漆面抛光是一种多工序作业,一般分为粗抛、中抛、细抛、还原和收油五个工序。

(26)抛光时,立式抛光机抛光盘的倾斜度为 3~5°(粗抛时为5°,还原时为3°);卧式抛光机抛光盘的倾斜度为 8°~15°(粗抛时为15°,还原时为8°)。

(27)左手抛光时,单向抛光施力点在左边,用顺抛做切削;右手抛光时,单向抛光施力点在右边,用逆抛做切削。

（28）抛光方法有平抛、斜抛、点抛、重抛、轻抛、浮抛和慢抛。

（29）一个完整的抛光过程中主要包含安装抛光盘、涂抹研磨剂、确定站姿、确定施力点、划痕切削、收油六个技术要点。

（30）全车抛光流程为：外观清洁→遮蔽防护→损伤修复→抛光→还原。

（31）抛光常见问题有：漆面结块、漆面雾蒙、粉尘过多、越抛越花、收油困难、抛皱漆面和抛穿漆面等。

（32）洗车泥又称去污泥、洗车火山泥、擦车泥、磨泥、洗车橡皮泥，是深度清洁车漆的一种泥巴，具有超微细、超黏性和超柔软三重特征。

（33）应视漆面损伤形式、损伤种类和损伤程度选择汽车漆面损伤修复方法。

（34）在实施漆面打蜡、封釉、镀膜、镀晶等护理前，都需要根据漆面实际情况进行漆面的前处理。

（35）汽车打蜡指给车身漆面涂上一层保护蜡后，再将蜡抛出光泽的过程。蜡层在一定程度上能够隔断漆面与外界的接触，从而起到保护漆面和提升漆面光亮度的作用。

（36）汽车封釉是指依靠震抛技术将釉剂反复深压进车漆纹理（微孔）中，形成一种特殊的网状保护膜，从而提高漆面的光泽度和硬度，使车漆能更好地抵挡外界环境侵袭的过程。

（37）漆面釉的组成成分有：液体硅、光泽元素、研磨素、乳化剂、固化剂、水剂和平衡剂。

（38）汽车漆面镀膜是在抛光、还原工艺的基础上，将专用镀膜剂均匀地涂抹在漆面上并形成一层保护膜，从而将车漆和外界完全隔开。该保护膜具有较高的强度和耐久性。

（39）汽车漆面镀膜产品主要由玻璃纤维、纤维素和氟硅聚合物组成，一般为乳白色或淡黄色，物理状态呈乳状。

（40）汽车漆面镀晶是采用结构紧密、性能稳定的无机结晶材料，用镀晶喷枪均匀喷涂在漆面上，形成一层强大的保护晶体和不被氧化的玻璃质层的过程。镀晶可大大提高漆面的亮度和硬度，防止划痕、紫外线、酸雨等对漆面造成侵害和损伤。

（41）量子镀晶产品主要由硅酮树脂、氧化钛、氟素化合物组成，为无色透明液体（无机结晶类似于玻璃）。

（42）漆面琉晶护理是指使用滴管将专用琉晶产品滴到漆面上，均匀涂开后在漆面上形成一层坚固、光亮的保护层，从而将车漆和外界完全隔开。经琉晶护理后，漆面将具有更高的强度和耐久性。

（43）汽车漆面琉晶产品利用创新的自洁技术，采用传统镀晶材料二氧化硅与新型自洁材料聚硅氮烷相结合而成。

思考与练习

（一）填空题

1. 汽车油漆一般由_____、_____、溶剂和添加剂组成。

2. _____漆用云母代替铝粒，其漆基中含有涂有二氧化钛和氧化铁的云母颜料。

3. 汽车车漆根据施工工艺的不同分为_____漆和_____漆两类。

4. 识别漆面是否有清漆层可使用目测法和_____。

5. 汽车漆面常见损伤可分为两大类，一是_____；二是_____。

6. 根据划痕对车漆的损伤程度不同,可将划痕分为_____划痕、_____划痕、_____划痕、_____划痕和创伤划痕五类。

7. 漆面厚度低于_____μm时,表示车漆太薄,应尽量取消研磨步骤或采取长效填充研磨剂。

8. _____技术是漆面美容护理技术中最为重要的组成部分,并直接关系到汽车美容护理的最终效果。

9. 抛光前考虑的主要因素有:车漆结构、_____、抛光盘的选用和_____的选用。

10. 抛光盘按材料分为_____、_____和_____三种。

11. 研磨剂的研磨颗粒目前主要有_____、_____和二氧化铈。

12. 水性研磨剂和油性研磨剂的分辨通常采用_____、冲洗法或测试法。

13. 抛光的四要素是_____、下压力、_____和移动速度。

14. 抛光方法有:平抛、_____、点抛、重抛、_____、浮抛和慢抛。

15. 洗车泥具有_____、_____和超柔软三重特征。

16. 应视漆面损伤形式、损伤种类和_____选择汽车漆面损伤修复方法。

17. 在实施漆面打蜡、封釉、镀膜、镀晶等护理前都需要根据漆面实际情况进行漆面的_____。

18. 汽车封釉是指依靠_____技术将釉剂反复深压进车漆纹理(微孔)中,形成一种特殊的_____状保护膜。

19. 汽车漆面琉晶产品是采用传统镀晶材料二氧化硅与新型自洁材料_____相结合而成。

(二)选择题

1. 溶剂是油漆的成膜物质,也是油漆的主体成分。 ( )

2. 有清漆层的车漆,其色漆层更厚。 ( )

3. 原厂漆由钢板/铝板、环氧底漆、泥子层、中涂层、色漆层和清漆层组成。 ( )

4. 造成漆面失光的因素有漆面氧化、交通膜、蚀痕(水痕纹、飞漆、虫尸、鸟粪、树胶、柏油腐蚀漆面)、太阳纹等。 ( )

5. 黑车变灰、白车变黑现象是因为车漆表面已形成氧化层。 ( )

6. 深度划痕是指划痕已穿透色漆层。 ( )

7. 兔毛盘的切削力要大于羊毛盘和海绵盘。 ( )

8. 水性研磨剂含有较高比例的矽油(硅油)或树脂成分,在研磨的同时会产生较佳的覆盖效果。 ( )

9. 抛光时,立式抛光机抛光盘的倾斜度为8°~15°。 ( )

10. 一个完整的抛光过程中主要包含安装抛光盘、涂抹研磨剂、确定站姿、确定施力点、划痕切削、收油六个技术要点。 ( )

11. 抛光常见问题有漆面结块、漆面雾蒙、粉尘过多、越抛越花、收油困难、抛皱漆面和抛穿漆面等。 ( )

12. 汽车打蜡后,漆面与空气摩擦更容易产生静电并吸附杂物。 ( )

13. 新车或漆面状况良好的车辆在进行打蜡、封釉、镀膜等护理前,无需对漆面进行抛

光、还原前处理。　　　　　　　　　　　　　　　　　　　　　　（　　）

14.汽车漆面量子镀晶护理是所有漆面护理项目中施工最简单、便捷的项目。（　　）

15.前后保险杠一般属于塑料件喷漆,抛光时容易发生抛皱、抛穿、抛漏等情况。因此,前后保险杠抛光时,温度不能太高。　　　　　　　　　　　　　　（　　）

16.点抛是指抛光盘与漆面进行点接触,适当降低转速的一种抛法,用于边、角、棱、筋处及车标、门把手等复杂危险的部位。　　　　　　　　　　　　　　　（　　）

(三)简答题

1.造成汽车漆面失光的因素及原因有哪些?

2.汽车漆面抛光的原理是什么?

3.研磨剂的选用原则是什么?

4.简述保险杠的抛光方法及注意事项。

5.漆面越抛越花的原因、解决办法和预防策略是什么?

6.简述漆面严重氧化的修复工艺。

7.简述汽车漆面封釉护理的好处和施工工艺。

8.简述汽车漆面打蜡、封釉、镀膜、镀晶、琉晶护理的区别。

(四)案例分析

1.刘先生的爱车经常停留在户外。最近他发现车顶、发动机舱盖、行李舱盖上有白色环状的水滴痕,车辆侧面、车窗和饰条也有少量条纹痕。

请思考分析:

(1)上述情况产生的原因是什么?

(2)刘先生该如何处理?

2.李先生是一家化工厂老板,他需要经常去化工厂。由于化工厂周围的风沙比较大,空气中所含的尘土、颗粒较多,打蜡护理已经起不到很好的保护作用,于是李先生来到汽车美容店进行咨询。

请思考分析:

(1)可向李先生提供哪些建议?

(2)推荐该服务项目的施工流程是什么?

模块五　汽车室内健康管理

学习目标

1. 能说出汽车室内主要污染气体的来源及危害；
2. 能说出汽车室内污染的治理措施；
3. 能说出汽车室内的健康管理方法；
4. 能使用设备对汽车空调系统进行深度净化；
5. 能使用设备对汽车室内进行高温蒸汽消毒和臭氧消毒。

建议课时

4 课时。

汽车室内健康管理是针对汽车室内影响人体健康的危险因素进行管控和治理的过程，其中最大的危险因素是车内空气污染。中国室内装饰协会空气监测中心曾经对 200 多辆汽车进行了车内空气监测实验，其中 90% 的汽车都存在甲醛或者苯含量超标，多数超标甚至达到 5~6 倍。实验显示越是新车，车内空气污染超标越严重。

一、汽车室内污染分析

(一)主要污染气体及其危害

1. 甲醛

甲醛是能与蛋白质结合的原浆毒物，人体吸入高浓度甲醛后，会出现呼吸道严重刺激、眼刺痛、头痛及支气管哮喘等症状。同时甲醛还是致癌促癌的有毒物质，严重时还会导致人神经系统、免疫系统失调。

甲醛存在于多种材料当中，如塑料、橡胶、树脂胶黏剂、油漆涂料和泡沫树脂隔热材料等。汽车内的甲醛主要来自车内的装饰材料、塑料件、树脂件、黏合剂和乘用车尾气。甲醛对汽车车内空气质量的影响对新车来说更加严重。

2. 苯及同系物甲苯、二甲苯

苯是易挥发的化学物质，被国际癌症研究机构确认为有毒的致癌物质，可能导致白血病。苯可以通过消化道、皮肤和呼吸道进入人体，高浓度苯对中枢神经系统有麻醉作用，会引起急性中毒,长期接触会对造血系统形成损害。重度苯中毒可出现心律不齐、视物模糊、呼吸浅而快、昏迷和抽搐。

苯主要存在于车内的各种装饰材料、黏合剂、皮革和树脂材料中,挥发后以气态形式存在于空气中。

3. 一氧化碳(CO)

CO与血红蛋白结合的能力比氧气强200倍。一旦CO与血红蛋白结合,会降低血液的输氧能力,从而引起人体组织缺氧,造成低氧血症。

大气中人为排放的CO一半以上来自汽车废气,大城市的交通高峰时期,大气中CO的含量甚至会达到$20mg/m^3$以上。停车状态下长时间使用空调、发动机怠速空转致使燃料燃烧不充分等,均会产生大量的CO并进入车内,导致车内人员CO中毒。另外,车辆行驶在怠速状态下或发动机转速超过3000r/min时,产生的CO也会急剧增多。

4. PM10和PM2.5

空气动力学直径小于或等于$10\mu m$和$2.5\mu m$的大气颗粒分别称为PM10(也称可吸入颗粒物)和PM2.5(也称细粒子)。乘用车内的可吸入颗粒物主要来自道路地面扬尘、乘用车尾气。据统计,车内乘客吸入的微粒数量约为路上行人的10倍。

5. 胺、烟碱

胺、烟碱等有害物质主要是由车内空调蒸发器内部附着大量污垢长期积累产生的,其会导致车内空气质量变差甚至引发车内乘员缺氧。

6. 生物因素

生物因素主要有真菌、细菌和螨虫等。其中,真菌常年存在于乘用车空调系统中,在潮湿气候条件下运行的汽车空调中尤为突出,并伴随有异味产生。真菌侵入会造成人的记忆力及听力下降、呼吸困难、哮喘、肺部出血甚至死亡。

(二)污染来源

1. 汽车本身

汽车上的塑料、橡胶、织物、油漆涂料、保温材料、黏合剂等材料中通常含有有机溶剂、助剂、添加剂等物质,这些物质中含有的甲醛、TVOC、苯系物等挥发性成分会释放到车内,造成车内空气污染。

2. 车内装饰

若一些含有有害物质的地胶、座套垫、胶黏剂等装饰用品进入车内,这些材料中含有的有毒气体主要包括苯、甲醛、丙酮和二甲苯等便会挥发,进而造成车内空气污染。

3. 车内空调

汽车空调设备及系统是细菌和真菌等生物污染因素的主要来源。例如,车内空调气流组织不合理,形成气流死角,导致污染物在局部滞留、积累;空调新风采集口受到污染,导致大量可吸入颗粒进入车内;空调过滤器失效,导致真菌大量繁殖;空调凝结水盘或者冷却液中存在的细菌,导致车内出现微生物污染;空调蒸发器若长时间不进行清洗护理,内部附着的大量污垢会产生胺、细菌等有害物质。

4. 汽车发动机

汽车内部空气污染物源于发动机工作过程中产生的甲醛、多环芳烃(苯并芘)、可吸入颗粒物、CO、二氧化氮（NO_2）和二氧化硫（SO_2）等。汽车通过排气管、曲轴箱和燃油蒸发等途径排放的污染物进入车内，或汽车空调长期使用后风道内积累的污物会对车内空气造成污染。

5. 交通道路空气

在复杂路况和拥堵路况下，道路空气中含有汽车尾气中的有害物质浓度高，若车厢不密闭或者通过外循环进行换气，则道路空气中的二氧化碳（CO_2）、CO、PM10 和多种挥发性有机物也成为车内空气的主要污染源。这种车内污染在交通堵塞的情况下尤为明显。

6. 人体自身

人体生命活动过程（如呼吸和汗液等排出过程）中会产生乳酸、硫醇、氮氧化合物（NO_x）、CO_2、角质层等污染物。

7. 车内吸烟

司机或乘客吸烟也是车内污染的重要来源，烟所散发出的气味也可能会长期停留在车厢内。有研究表明：吸烟产生的烟雾中有焦油、阿摩尼亚、尼古丁、悬浮微粒、PM2.5、钋-210 等超过 4000 种有害化学物质及数十种致癌物质，吸二手烟的人尿液中可检出 cotinine（尼古丁的代谢物）。更值得注意的是，二手烟的有害物质往往比主流烟多，如 2 倍的尼古丁、3 倍的焦油、5 倍的 CO、约 50 倍的致癌物质等。

8. 长期放置有异味的物品

室内外的冷热温差会使车内产生湿气，如果在车内长期放置有异味的物品，如未清洗的球鞋、运动衣、脏抹布以及瓜皮果壳等，就极易引起霉菌生长。

9. 空气清新剂及香水

空气清新剂可起到暂时清新车内空气的作用，但治标不治本。而且空气清新剂多由乙醚、香精等成分组成，很多香水也是化学合成物，这些物质分解之后产生的气体中某些成分本身就是空气污染物，这样只会加重污染。因此，尽量不要使用空气清新剂和香水。

10. 车辆状态

影响车内空气质量的因素还包括温度及湿度、行驶状态、道路空气、车龄及型号、空调开闭状态等。

1）温度、湿度

温度升高，车内污染物浓度增加。室内空气的含湿量（通常以相对湿度度量）对驾乘人员的健康和舒适性均有间接的影响。

2）行驶状态

车辆行驶状态不同，对车内空气质量的影响不同。

（1）在开窗行驶的情况下，车内空气与车外空气污染状况相同。车辆运行一段时间后，车内污染物浓度便出现累积效应，在堵车、慢行时尤为明显。

（2）在车窗关闭、空调打开（外循环）的情况下，车外空气由空调进风系统不断进入车内，在车厢内循环停留一段时间后，由车厢后部排出车外。中速正常行驶时，车内外空气污染状况完全一致。

（3）在车窗及空调通风系统都关闭的情况下，车内空气污染变化与车外空气变化不同，

几分钟后车内的 CO_2 就会超过 0.1% 的限量值,乘坐的人数越多,CO_2 浓度上升的速度越快。随着行驶时间的增加,车内空气污染物逐渐累积,其浓度不断升高,污染愈发严重。

（4）在待行状态下的车辆,绿灯亮起起动时,车内 TVOC 值会从 $0.37mg/m^3$ 上升到 $0.46mg/m^3$。即汽车起动时是有害气体排放最严重的时候。

3）道路空气质量

道路空气质量水平与车内空气质量水平呈正相关。在交通高峰期、拥挤路段或者行驶在尾气污染严重的车辆后方时,外部环境对车内空气环境影响较大,此时可以暂时关闭空调外循环。当车辆行驶至车外空气质量较好的地段后,再打开空调外循环。

4）车龄、车型

同品牌的车辆在相同条件下,车龄长的车辆内部空气质量要好于车龄短的车辆。不同品牌的车内空气质量有所不同,总体而言,新车的车内污染要高于旧车。

二、汽车室内污染治理

（一）汽车空调系统深度净化

汽车空调系统主要由压缩机、冷凝器、蒸发器、鼓风机、滤芯、风道、控制系统、膨胀阀、干燥储液器及管路等组成,如图 5-1 所示。

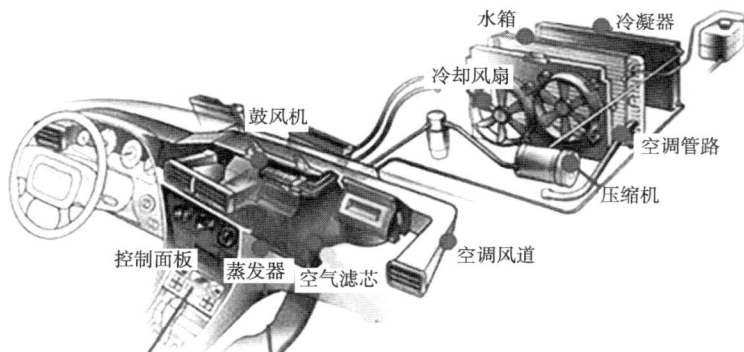

图 5-1　汽车空调系统组成

汽车空调在运行中,空气中 80% 的微小粉尘和细菌穿过过滤网进入空调内部,与冷凝水黏合后堵塞在蒸发器上,影响空调的制冷与散热。由于蒸发箱和通风管道的潮湿环境和表面的灰尘为霉菌和真菌的滋生提供了温床,霉菌和真菌会很快繁衍为霉菌团和真菌团,产生物体腐烂性异味,这些异味会随着空调的打开,夹杂在冷气当中,污染整个车厢内部,有害病菌从空调里被释放出来（图 5-2）,在车内封闭狭小的空间内,被吸入到人体内,引发人们的"汽车

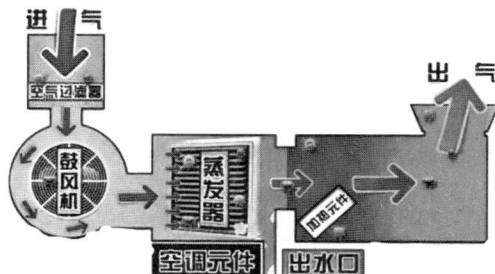

图 5-2　汽车空调系统工作示意图

空调病"。

目前,人们对空调的清洗概念仍停留在清洗滤芯上(图5-3),但实际上空调内的脏物及各种细菌(葡萄球菌、军团菌、曲霉菌、流感病毒等)藏在蒸发箱铝片的缝隙中(图5-4),从表面上无法看到,其不断通过循环气流进入车内空气中,长时间处于这样的环境中,人体会感到头晕、身体发困、不舒服,容易患流感、扁桃体炎、肺炎等。

图5-3　长时间使用后的汽车空调滤芯　　图5-4　长期未清洗的汽车空调蒸发器

汽车空调系统的深度净化,主要有空调滤芯的清洁或更换、空调风道清洗、空调蒸发器可视化清洗和空调除臭杀毒四步。

1. 空调滤芯的清洁或更换

如图5-5所示,空调滤芯一般在副驾驶位的手套箱后面,还有的位于前风窗玻璃下面。取出空调滤芯后,如果脏污情况较轻或使用时间不长,可用高压气枪吹干净,如图5-6所示,在空调滤芯的正反两面喷上杀菌剂;如果已经堵塞,建议更换新的或带活性炭的空调滤芯。

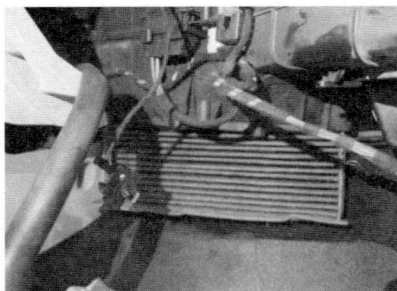

图5-5　大众途观轿车空调滤芯位置　　图5-6　清洁空调滤芯

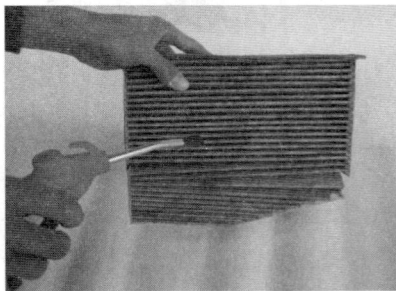

2. 空调风道清洗

清洗空调风道需要用到汽车空调清洗剂,汽车空调清洗剂的主要作用是清洗和杀菌。清洗前,取下空调滤芯,起动车辆,打开空调外循环,再把泡沫状的空调清洗剂喷到空调滤芯安装处,这样,空调的外循环风会把清洗剂吸入风道内,对风道、蒸发器的脏污进行分解并进行除菌和除异味(图5-7)。

a)清洗剂喷洒　　　　　　　b)清洗过程

图 5-7　空调风道清洗

3. 空调蒸发器可视化清洗

空调蒸发器可视化清洗是指借助可视化清洗机完成清洗工作，其可视化原理与医学上胃镜内窥的原理相同。汽车空调可视化清洗机如图 5-8 所示。

可视化清洗机的清洗方法是：将空调清洗产品通过喷枪的高压喷管直接喷射到蒸发器上，配合喷枪上的内窥镜，可以清楚地看到空调蒸发器的清洗过程，这种方法可以使蒸发器的清洗更加便捷、安全和有效。

图 5-8　汽车空调可视化清洗机

目前，市面上也出现了一种便携式的空调可视化清洗枪，如图 5-9 所示。

可视化清洗枪的具体清洗步骤如下：

(1)拆卸待清洗车辆的空调滤芯和鼓风机(视车辆情况，有些车型无须拆卸鼓风机)。

(2)在车底空调出水口处放置污水收集盘，用以收集清洗过程排出的污水。

(3)调整内窥镜摄像头弯头至适当弯度。

(4)如图 5-10 所示，将内窥镜摄像头和喷头从鼓风机电机孔洞伸入，查看蒸发器及四周污染情况。

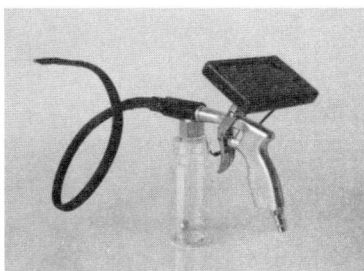

图 5-9　便携式汽车空调可视化清洗枪

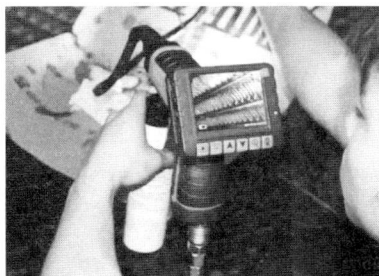

图 5-10　通过内窥镜看到的蒸发器污染情况

(5)将空调清洗产品装入清洗机内，接通压缩空气，向蒸发器均匀喷洒清洗剂，等待 1min 左右，让污渍软化和松弛。

(6)更换清洗剂，借助高压喷力使喷液以扇状形式喷洒，对蒸发器由上至下反复冲刷清洗,直至蒸发器干净为止。

（7）用清洗剂空瓶装满清水,对蒸发器进行反复清洗,清除干净残留的清洁剂。

（8）将空调杀菌剂均匀喷在蒸发器上。

（9）安装鼓风机。

4. 空调除臭杀毒

空调除臭杀毒的具体步骤如下:

（1）起动发动机,开启空调内循环,并将风量调至最大。

（2）关闭车门和车窗,将机器的雾化管和臭氧管伸入车内,并放置在副驾驶座下方。

（3）将专用的空调脱臭剂加入机器内。

（4）设置除臭消毒时间,选择进入雾化和消毒功能。

（5）除臭消毒。

（6）打开车门、车窗约 15min。

（7）用湿毛巾擦拭前后风窗玻璃、车窗、仪表台、转向盘、座椅等。

（8）安装回空调滤芯,恢复拆卸部件。

（9）打开空调,把风量调到最大,运行 6～8min 后即可。

（二）汽车室内高温蒸汽消毒

1. 蒸汽消毒技术

图 5-11　汽车高温蒸汽消毒机

蒸汽消毒技术是一种无毒无害的环保清洁方式,能在 120℃高温下对几乎所有物品的表面进行清洁和消毒。通过破坏污渍的黏合,方便清除污渍,并能杀死病菌和细菌。另外,蒸汽在高压下会快速蒸发,不会留下水渍。与清洁剂等化工产品相比,高温蒸汽不会对清洗表面(特别是真皮)造成永久性损害,也不会释放能引起人的皮肤及呼吸道过敏的气体。

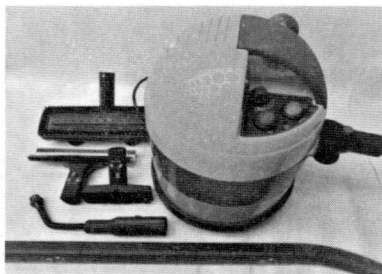

2. 汽车高温蒸汽消毒机

汽车高温蒸汽消毒机如图 5-11 所示。

3. 汽车室内高温蒸汽消毒方法

用高温蒸汽给汽车消毒,相当于给汽车"做桑拿",这种方法无毒无害。高温蒸汽消毒的具体步骤见表 5-1。

汽车室内高温蒸汽消毒步骤　　　　　　　　　　　　　　　　　　表 5-1

序号	步　　骤	内　　　容	图　　示
1	室内防护	用塑料遮蔽纸把仪表板上的音响主机、空调面板、电子开关等进行遮蔽,关严玻璃	

续上表

序号	步　骤	内　　容	图　　示
2	加注清水	将清水加注到蒸汽机里	
3	通电工作	接上电源,打开蒸汽消毒机开关,待温度高于100℃,便可以开始进行消毒	
4	蒸汽消毒	先往空调口里喷蒸汽,然后向车室内部喷蒸汽,等到室内已有大量蒸汽时,关闭所有的车门	
5	室内清洁	待蒸汽完全消失后,打开车门,用干毛巾把蒸汽所产生的水珠擦干	

(三)汽车室内臭氧(O_3)消毒

1. O_3 的特点及作用

臭氧(O_3)又称超氧,是氧气(O_2)的同素异形体,属不可燃气体。在常温下,O_3 具有特殊臭味(青草味),常温常压下可自行分解成氧气。吸入少量臭氧对人体有益,过量吸入则对人体有一定危害。臭氧主要分布在 $10\sim50km$ 高度的平流层大气中。臭氧对酵母和寄生生物等有活性,可以用它去除以下类型的微生物和病毒。O_2 通过电击作用可转化为 O_3。

O_3 具有如下作用:

(1)除病毒,臭氧对病毒具有非常强的杀灭性,例如 Poi 病毒在臭氧浓度为

$0.05 \sim 0.45 mg/L$ 的条件下,仅 2min 就会失去活性。

(2)除孢囊,臭氧浓度达到 0.3mg/L 时,约 2.4min 后孢囊就会被完全除掉。

(3)除孢子,由于孢衣的保护,其比生长态菌的抗臭氧能力高出 $10 \sim 15$ 倍。

(4)除真菌,白色念珠菌和青霉属菌能被 O_3 杀灭。

(5)除寄生生物,如螨虫,约 3min 就能被 O_3 杀灭。

(6)除病菌,O_3 可以迅速杀灭空气中的大肠杆菌、金葡萄球菌、白色念珠菌等病菌。

(7)O_3 可以分解空气中的臭味、烟味、浓香水味。

此外,O_3 还可以氧化、分解水中的污染物,在水处理中对除臭味、脱色、杀菌以及去除酚、氰铁、锰和降低 COD(化学需氧量)、BOD(生化需氧量)等都具有显著的效果。

2. 汽车 O_3 消毒机

电晕放电合成 O_3 是目前应用最多的 O_3 制取技术,该类 O_3 发生器可使用一定频率的高压电流制造高压电晕电场,使电场内或电场周围的氧分子发生电化学反应,从而制造 O_3。汽车 O_3 消毒机也采用这一原理产生 O_3,汽车 O_3 消毒机如图5-12 所示。

图 5-12　汽车 O_3 消毒机

3. 汽车 O_3 消毒的特点

1)优点

(1)成本低。汽车 O_3 消毒机只需通电后便能迅速产生大量 O_3,几分钟便可完成对一辆车的消毒工作,成本低、使用便捷。

(2)效果好。O_3 是一种高效广谱快速的杀菌剂,当其达到规定浓度后,可以通过氧化反应除去车内有毒气体,迅速杀灭使人和动物致病的各种细菌、病毒等微生物。

(3)清洁环保。与化学消毒不同,利用 O_3 消毒杀菌不会残存任何有害物质,O_3 杀菌消毒后很快就分解成 O_2,因而不会对汽车造成二次污染。消毒后车舱里会留有一些 O_3 气味,只要将车窗打开通风一段时间,气味即可消失。

2)缺点

长时间使用 O_3 消毒会在一定程度上加快车内橡胶的老化,高浓度的 O_3 也会对人体造成损害,使用时一定要注意。

4. 汽车室内 O_3 消毒方法

汽车室内 O_3 消毒操作方法见表5-2。

汽车室内 O_3 消毒步骤　　　　　　　　　　　　表 5-2

序号	步　骤	内　容	图　示
1	室内清洁	对室内进行吸尘、清洁	

序号	步骤	内 容	图 示
2	接入胶管	关闭所有车门和车窗玻璃,并将 O_3 消毒机的胶管从车窗玻璃预留的缝隙伸入车内(尽量在车室中部位置),再将车窗玻璃缝隙用潮湿的毛巾进行遮盖封闭	
3	打开空调	打开空调,选择空调内循环模式	
4	开机定时	接通消毒机电源,把定时器调节到所需的工作时间(一般为10min),再开启电源开关	
5	O_3 消毒	利用空调的空气循环,将消毒机产生的高浓度 O_3 送到车内的每个角落进行消毒	
6	通风透气	打开车窗,让室内残留的 O_3 味分解、散出	

(四)汽车室内负离子消毒

负离子是指带一个或多个负电荷的离子,亦称阴离子。某些分子在特殊情况下,亦可形成离子,如氧的离子状态一般为阴离子,也叫负氧离子。

1. 负离子的产生

负离子的产生原理主要有以下几种:

(1)大气受紫外线、宇宙射线、放射物质、雷雨、风暴、土壤和空气放射线等因素的影响,发生电离而被释放出的电子,被地球吸收后再释放出来,很快又和空气中的中性分子结合,而成为负离子。自然界的负离子(也就是在身体内起好的作用和还原作用的负离子)有很强的抗氧化效果与还原力。

(2)在瀑布冲击,细浪推卷暴雨跌失等自然过程中,由于重力作用,水流高速流动,水分子裂解而产生负离子。

(3)森林的树木,叶枝尖端放电及绿色植物光合作用形成的光电效应,使空气电离而产生负离子。

(4)部分地壳岩石能够释放出一定数量的负离子。

(5)通过人工负离子生成技术产生生态级小粒径空气负离子,模拟自然界雷电高压电离空气产生负电子,以空气中的 O_2、CO_2 等作为载体传播。

2. 负离子消毒原理

空气负离子浓度已被当作评价环境和空气质量的重要标准之一,当人们漫步在海边、瀑布边和森林时,会感到呼吸舒畅,心旷神怡,其中一个最重要的原因就是空气中含有丰富的负离子。空气环境变差主要是由于空气中的正、负离子比例失衡,空气中含有大量有害气体和烟雾、灰尘、病毒、细菌等所致。

负离子既可以调节正、负离子浓度比,又可以净化空气。负离子能使空气中微米级(肉眼看不见的)飘尘,通过正、负离子吸引、碰撞形成分子团下沉落地,还能使细菌蛋白质的两级性颠倒,使细菌生存能力下降或死亡。负离子消毒的特点是灭活速度快,灭活率高,对空气、物品表面的微生物、细菌、病毒均有灭活作用。

3. 汽车负离子空气净化器

市面上有些车型在生产制造时就配备了负离子空气净化系统,可以有效地净化车内空气。此外,也有很多车载负离子空气净化器产品,车主可以选择性进行安装。但需要引起注意的是:有些产品发射的负离子浓度很低,而 O_3 浓度又严重超标,这种情况不但起不到应有的净化作用,还会由于 O_3 浓度过高对人造成伤害。目前大多数车载负离子空气净化器实际上是负离子净化杀菌与净化介质净化空气的组合体。

(五)汽车室内光触媒消毒

1. 光触媒消毒原理

光触媒是以二氧化钛(TiO_2)为代表的,具有光催化功能的光半导体材料的总称,其主要成分是纳米级的 TiO_2。TiO_2 吸收太阳光中的紫外线后,其内部电子被激发,形成活性氧类的超氧化物,这类物质具有超强的氧化能力,可以破坏病毒细胞的细胞膜,使细胞质流失、死亡,还能凝固病毒的蛋白质,抑制病毒的活性,并捕捉、杀除空气中的浮游细菌,杀菌能力达到99.997%,具有极强的防污、杀菌和除臭功能。同时,TiO_2 受光后生成的氢氧自由基能和有机物质及有害气体发生氧化还原反应,将其转化为无害的 H_2O 和 CO_2,从而达到净化环境的功效,因此能从根本上解决车内的空气污染。

2. 汽车室内光触媒消毒

在日本,光触媒技术被成功地应用于汽车抗菌净化处理,成为最新的车辆净化技术。将光触媒处理部件镶嵌在汽车空调进出气循环管道或类似框架结构内,设置一个紫外线灯管,处理器便会对由车外进入的其他车辆尾气排放出的有毒气体以及汽车内饰件不断释放的挥发性有机化合物进行处理,使其有效、快速地分解。

汽车室内光触媒消毒也称光触媒喷涂净化,其消毒操作步骤如下:

(1)消毒清理。清洁需要喷涂的表面或其他物体表面。根据施工进度,可再用高温蒸汽消毒机进行消毒清洁。

(2)遮盖防护。车窗玻璃和仪表罩、液晶屏幕等部位可使用报纸、胶膜、分色纸等柔软物进行遮盖防护。

(3)专业喷涂。用专业的专用喷枪对顶棚、门护板、座椅、地毯等部位进行光触媒喷涂施工。

(4)光能激活。使用紫外线灯照射 15～30min,注意照射时车内不能有人、动物和植物。

(5)净化通风。光触媒开始发挥室内空气净化的作用。

(六)其他汽车室内消毒方法

1.化学消毒

化学消毒主要是利用一些消毒剂对汽车内饰进行喷洒和擦拭,通过化学作用达到除去病菌的目的,这种杀菌方法操作简单易行,病菌杀灭比较彻底。该方法消毒较彻底,但是消毒后车舱内会留有气味,需要开窗通风一段时间才能消除。

化学消毒的主要缺点是容易留下化学残留物,造成潜在的危害,同时对汽车部件也有一定程度的损害。化学消毒液一般都具有腐蚀性和漂白性,因此在使用时需要小心汽车内饰和金属部件。

2.活性炭消毒

活性炭又称活性炭黑,是黑色粉末状或颗粒状的无定形碳。对车主来说,活性炭消毒是目前最有效、最安全、最容易实现的办法。活性炭具有孔隙多的特点,对甲醛等有害物质具有很强的吸附作用,且颗粒越小吸附效果越好。活性炭消毒属于物理方法,不会产生二次污染。但其缺点是活性炭没有杀菌作用,去除甲醛效果较慢且不彻底。

3.竹炭消毒

竹炭是以竹为原料,经近千摄氏度高温烧制而成的一种炭。竹炭具有疏松多孔的结构,其分子细密多孔,有很强的吸附能力,能净化空气、消除异味、吸湿防霉、抑菌驱虫。竹炭能够去湿、吸汗,促进人体血液循环和新陈代谢,缓解疲劳。

4.茶叶消毒

茶叶也有去除异味的功效。因此,可以用一个小盆泡上茶叶,放在车里,但是一定要记得放在稳固、牢靠的地方,并记得及时换水。

5.食醋消毒

如果某段时间长时间不用车,可以采取食醋消毒的方法。该方法需将醋与适量的清水混合后装于无盖容器中,将其放在车内适合、稳固的位置。特别是对于新车,这种方法可以很好地吸收室内甲醛等有害物质。

6.水果皮去除异味

将水果皮(如柚子皮、橘子皮、菠萝皮、柠檬片等)放在车内可去除异味。但需要注意的是,在车内放置的果皮需要定期及时更换,以免果皮在车内长期的密闭环境中腐败变质。

三、汽车室内健康管理

(一)汽车室内污染管控

对汽车室内污染的管控应考虑汽车产业链的各环节,如汽车原材料供应商、汽车生产企业、经销商、消费者等,并对各环节进行改善控制,只有这样做,才能使车内环境最优化,创建出一个舒适、安全和健康的车居生活环境。以下仅从消费者选购和使用汽车的角度出发,列举一些汽车室内污染管控的措施。

1. 尽量购买有天窗的汽车或加装天窗

汽车天窗能够使得进入车内的空气更加清洁柔和,同时减少进入车内的灰尘,因此建议尽量购买有天窗的汽车或后期为汽车加装天窗。

2. 注意新车室内空气的更新

购买新车后,在半年左右的时间内,驾驶员进入驾驶室前应先将车窗和车门打开,让车外空气进入车内稀释污染气体后再进入驾驶室。在车辆行驶过程中,应尽量少用甚至不用空调,多开车窗,保证空气对流。在开启空调或暖风状态时,应尽量使用外循环。

3. 不要盲目装饰

在进行车辆内部装饰时,建议选用质量达标、环保健康的装饰用品,如玻璃膜、座套、坐垫、地胶、地垫、挂饰、香水和毛绒玩具等。一旦选用假冒、劣质装饰用品,车内就增加了新的污染源,会加剧车内空气质量恶化。因此,在装饰时要遵循实用、环保与安全的原则,确保人体健康及行车安全。

4. 加装先进的空气净化与过滤技术

可以采用一些如光触媒、车内空调系统加装活性炭过滤网或电气石过滤网、臭氧消毒等技术净化空气,改善车内空气质量,保障人体健康。

5. 养成健康的用车习惯

健康的用车习惯主要体现在以下七个方面:

(1)定期对汽车内外进行清洁,保持清洁状态,防止细菌滋生。

(2)避免在车内吸烟,特别是在密闭空间开着空调的状态下吸烟。吸烟会导致尼古丁、胺及烟碱会在车内聚集,并加速 CO、CO_2、甲醛等污染物的释放。

(3)避免将车辆长期停在暴晒或阴暗环境、垃圾堆旁等环境复杂的地方。在这些地方长期停放车辆会加重车内异味。

(4)尽量将车辆停放在车库或阴凉处,避免在阳光下暴晒而使车内空气温度上升加剧污染物的释放。车内有机物的释放与温度有密切的关系,假设在常温(20℃)状态下甲醛浓度测得的结果为 0.10mg/m^3,当驾驶室内温度提高到40℃后,甲醛浓度便会上升至 0.30mg/m^3,其浓度增加了2倍。

(5)汽车经暴晒后,不要立刻打开空调,应该敞开车门和车窗,等异味排干净后再起动车辆,进而在一定程度上降低车内污染物浓度,减轻污染物对人体的危害。

(6)经常可打开车门和车窗进行透风、透气,让阳光和空气为车辆消毒。

（7）定期对车内空气及内饰部件进行消毒。

（二）汽车室内空气质量监测

1.《乘用车内空气质量评价指南》

2011 年 10 月 27 日，原环境保护部和原国家质检总局联合发布了《乘用车内空气质量评价指南》（GB/T 27630—2011），于 2012 年 3 月起正式实施。标准根据车内空气中挥发性有机物的种类、来源和车辆主要内饰材料本身挥发特性，确定了 8 种主要控制物质，即车内空气中的苯、甲苯、二甲苯、乙苯、苯乙烯、甲醛、乙醛及丙烯醛，并规定了浓度要求。

这是国内首个车内空气质量标准，它改变了车内空气检测无标准可依的局面。根据实车实测结果来看，标准对改善车内空气质量起到了明显效果。但标准的非强制性一直备受诟病，对于汽车生产企业的约束仍然不够。

2.《乘用车内空气质量评价指南》强制标准征求意见稿

2016 年，原环境保护部对国家标准《乘用车内空气质量评价指南》进行了第一次修订，形成强制标准征求意见稿，主要变更的内容包括：标准由推荐标准修订为强制标准；对原标准中的部分限值进行了修订。修订后的标准将对车辆企业形成了更强的约束力，有望加强对零部件采购环节的管控。

修订前、后车内空气质量污染物的限值变化见表 5-3。

车内空气质量污染物限值　　　　　　　　　　　　　　　　表 5-3

控 制 物 质	原限值（mg/ m³）	修改后的限值（mg/ m³）	参 考 依 据
苯	0.11	0.06	原标准加严
甲醛	0.10	0.10	参考世界卫生组织（WHO），维持不变
甲苯	1.10	1.00	原标准加严
二甲苯	1.50	1.00	原标准加严
乙苯	1.50	1.00	原标准加严
苯乙烯	0.26	0.26	维持不变
乙醛	0.05	0.20	参考国际标准确定
丙烯醛	0.05	0.05	维持不变

新标准提出，汽车制造企业应保证批量生产车辆的内饰零部件与备案信息一致，否则将判定为环保一致性检查不合格。行业主管部门可以随机在生产线上抽取批量生产的汽车进行环保一致性检查，如果抽取的样车检测合格，则判定环保一致性检测合格。如果检测发现 8 项指标中任何一种污染物超标，都将判定为不合格。

新标准具有强制性，主要用于评价新车的车内空气质量，在用车辆也可参照使用。

3. 在用车辆的室内空气质量监测方法

可以从正规渠道购买质量有保障的各类空气质量检测仪，对汽车室内的甲醛、TVOC、PM2.5、PM10 浓度和温度、湿度等进行实时监测，帮助驾乘人员实时了解汽车室内空气质量。

技能实训

(一)汽车空调系统深度净化

1. 准备工作

(1)场地:装有尾气抽排系统和消防设施的汽车美容车间。

(2)设备:实训车辆、车轮挡块、车辆防护套件、空气压缩机、汽车空调可视化清洗机。

(3)工具:常用组套工具、气枪、汽车空调清洗剂、污水收集盘、空调杀菌剂、空调脱臭剂。

2. 实训过程

(1)安装车内及车外防护套件。

(2)安装尾气抽排管。

(3)放置车轮挡块。

(4)打开驾驶侧车门,确认开启驻车制动。

(5)拆下空调滤芯。

(6)用压缩空气清洁空调滤芯,并于正反两面喷洒空调杀菌剂。

(7)起动车辆,打开空调并把空调置于外循环挡。

(8)从空调滤芯安装处喷入空调清洗剂(瓶装、泡沫),清洗空调风道。

(9)关闭空调,车辆熄火。

(10)拆卸空调鼓风机(有些车型无须拆卸鼓风机)。

(11)车底空调出水口处放置污水收集盘。

(12)将内窥镜摄像头的喷头从鼓风机电机孔洞伸入,查看蒸发器及四周污染情况。

(13)将空调清洗产品装入清洗机内,接通压缩空气,清洗蒸发器。

(14)用清水对蒸发器进行反复冲洗,去除残留的清洁剂。

(15)喷洒空调杀菌剂。

(16)安装鼓风机。

(17)起动发动机,开启空调内循环,将风量调至最大。

(18)关闭车门、车窗,将清洗机器的雾化管和臭氧管伸入车内副驾驶座下方。

(19)将专用的空调脱臭剂加入清洗机内。

(20)设置除臭消毒时间,选择雾化和消毒功能,进行除臭消毒。

(21)打开车门、车窗约15min。

(22)用湿毛巾擦拭前后玻璃、车窗、仪表台、转向盘、座椅等。

(23)装回空调滤芯。

(24)打开空调,把风量调至最大,运行6~8min。

(二)汽车室内高温蒸汽消毒

1. 准备工作

(1)场地:汽车美容车间。

（2）设备：实训车辆、车轮挡块、汽车高温蒸汽消毒机。

（3）工具：塑料遮蔽纸。

2.实训过程

（1）放置车轮挡块。

（2）用遮蔽纸防护音响面板、空调面板及其他电子开关。

（3）关严车窗玻璃。

（4）向蒸汽消毒机里加注清水。

（5）通电，打开蒸汽消毒机开关。

（6）温度高于100℃时向空调口和室内喷入蒸汽。

（7）关上所有车门，等待蒸汽完全消失。

（8）打开车门，用干毛巾把内饰件上的水珠擦干。

（三）汽车室内 O_3 消毒

1.准备工作

（1）场地：汽车美容车间。

（2）设备：实训车辆、车轮挡块、吸尘器、汽车 O_3 消毒机。

（3）工具：普通毛巾。

2.实训过程

（1）放置车轮挡块。

（2）用吸尘器清除室内灰尘、杂物。

（3）关严车窗玻璃。

（4）将 O_3 消毒机的胶管从车窗玻璃预留的缝隙伸入车厢内（尽量在车厢中部位置）。

（5）将车窗玻璃缝隙用潮湿的毛巾进行遮盖封闭。

（6）打开空调内循环至最大风挡。

（7）接通消毒机电源，将定时器调为10min。

（8）打开消毒机电源开关进行 O_3 消毒。

（9）打开车门、车窗通风。

模块小结

（1）汽车室内健康管理是针对汽车室内影响人体健康的危险因素进行管控和治理的过程，其中最大的危险因素是车内空气污染。

（2）汽车室内主要污染气体有甲醛，苯及同系物甲苯、二甲苯，CO，PM10 和 PM2.5，胺，以及真菌、细菌和螨虫等生物因素。

（3）汽车室内污染气体来源主要有：汽车本身、车内装饰、车内空调、汽车发动机、交通道路空气、人体自身、车内吸烟、长期放置有异味的物品、常用空气清新剂、车辆使用状态等。

（4）汽车空调系统的深度净化主要有空调滤芯的清洁或更换、空调风道清洗、蒸发器可视化清洗和空调除臭杀毒四步。

（5）空调可视化清洗是指借助汽车空调可视化清洗机，将空调清洗产品通过喷枪的高压喷管直接喷射到蒸发器上。配合喷枪上的内窥镜，可以清楚地看到空调蒸发器的清洗过程。

（6）蒸汽技术属于无毒无害的环保清洁方式，能在120℃高温下对几乎所有物品的表面进行清洁和消毒。

（7）汽车高温蒸汽消毒机能在120℃高温、相当于4个大气压的压力下，将水转化为蒸汽，利用蒸汽的高温对汽车室内进行消毒杀菌。

（8）O_2 通过电击可变为 O_3。O_3 具有青草的味道，吸入少量对人体有益，吸入过量则对人体健康有一定的危害。

（9）汽车 O_3 消毒的优点是成本低、效果好、清洁环保，但长时间使用 O_3 消毒会在一定程度上加快车内橡胶老化。

（10）负离子能使空气中微米级飘尘，通过正、负离子吸引、碰撞形成分子团下沉落地。负离子还能使细菌蛋白质的两级性颠倒，而使细菌生存能力下降或死亡。

（11）光触媒是以 TiO_2 为代表的，具有光催化功能的光半导体材料的总称，其主要成分是纳米级的 TiO_2。

（12）汽车室内其他消毒方法有：化学消毒、活性炭消毒、竹炭消毒、茶叶消毒、食醋消毒、水果皮去除异味等。

（13）从消费者选购和使用汽车的角度出发，汽车室内污染管控的措施主要有：尽量购买有天窗的汽车或加装天窗，新车注意室内空气的更新，不要盲目装饰，加装先进的空气净化与过滤技术和养成健康的用车习惯等。

思考与练习

（一）填空题

1. 汽车室内健康管理是针对汽车室内影响人体健康的危险因素进行管控和治理的过程，其中最大的危险因素是_____。

2. 汽车室内主要污染气体有_____，苯及同系物甲苯、二甲苯，_____，PM10 和 PM2.5，胺，以及真菌、细菌和螨虫等生物因素。

3. 汽车空调系统的深度净化主要有空调_____、空调风道清洗、蒸发器可视化清洗和_____四步。

4. 汽车 O_3 消毒的优点是_____、效果好_____，但长时间使用 O_3 消毒会在一定程度上加快车内_____老化。

5. 光触媒主要成分是纳米级的_____。

（二）选择题

1. 实验显示，越是旧车，其车内空气污染超标越严重。（　　）

2. 甲醛是能与蛋白质结合的原浆毒物，人体吸入高浓度甲醛后，会产生呼吸道严重刺激、眼刺痛、头痛及支气管哮喘等症状。此外，甲醛还是致癌促癌的有毒物质。（　　）

3. 汽车内的甲醛主要来自车内的装饰材料、塑料件、树脂件、黏合剂和乘用车尾气。（　　）

4. 苯是易挥发性化学物质，不会影响人体健康。（　　）

5. 苯主要存在于车内的各种装饰材料、黏合剂、皮革和树脂材料中，挥发后以气态存在

于空气中。　　　　　　　　　　　　　　　　　　　　　　　　　　　　（　　）

6. CO 与血红蛋白结合的能力比氧气与血红蛋白结合的能力大 200 倍,一旦 CO 与血红蛋白结合,会降低血液输氧能力,引起人体组织缺氧,造成低氧血症。　　　　　（　　）

7. 据统计,路上行人吸入的微粒数量是车内乘客的 10 倍。　　　　　　　　（　　）

8. 汽车空调设备及系统是细菌和真菌等生物污染的主要来源。　　　　　　（　　）

9. 空气清新剂可以有效降低车内空气污染物的浓度。　　　　　　　　　　（　　）

10. 车内空气污染物的浓度会随着温度的升高而下降。　　　　　　　　　（　　）

11. 高温蒸汽在杀毒的同时能同时去除硬性表面及软性表面上的泥垢、油污、尘垢及污点。　　　　　　　　　　　　　　　　　　　　　　　　　　　　　　（　　）

12. 吸入过量的 O_3 对人体健康没有危害。　　　　　　　　　　　　　　（　　）

13. 空气负离子浓度已被当作评价环境和空气质量的一个重要标准。　　　（　　）

14. 化学消毒方法容易留下化学残留物,造成潜在的危害,同时对汽车部件也有一定程度的损害。　　　　　　　　　　　　　　　　　　　　　　　　　　　　　（　　）

15. 对汽车室内污染的管控应考虑汽车产业链的各环节。　　　　　　　　（　　）

（三）简答题

1. 汽车室内空气污染的主要来源是什么?

2. 汽车空调蒸发器可视化清洗方法是指什么?

3. 汽车室内消毒的方法有哪些?

4. 从消费者选购和使用汽车的角度出发,汽车室内污染管控的措施有哪些?

模块六　汽车贴膜防护

一、汽车玻璃贴膜

(一)汽车防爆太阳膜知识

太阳光主要由红外线、可见光和紫外线三部分组成。其中,红外线占比53%,是我们可

图6-1　汽车玻璃防爆太阳膜

以直接感受到热量的主要来源;可见光占比44%,是人类肉眼可见的部分;紫外线占比3%,是导致车内皮革、织物饰品褪色、老化的主要因素,过量接触紫外线还会诱发人体皮肤癌变。

太阳光在给予地球所必要的能量的同时,还会引起生活和工作环境过热、眩光干扰、褪色等问题,并给驾乘人员造成伤害。为汽车玻璃安装防爆太阳膜能够长期、有效地解决这一问题。安装了防爆太阳膜的汽车玻璃如图6-1所示。

1.汽车防爆太阳膜的作用

1)隔热防晒

太阳光传递热量有三种方式,热辐射、热对流和热传导。其中,热辐射对车内温度的影响最为明显。优质的汽车防爆太阳膜能有效地阻隔太阳光热量通过玻璃辐射进入车内,改善驾驶员闷热的工作环境。同时,汽车防爆太阳膜能够阻隔98%以上的紫外线,减轻紫外线

对人体和汽车内饰的伤害。

2）安全防爆

安装优质的汽车防爆太阳膜后,玻璃强度可增强5～7倍,即使发生交通事故导致玻璃破碎时,太阳膜会粘住玻璃碎片而不会使其飞溅伤人,从而有效保障车内乘员的安全。

3）过滤眩光

汽车防爆太阳膜可以有效过滤来自太阳光、车辆灯光和白雪等影响驾驶员视线的眩光,起到保障行车安全的作用。

4）保护隐私

汽车防爆太阳膜具有单向透视功能。安装优质汽车防爆太阳膜的车辆,车内具有清晰的视野,但从车外却很难看清车内物品,能达到保护隐私的目的。

5）装饰美化

汽车防爆太阳膜有多种颜色和色调可供选择,与不同颜色的车身搭配后,具有提升汽车档次、增加汽车美感的作用。

6）节能环保

优质汽车防爆太阳膜具有较高的隔热率,能减少汽车空调的使用时间、节约燃油,起到节能环保的作用。

2.汽车防爆太阳膜结构

目前,市面上的汽车防爆太阳膜品牌多达上百种,不同的膜结构也不尽相同。优质的汽车防爆太阳膜由多层结构组成（图6-2）,其生产工艺极为复杂。

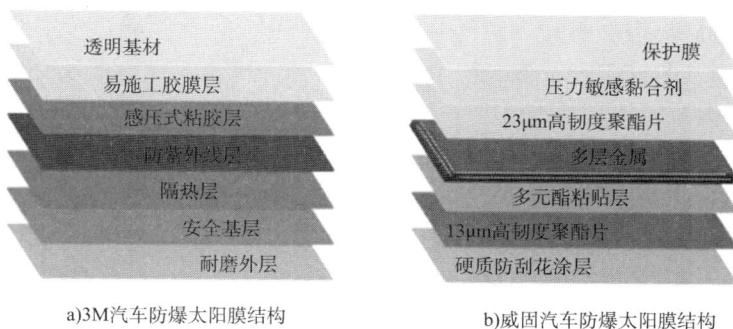

a)3M汽车防爆太阳膜结构　　　　　b)威固汽车防爆太阳膜结构

图6-2　汽车防爆太阳膜结构

以3M汽车防爆太阳膜为例,其产品工艺结构由七层组成,见表6-1。各层结构各司其职,全方位实现了防爆、防晒、隔热、隔紫外线和防眩光等功能。

汽车防爆太阳膜各结构层作用　　　　表6-1

名　称	作　用
耐磨外层	该层的材料是透明丙烯酸,非常坚韧,涂布在防爆隔热膜的外层上。该层非常耐刮擦,即使经常清洗玻璃也不容易产生刮痕,使玻璃看上去经久如新

续上表

名　　称	作　　用
安全基层	该层的材料是透明的聚氨酯,材料透明且有非常强的抗冲击能力,能长期有效地保护车内乘员安全。当受到外来冲击时,该层能起到阻挡冲击、减少外来伤害的作用。同时,该层能够有效地过滤阳光和对面车辆远光灯中的眩光,使行车更舒适、安全
隔热层	该层结构是将铝、银等金属分子通过溅射的方式涂布在安全基层上,这些金属层将有选择地将阳光中的红外线反射回去,从而达到隔热的效果,并节约燃油
防紫外线层	在防爆隔热膜上涂布一层特殊涂层,该涂层能将阳光中99%的紫外线隔断,从而保护车内乘员免受紫外线侵害
感压式黏胶层	该层是隔热防爆膜品牌的重要保障,既要非常清晰、不影响驾驶员视野、抵抗紫外线、不变色,同时还要有非常强的黏接力,在发生一定外来冲击的情况下,防爆隔热膜能将破碎的玻璃粘住,不至于伤害车内乘员
易施工胶磨层	该层的主要作用是使施工方便、简单
透明基材 (透明保护膜)	透明基材是一种透明薄膜,覆盖在易施工胶磨层上,从而保护胶层。施工时要把它撕开以露出黏胶层,这样才能把防爆隔热膜贴在玻璃上

3. 汽车防爆太阳膜工作原理

1) 隔热防晒原理

首先,通过真空喷镀或磁控溅射技术将铝、金、铜和银等金属制成多层致密的高隔热金属膜层。由于金属材料中的外壳层电子(自由电子)一般不会被原子核束缚,因此当其被光波照射时,光波的电场便使自由电子吸收了光的能量而产生与光相同频率的振荡,此振荡又放出与原来光线相同频率的光(称为光的反射)。金属的导电系数越高,穿透深度越浅,其反射率越高。

这些金属层会选择性地将太阳光中的各种热能源(包括红外线、紫外线及可见光热能)反射回去,再配合膜对太阳光热辐射的吸收作用,第二次向外释放。由于室外的空气流动会带走一部分热量,因而其能够有效地起到隔热防晒的作用,如图6-3所示。

2) 安全防爆原理

(1) 充分利用黏胶层和金属镀层提高玻璃刚性,将冲击力在表面分解。金属镀层的延展性和强韧度可有效抵消和分解冲击,即使玻璃破碎,膜中金属材料会产生拉伸力与黏胶层的胶质共同作用牵拉住玻璃碎片,防止飞溅,从而有效保护人身及财产安全。

(2) 通过膜独有的叠层间相互滑动的微位移,缓解穿过玻璃作用到安全膜的冲击力,形成独特的抗撞击性。据测算,安装优质的防爆太阳膜后,汽车玻璃强度可提升5~7倍,进而能有效阻止因外力撞击所导致的玻璃破碎伤人(图6-4)。

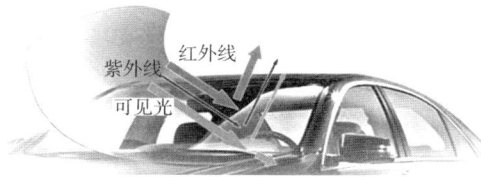

图6-3 汽车防爆太阳膜隔热防晒原理

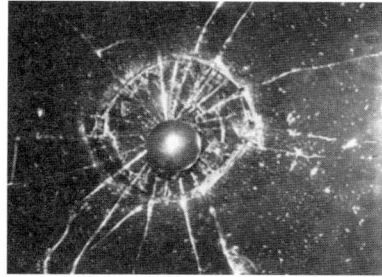

图6-4 汽车防爆太阳膜防爆效果图

4.汽车防爆太阳膜种类

汽车防爆太阳膜的种类及特点见表6-2。

汽车防爆太阳膜种类
表6-2

种 类	特 点	图 示	特 性
第一代：传统染色膜（茶纸）	没有金属涂层，只在胶中加了染色剂。低廉的胶内含有大量影响人体健康的物质——苯。隔热性能差，可见光穿透率低，容易褪色，长期使用后容易起泡、卷边		
第二代：单层金属反光膜	大多数都是单层金属喷涂，且金属涂层不均匀。部分材料（如铝）是由蒸发处理而成。不具备光谱选择性，高透光时低隔热，高隔热时低透光。高反射性类似于镜面效果，容易造成光污染		
第三代：吸热膜	在胶中加入红外吸收剂，可以在短时间内产生较优异的隔热效果，饱和之后以远红外的形式产生二次辐射		以远红外线的形式二次辐射

续上表

种 类	特 点	图 示	特 性
第四代：智能光谱选择膜	使用磁控溅射工艺生产，由贵金属多层溅射而成，具有智能光谱选择性。具有反射而非吸收热量的特点，不会产生二次辐射现象。在保证隔热性能优异的同时最大限度地允许可见光通过		

5.汽车防爆太阳膜性能评价指标

一款汽车防爆太阳膜品质优劣，能够从其性能参数中反映出来。汽车防爆太阳膜的常用性能参数见表6-3。

汽车防爆太阳膜常用性能参数　　　　　　　　　　　表6-3

序号	参 数	描 述
1	隔热率（总太阳能阻隔率）	描述膜对太阳热量总阻隔能力的大小
2	红外线阻隔率（太阳辐射阻隔率）	描述膜对太阳光中红外线阻隔能力的大小
3	紫外线阻隔率	描述膜对太阳光中紫外线阻隔能力的大小
4	可见光穿透率	描述膜允许太阳光中可见光穿透进入车内的多少
5	内/外可见光反射率	描述膜对内部和外部光线到达膜面后反射度的强弱
6	力学强度	膜片粘贴在玻璃上后，能够承受的最大外力撞击

注：此外的隔热率指总太阳能阻隔率，它和红外线阻隔率、太阳辐射阻隔率不是同一个概念。它们之间的关系是：隔热率 = 红外线阻隔率×53% + （100% − 可见光穿透率）×44% + 紫外线阻隔率×3%。

如某款汽车防爆太阳膜的性能参数为：可见光穿透率为72%、内/外可见光反射率为13%/14%、紫外线阻隔率为99%、太阳辐射阻隔率为78%、力学性能为$2000kg/cm^2$，则它的隔热率为：$78\% \times 53\% + (100\% - 72\%) \times 44\% + 99\% \times 3\% = 41.5\%$。

6.汽车防爆太阳膜品质鉴别方法

汽车防爆太阳膜品质鉴别通常采用"望、闻、问、切、测"五步法，具体见表6-4。

汽车防爆太阳膜品质鉴别方法及注意事项　　　　　　　表6-4

图 示	步 骤	操作方法及注意事项
1	望	查看清晰度、颜色深浅、有无金属光泽及均匀度。尤其是前挡膜，要有足够高的清晰度
2	闻	撕开保护膜，越好的膜气味越淡，劣质膜有刺激性气味

续上表

	图 示	步 骤	操作方法及注意事项
3		问	向销售人员或厂家咨询产品品牌、参数、代理授权、售后质保等信息
4		切	用手触摸,感知材质、厚度、韧度等。用手抖动膜,金属膜有金属清脆的声音
5		测	用太阳膜透过率测试仪、隔热测试台、能量测试仪、热量转动仪、验钞笔、防爆测试台架等工具和设备测试膜的各项参数及隔热防晒表现

汽车防爆太阳膜品质测试常用仪器及设备如图 6-5 所示。

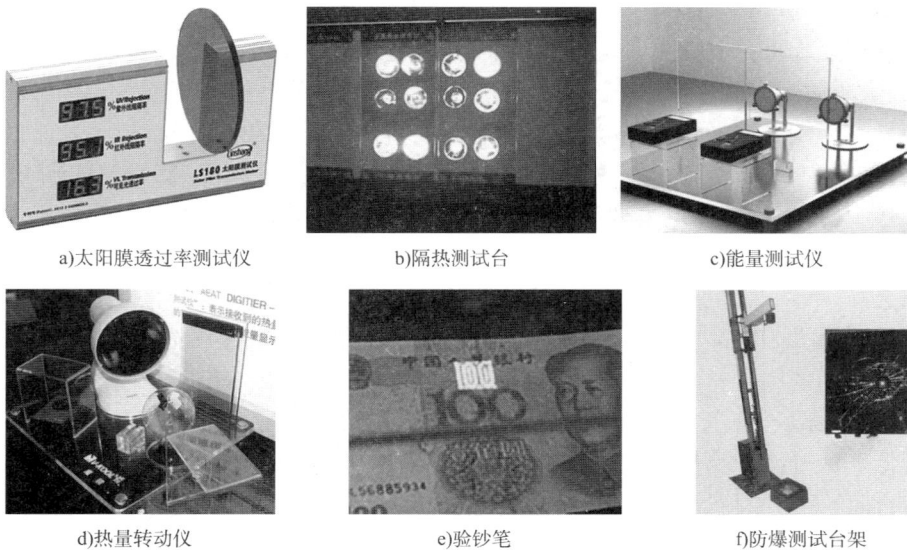

a)太阳膜透过率测试仪　　b)隔热测试台　　c)能量测试仪

d)热量转动仪　　e)验钞笔　　f)防爆测试台架

图 6-5　汽车防爆太阳膜测试设备

(二)汽车防爆太阳膜选择方法

目前,汽车防爆太阳膜品种繁多,质量良莠不齐,价格从几百元到几千元不等,普通消费者认识和选择难度较大。一般而言,在选择时应注意以下八个方面。

1. 透光度和清晰性

汽车防爆太阳膜的透光度大小决定了其是否清晰,清晰度是保证行车安全最重要的性能。优质汽车防爆太阳膜的透光度可高达70%以上,清晰度很高。根据《汽车车窗玻璃遮阳膜》(GA/T 744—2013)的要求,所有汽车前风窗玻璃防爆隔热膜透光率必须超过70%,前排两侧车窗防爆隔热膜的透光度应达到35%以上。《机动车运行安全技术条件》(GB 7258—2017)第11.5.7条规定:前风窗玻璃驾驶员视区部位及驾驶员驾驶时用于观察外后视镜的部位的可见光透射比应大于或等于70%,所有车窗玻璃不应张贴镜面反光遮阳膜。因此,无论是前窗、后窗还是侧窗,都建议选择透光度、清晰度高的膜。

2. 隔热率

隔热率是体现汽车防爆太阳膜品质的重要指标。目前市面上,有不少汽车防爆太阳膜标出的隔热率为80%以上,但其实际隔热率一般为40%~60%,后者才是其隔热率的真正数值。只有少数高档的有超薄金属涂层的汽车防爆太阳膜才能达到这个标准。一般情况下,可以通过参数判断或直接通过隔热对比测试感受汽车防爆太阳膜的隔热性能。

3. 防爆性能

劣质膜的材质与优质膜不同,其膜片很薄并且手感发软,缺乏足够的韧性,经紫外线长期照射后容易老化发脆,当遇到外力碰撞或打击时,膜片很容易断裂而不能把玻璃碎片粘牢在一起。好的膜本身有很强的韧性,并配合有特殊的压力敏感胶,当汽车发生意外事故时,膜会牢牢粘住车窗玻璃破裂后的碎片,不会使其飞溅伤人。

4. 紫外线阻隔率

紫外线阻隔率也是判定其质量优劣的标准之一。普通车窗玻璃紫外线的阻隔率只有19%,安装优质防爆太阳膜后,这个指标一般不低于98%。但是由于成本的原因,许多制造商在膜中没有加入足够的紫外线吸收剂,而有的制造商由于生产能力的限制,只能把少量的紫外线吸收剂添加在安装胶中而不是薄膜的内部,使得紫外线阻隔率只能达到50%左右。在实际操作中,可以用验钞笔来检验紫外线阻隔的效果,有阻隔紫外线功能的防爆太阳膜隔经紫外线照射后,看不到人民币上的荧光,而劣质膜则无此功能。

5. 颜色

各汽车防爆太阳膜品牌一般都有多种不同的型号和颜色供客户选择,选择颜色时应考虑以下三个方面的因素:

(1)安全因素:行车安全是首要考虑的,一是不要选择颜色过深的膜,通常颜色越深的膜清晰度越低。最好选择自然色或浅色系的膜,这样可以保证视线清晰。二是应选择淡蓝色、浅灰色、自然色等对眼睛比较舒适的颜色的膜。

(2)健康因素:汽车防爆太阳膜通常采用本体渗染和溅射金属着色的方法使膜呈现出颜色,采用这两种方法着色的膜不容易褪色。纯溅射金属使膜呈现出自然色,其色泽均匀、柔和,清晰度高,通透性强。但市场上很多低档劣质膜,大多采用第三种方法——黏胶着色法来着色,也就是在黏胶中加入颜料,然后涂在无色透明膜上使膜呈现出颜色。这种膜最大的问题是在高温烘烤下会释放大量的甲醛、TVOC等有害气体,而且色泽不均匀、清晰度差、不耐晒、极易褪色。正确的区分方法是:撕开透明保护膜后,用指甲刮一下,如果颜色能被刮掉,说明着色的黏胶已移位,是黏胶着色的膜。

(3)美观因素:汽车防爆太阳膜的颜色要和车身的颜色相协调,因此,应根据车身颜色、车型来选择搭配膜的颜色。如黑色车身搭配深自然色或黑色的膜,可以使车身与膜浑然一体;白色车身搭配海水绿色或浅自然色,显得比较高雅、大方;蓝色车身搭配偏冷色调的超自然色,表现更显神秘;银色车身及香槟色车身搭配自然色或深自然色,这样显得得体、舒适。总之,安装防爆太阳膜,要能起到美化汽车的作用。

6.防划伤层

优质防爆太阳膜表面都有一层防划伤层,不仅不易划伤,而且经用汽油、酒精等擦拭后,也不会出现脱色现象。劣质膜表层防划性差,在升降车窗或用手擦拭时,容易出现划痕,如果用酒精、汽油等擦拭 1min 左右,劣质膜还会出现褪色现象。

7.防眩光性能

优质膜能有效过滤阳光和对方车辆远光灯中的眩光,使驾驶员驾驶更舒适、更安全。

8.质量保证卡

汽车防爆太阳膜质量保证卡是客户享受质量保证服务的凭证,它一般包含质保编号(纸质和电子)、质保项目、年限以及真实可寻的制造商名称、地址、网址和电话号码等。一些品牌还可以通过膜特有的产品编号上网查询产品的真伪。目前,市场上品牌汽车防爆太阳膜产品通常的保质期为 5~8 年,个别高端品牌可维持 10 年保质期。

(三)汽车防爆太阳膜安装标准

1.环境标准

汽车防爆太阳膜的安装对环境的密闭度、洁净度、温度和湿度都有较高的要求,需要在标准化的无尘车间进行。无尘车间标准配置见表 6-5。

无尘贴膜车间标准配置 表 6-5

种 类	设施/设备	标 准
设施配置	车间尺寸	宽度 4m 左右,长度 6m 左右
	天花板	做有效处理,不掉落灰尘
	墙面	做防水处理
	地面	做防水、防滑处理,环绕排水管道
设备配置	喷淋降尘设备	空气洁净度达 10000 级左右
	加湿器	空气湿度达到 50%~80% 左右
	空调	空气温度保持在 23℃ 左右
	净水设备	净化自来水,用作安装液
	专业裁膜台	用作裁膜下料

2.工具标准

汽车玻璃贴膜用到的工具很多,详见表 6-6。每一种工具的性能优劣不仅会对施工质量产生影响,还会对施工效率产生重要影响。

汽车玻璃贴膜工具标准 表6-6

工 具	图 示	作 用	工 具	图 示	作 用
大毛巾		发动机舱盖、行李舱盖、仪表台、后风窗玻璃台板防护	小毛巾		门槛防护
转向盘保护套		转向盘防护	座椅保护套		座椅防护
遮蔽纸		车门内护板防护	静电膜		车身漆面防护
直尺		前后挡尺寸测量	裁膜刀		制作样板,粗裁下料,膜边细裁
烤枪		加热膜片,使膜收缩	铁刮板		清洁玻璃,处理贴膜缺陷(尘点、折痕、气泡)
压力喷壶		用于向玻璃和膜片喷洒安装液	安装液		清洁玻璃,使膜暂时失去黏性,便于施工
软刮板		清洁玻璃,上膜后挤赶水泡和水分	硬刮板		烤膜预定型,上膜后赶水
吸水纸		膜边部吸水加固处理	荧光灯		施工前玻璃缺陷检查,细裁膜时提供光线

3. 工艺标准

汽车玻璃贴膜可分为前期准备、贴膜施工和后续处理三个阶段,其整体工艺流程为:车况检查→清洗车辆→车辆防护→打板测量→粗裁下料→烤膜定型→精细裁切→室内降尘→清洗玻璃→撕膜上膜→固定赶水→检查处理→清洁整理→质检验收→交车告知。

1）前期准备

前期准备包含车况检查、清洗车辆和车辆防护三步，具体技术要求及操作示范见表6-7。

汽车玻璃贴膜工艺标准（前期准备）　　　　　　　表6-7

步　骤	技 术 要 求	操作示范图
1.车况检查	（1）检查内外车况并完整记录：检查内容包含玻璃、漆面、玻璃胶条、内饰部件、仪表信息、电器系统	
	（2）请客户确认车况并在检查表上签字	
2.清洗车辆	将车辆移到洗车区进行清洗	
3.车辆防护	（1）外部防护。漆面粘贴静电膜，在发动机舱盖和行李舱盖上铺盖大毛巾	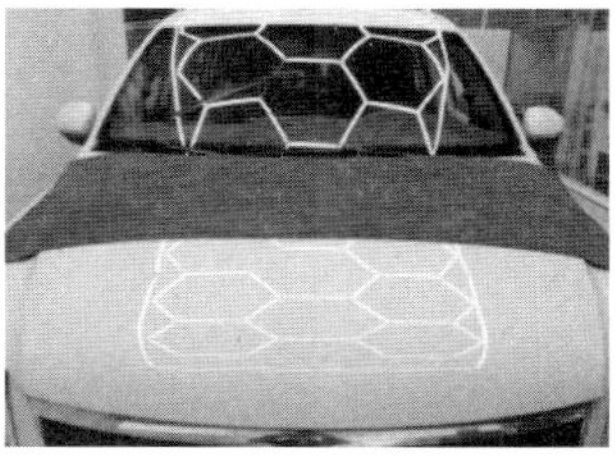
	（2）内部防护。套上转向盘保护套、座椅保护套，车门护板粘贴遮蔽纸，在仪表台和后台板上铺盖大毛巾，车门门槛处铺垫小毛巾	

2）贴膜施工

贴膜施工包含打板测量、粗裁下料、烤膜定型、精细裁切、室内降尘、清洗玻璃、撕膜上膜、固定赶水八步，由于侧窗玻璃贴膜与前后风窗玻璃贴膜在技术要求上有一定的区别，因此分开进行介绍。

（1）侧窗玻璃贴膜的技术要求及操作示范见表6-8。

汽车侧窗玻璃贴膜工艺标准　　　　　　　　表6-8

步　骤	技术要求	操作示范图
1.样板制作	将使用过的保护膜覆在侧窗玻璃表面，按照玻璃边框的尺寸和形状精确制作样板。 注意：防止刀片划伤胶条或玻璃	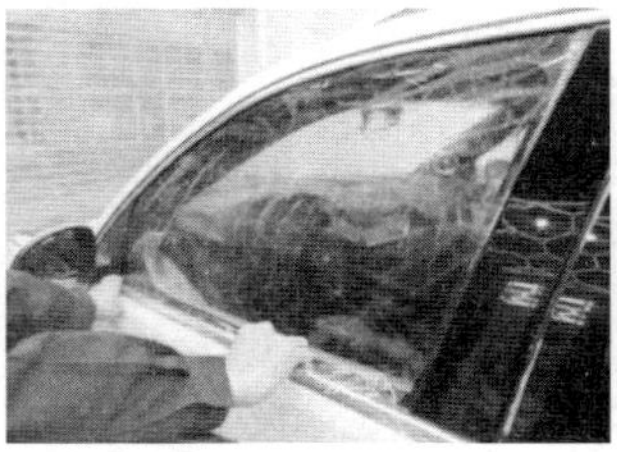 
2.粗裁下料	按照样板粗裁侧窗膜。 注意：（1）大多数车型的侧窗下料预放尺寸都在右图所示范围内，实际尺寸以安装车型胶条深浅为准。 （2）左右两侧玻璃对称且现状尺寸一致，下料时应同时进行（裁完一侧后翻转样板，裁另外一侧）	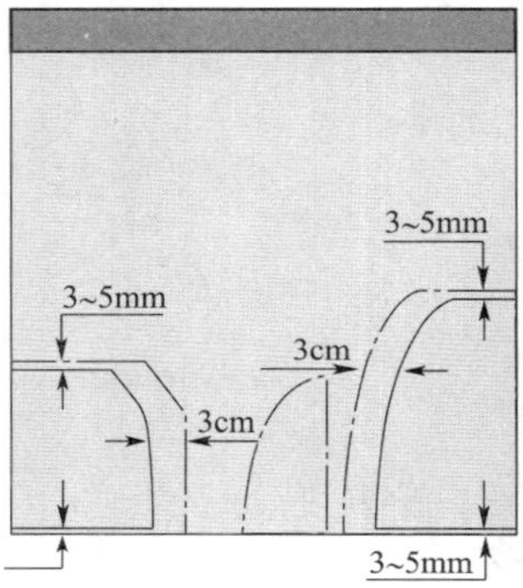 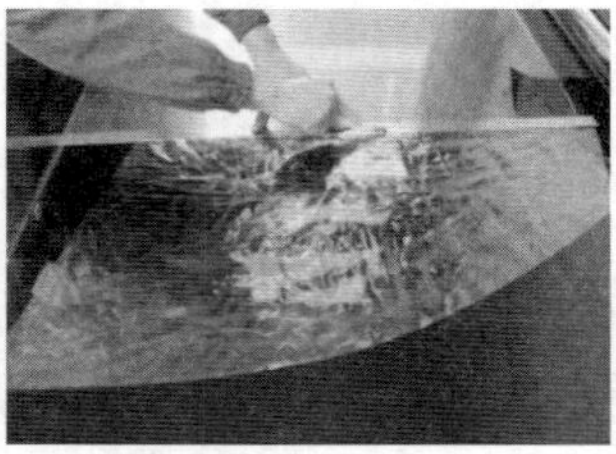
3.烤膜定型	均匀喷洒安装液于玻璃外表面，将膜片固定在玻璃上；用烤枪加热气泡部位，待其收缩后，借助硬刮板用力将气泡赶平；烤完所有气泡，直到膜片与玻璃弧度完全吻合为止。 注意：控制好烤膜的温度、距离和时间，防止把膜烤坏	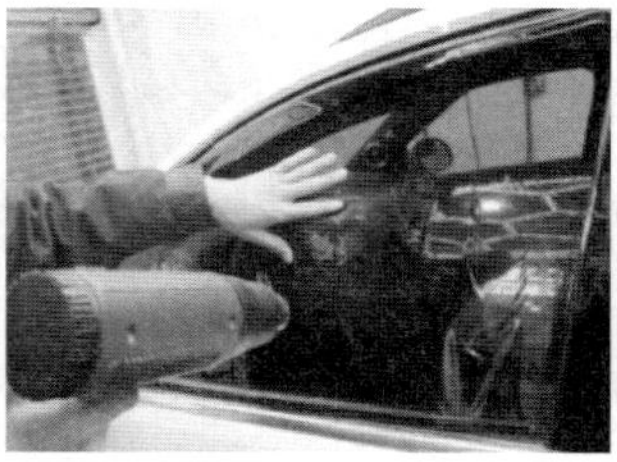 
4.精细裁切	将膜与玻璃对正，左右两边预留同样距离，下边预留1～2cm，用裁膜刀紧贴玻璃上端将多余的膜裁切掉。 注意：（1）裁切过程中保持手部动作的平稳和刀片与玻璃角度的一致。 （2）左右两边在粗裁下料时已预留尺寸，只需精细裁切上边部分	 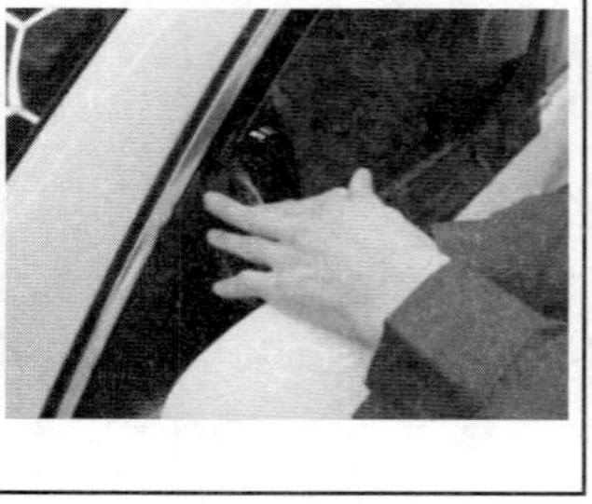

步　骤	技 术 要 求	操 作 示 范 图
5.室内降尘	打开室内降尘系统,持续 3~5min,使空气中的飞尘颗粒落地	
6.清洗玻璃	(1)清洗流程如右图所示	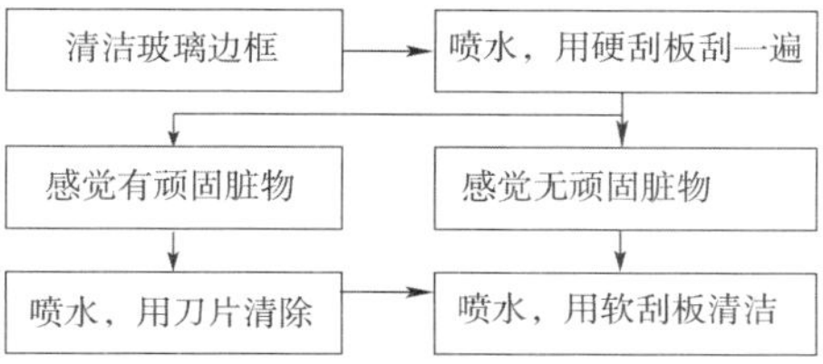
	(2)清洗要点。清洁玻璃边框(用干净的半湿毛巾清洁)。 清洁胶条槽(用干净的半湿毛巾包住硬刮板,塞入橡胶槽内清洁)。 后续流程参照玻璃清洗流程。 注意:换膜车辆的胶条槽是重点清洁部位,要多次清洁直至干净	
7.撕膜上膜	(1)侧窗撕膜。用牙齿或手指搓开膜角处的保护膜,将保护膜拉起后,膜面均匀喷洒安装液。 注意:胶面不能碰到任何东西	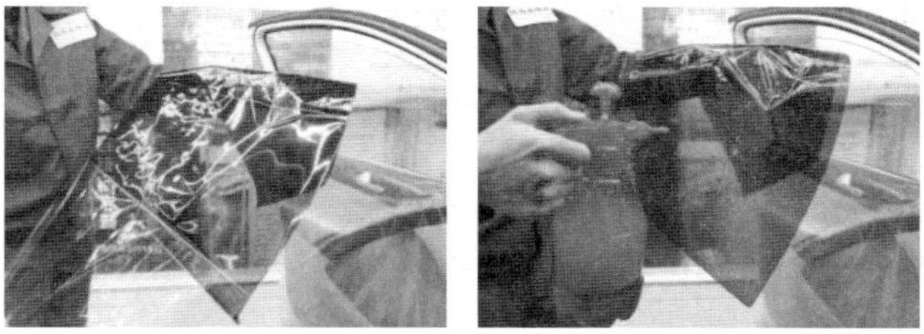
	(2)侧窗上膜。先将膜片下端塞入车门内切水条缝内,再将膜片上端与玻璃合拢,最后将膜片定位到正确的位置。 注意:定位不当会导致边部漏光	

清洗流程图:

清洁玻璃边框 → 喷水,用硬刮板刮一遍
感觉有顽固脏物　　感觉无顽固脏物
喷水,用刀片清除　　喷水,用软刮板清洁

步　骤	技　术　要　求	操　作　示　范　图
8. 固定赶水	（1）固定。均匀喷洒安装液于膜面，用一只手按住膜面，防止膜走位，另一只手用软刮赶走膜内大部分水分进行固定	
	（2）赶水。将撕下的保护膜对正放在膜面上，用硬刮板刮平后再用力赶水。 注意：从中间向边部赶水，后一刮板压前一刮板1/3，防止遗漏	

（2）前后风窗玻璃贴膜的技术要求及操作示范见表6-9。

汽车前后风窗玻璃贴膜工艺标准　　　　　　　　　　　　　　　表6-9

步　骤	技　术　要　求	操　作　示　范　图
1. 尺寸测量	（1）高度测量。前后风窗玻璃有弯曲弧度。测量时，先用不锈钢直尺连接两个上角，标记直尺与玻璃中线的交点。再测量此点到玻璃最下端的距离，此距离即为高度	
	（2）长度测量。玻璃两侧最宽处的距离即为长度。一般最宽处是玻璃两个下角之间的距离	
2. 粗裁下料	根据测量尺寸粗裁前后挡膜。 注意：（1）若前风窗玻璃高度小于75cm，应采取竖裁；若前风窗玻璃高度大于75cm，为避免造成浪费，应采取横裁。 （2）后风窗玻璃膜与侧窗膜可通用，后风窗玻璃膜可全部做竖裁，方便烤膜	

步　骤	技 术 要 求	操 作 示 范 图
	前后风窗玻璃膜通常采用干烤法进行烤膜,以下以干烤法为例说明。 （1）竖裁横烤法。 用湿毛巾在玻璃上画出"H"形水痕;将膜片放在玻璃上固定,会有若干隆起的气泡,呈横向排列;调好烤枪温度,分4块区域进行,先从副驾驶侧开始烤膜,从气泡根部开始,一道接一道往边部烤;烤枪尽量转圈烤,这样会使膜均匀收缩,注意膜的收缩状况,防止将膜烤坏;为确认烤膜是否到位,将膜揭起来喷上安装液,用软刮板刮平,检查膜和玻璃是否贴合,如果有小的气泡,再用湿烤的方法烤平	
3. 烤膜定型		
	（2）横裁竖烤法。 由于膜只有一个收缩方向（整卷膜卷起来的方向）,因此,当前风窗玻璃膜横裁时,固定膜片的水痕呈"工"形,膜片固定后气泡竖向排列;调好烤枪温度,分2块区域进行,先从副驾驶一侧开始烤膜,从气泡根部开始,一道接一道往边部烤;其他方法与竖裁时烤膜方法一致。 注意:除干烤法之外,常见还有湿烤、拉伸烤和内灌风烤膜方法	

步　骤	技术要求	操作示范图
4.精细裁切	用裁膜刀裁切边部多余的膜。 注意:(1)刀片与玻璃保持在15°左右进行裁切,裁切时利用刀片自身的切割力而无须向下施力,防止划伤玻璃。 (2)边部以能遮盖完陶瓷点为准	
5.室内降尘	打开室内降尘系统,持续3~5min,让空气中的飞尘颗粒落地	
6.清洗玻璃	(1)清洗流程与侧窗玻璃清洗流程相同	—
	(2)前风窗玻璃清洗要点: ①检查大毛巾是否防护到位(堵住玻璃和仪表台间的缝隙,防止仪表台下方电子设备淋水); ②拆下内后视镜; ③轻轻撕下玻璃上的车辆合格、年检等标签,清除干净残胶; ④均匀喷洒安装液于玻璃表面,按玻璃清洗流程进行清洁。 注意:(1)按正确的方法拆卸内后视镜,防止损坏玻璃; (2)软刮板清洁要从顶部开始,从一端到另一端,不能遗漏	
	(3)后风窗玻璃清洗要点: 后风窗玻璃的清洗方法与前风窗玻璃相同。 注意:若后风窗玻璃内侧有残留黏胶(尤其是换膜车辆),不能用锋利的刀片去刮除,这样会损坏除雾线。可喷洒柏油清洗剂,并在几分钟后用包裹毛巾的硬刮板用力擦除	—

步 骤	技 术 要 求	操 作 示 范 图
7.撕膜上膜	（1）撕膜。 ①外部撕膜法。 　在玻璃外侧将膜定型好后,从一侧上端边角处搓开保护膜,将保护膜拉起,均匀喷洒安装液于膜内。喷完后将保护膜放回膜面合拢,用同样的方法完成另一侧。最后将膜卷起来带入车内进行上膜操作。 ②内部撕膜法。 　膜定型好后,直接卷起来带入车内,待内侧玻璃清洗干净后,一边打开一边去除保护膜。去除保护膜后,在膜面均匀喷洒安装液,进行下步的上膜操作	
	（2）上膜。 ①上膜时防止膜面碰到除玻璃以外的其他部位。 ②先将膜下端放入玻璃下部,再慢慢将膜的上端逐渐与玻璃合拢,操作中要防止膜被折坏。 　注意:三厢车后风窗玻璃上膜方法与前风窗玻璃相同,两厢车后风窗玻璃上膜操作更为简单,可打开行李舱盖后直接进行上膜	
8.固定赶水	（1）固定。 　均匀喷洒安装液于膜面,用一只手按住膜面,防止膜走位,另一只手用软刮赶走膜内大部分水分并进行固定	
	（2）赶水。 　将撕下的保护膜对正放在膜面上,用硬刮板将保护膜刮平,然后用力赶水。 　注意:从中间向边部赶水,后一刮板压前一刮板1/3,防止遗漏	

3）后续处理

后续处理包含检查处理、清洁整理、质检验收和交车告知四步,具体技术要求及操作示范见表6-10。

汽车玻璃贴膜工艺标准(后续处理)   表6-10

步 骤	技 术 要 求	操 作 示 范 图
1. 检查处理	(1)检查。检查所贴窗膜有无缺陷。 注意:常见缺陷有气泡、尘点、漏光、折痕、划痕和水痕等	
	(2)处理。运用烤枪与铁刮板、硬刮板与吸水纸配合进行处理,常用处理方法有加热挤压和用力刮平。 注意:对于漏光明显、集中尘点和明显划痕等缺陷,需要重新粘贴	
2. 清洁整理	清洁车辆、车间,整理并收回工具	
3. 质检验收	将车辆移到交车区,交由质检或销售人员验收	
4. 交车告知	(1)交车流程:陪同客户查看贴膜效果→告知客户使用注意事项→带领客户办理财务手续→送离客户	
	(2)告知事项: ①48h 内不要升降车窗玻璃;②15 日内,请勿将带有吸盘式物品吸附在膜上;③年检标志等使用静电转移贴;④避免硬物接触膜面造成划痕;⑤用柔软、不起毛的超细纤维毛巾清洁膜面;⑥如遇到膜边缘起泡,应在24h 内回到施工点处理;⑦如果贴了金属膜,需在一周后回店进行膜边封胶处理	

4.验收标准

汽车玻璃贴膜后,需要交由质检人员进行验收把关,以确保贴膜的质量。因此,每次交验前,技师都需要严格按照验收标准(表6-11)进行认真自检。

汽车玻璃贴膜验收标准

表6-11

位　　　置	验　收　标　准
前风窗玻璃	(1)膜的品牌、型号正确。 (2)折痕不超过1个,长度不超过2cm,位置一般在边、角部(离边不超过10cm)。中间位置不允许有折痕。 (3)膜边离窗边陶瓷点的最大距离不超过2mm。 (4)不能有水泡。 (5)不能有严重的、影响视线的水痕。 (6)玻璃不能有新划痕。 (7)离车1m距离查看,10cm² 内尘点数不能超过10个
后风窗玻璃	(1)膜的品牌、型号正确。 (2)折痕不超过1个,长度不超过2cm,位置一般在边、角部(离边不超过15cm)。中间位置不允许有折痕。 (3)膜边离窗边陶瓷点的最大距离不超过2mm。 (4)不能有水泡。 (5)不能有严重的、影响视线的水痕。 (6)玻璃不能有新划痕。 (7)离车1m距离查看,10cm² 内尘点数不能超过10个
侧风窗玻璃	(1)膜的品牌、型号正确。 (2)折痕不超过1个,长度不超过2cm,位置一般在边、角部(离边不超过2cm)。中间位置都不允许有折痕。 (3)侧窗上端膜裁切平直,升到顶部不能漏光,侧窗玻璃两侧不能漏光(膜在胶条以外,有光线透过为漏光)。副窗玻璃边缘允许漏光,但最大距离不超过1mm。 (4)不能有水泡。 (5)不能有严重的、影响视线的水痕。 (6)玻璃不能有新划痕。 (7)车窗胶条不能有新划痕。 (8)离车1m距离查看,10cm² 内尘点数不能超过10个

二、汽车车身贴膜

汽车车身贴膜是近几年快速流行起来的汽车美容项目,具有很大的市场发展潜力。

汽车车身贴膜是指通过将高分子聚合材料薄膜粘贴于车身漆面的方式,以改变全车或局部外观的服务。汽车车身贴膜可以达到保护原车漆,装饰车身的目的,它一方面可以降低汽车漆面的维护成本,另一方面还可以体现车主的风格和个性。车身贴膜所用材料统称为汽车车身改色防护膜,一般分为漆面透明保护膜(隐形车衣)和漆面改色膜两大类,如图6-6所示。

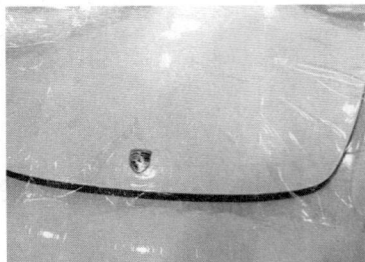

a)漆面透明保护膜(隐形车衣)　　　　　　　　b)漆面改色膜

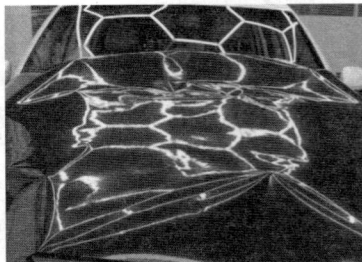

图6-6　汽车漆面改色防护膜

(一)汽车车身改色防护膜知识

1.汽车车身改色防护膜作用

1)保护车漆

在汽车漆面上粘贴优质的车身改色膜,相当于给汽车穿上了一件防护外衣,从而起到隔绝外界环境的作用。车身改色膜能够保护汽车漆面不受废气、酸雨、紫外线、鸟粪、树脂等的腐蚀,也能够清除石子、沙尘对车身的划伤和磨损。

2)养护便捷

汽车贴上改色防护膜后,如车身变脏只需要进行日常清洗,不必去做漆面美容项目,使得对车辆的养护更为方便。当然,选用优质的车身改色防护膜一次性花费成本较高,但选用劣质的车身改色防护膜会损害原车漆,反而得不偿失。选择车身改色防护还是定期做漆面美容,要根据车主自身需求、喜好而定。

3)装饰美化

车身改色防护膜种类较多、色系丰富、颜色多样,与汽车独特的造型搭配后,可以使得汽车变得更加时尚、动感、靓丽和个性化。透明车身保护膜(隐形车衣)能够增加汽车漆面的亮度与质感。

4)车辆保值

很多车主在置换车辆的时候都希望自己的车辆能估算出更高的价格。二手车评估的第一因素就是看漆面是否为原厂漆(喷过漆的车辆普遍估值不高,很容易被怀疑为事故车)。优质的车身改色防护膜能够长期保护原厂车漆,减缓车漆老化,促进车辆保值。

2.汽车车身改色防护膜材料

汽车车身改色防护膜是由稳定型聚氯乙烯模和高性能、低初黏度丙烯酸背胶组成的车身专业改色防护膜,带有"去泡"胶系统,其特殊的低初黏度背胶与聚氯乙烯膜的柔性决定了产品具有良好的可复位性。这种胶对漆面不会产生影响,其 $100\mu m$ 左右的厚度也加强了对车身的良好保护,极大地减少了因蹦石、剐蹭等对车身产生的机械性损伤。需要去除时,膜也很容易被揭掉,并且在车身上几乎不留有任何残胶。

3.汽车车身改色防护膜结构

汽车车身改色防护膜的品牌、种类较多,其设计结构也不尽相同。以漆面透明保护膜为例,其结构组成如下:

（1）底纸。底纸是用来保护透明膜的胶黏层,安装前应先撕去底纸。

（2）胶黏层。胶黏层就是背胶层,用来将膜紧紧粘贴在漆面上。

（3）功能层。功能层具有良好的拉伸性、抗冲击性能和防刮伤能力。一些高端的漆面透明保护膜会增加一层表面涂层,同时还具备良好的划痕修复能力、抗腐蚀性能和疏水性。

（4）膜面保护膜。膜面保护膜是用来保护透明膜的涂层,施工完后需要去除。

4. 汽车车身改色防护膜种类

目前市场上不同品牌车身改色防护膜在分类上可能存在一定的区别,但主要的细分种类有透明膜、亚光膜、亮光膜、电镀膜、碳纤维膜、珠光膜、彩绘膜、皮纹膜和拉丝膜等几种,详见表6-12。

汽车车身改色防护膜种类及特点　　表6-12

序　号	种　类	特　点
1	透明膜	晶亮透明,具有超强的韧性、耐磨、耐划伤,不易变色,高品质透明膜有划痕自动修复功能,可让汽车漆面与空气隔绝,能持久保护漆面,又称隐形车衣
2	亚光膜	低亮度反射,喑哑高贵,适合稳重大气的车型
3	亮光膜	色彩鲜亮明快,专色逼真,时尚运动感强,适合超跑一族、运动型家轿以及两厢车,也可以为稳重车型增添另一番情趣
4	电镀膜	高亮镜面反射效果耀眼突出,独有的增光图层个性炫酷,看上去具有硬金属的刚性表面,线条流畅,立体而有深度,适合各类炫酷型超级跑车
5	碳纤维膜	碳纤维质感哑光表面,强调立体感与典雅高贵,主以黑白灰色为主,适合中高端稳重车型及汽车内饰贴膜
6	珠光膜	如同珍珠漆一样,阳光照耀膜内部细小的反光颗粒会产生珠光效果
7	彩绘膜	采用特殊的彩绘膜材料和喷绘材料以及工艺制成的车身彩绘膜,有些厂家在提供彩绘方案的同时,还可以进行个性化定制
8	皮纹膜	皮纹膜一般是仿动物皮肤质感进行设计(如鳄鱼皮、蛇皮、豹纹等),非常个性,具有复古感
9	拉丝膜	拉丝膜效果比较直观明显,金属质感非常强,时尚动感

其中,汽车漆面透明膜又可以分为PU、PVC、TPU和TOP COATED TPU四种,详见表6-13。

汽车漆面透明保护膜种类及特点　　表6-13

	种　类	材　质	特　点
第一代	PU	聚氨基甲酸酯 聚氨酯	优点:韧性强; 缺点:耐候性、抵御碱性腐蚀能力差,会逐渐变黄,划痕无法修复
第二代	PVC	聚氯乙烯	优点:材质硬,抗冲击能力好,价格低; 缺点:施工包边难度大,容易掉胶,不能抵抗划痕,使用年限短(容易出现发黄、橘皮、开裂、发乌等现象),不能二次回收利用,不环保

续上表

种 类	材 质	特 点
第三代	TPU 热塑性聚氨酯	优点:具有优异的耐磨性、耐臭氧性,强度高、弹性好,同时还具有良好的耐低温、耐油性、耐化学药品等性能,可回收加工利用,环保; 缺点:生产工艺复杂,成品率低,制造成本高
第四代	TOP COATED TPU 具有表面涂层的热塑性聚氨酯	在 TPU 的基础上延伸出各式各样的表面涂层。 优点:划痕能自动修复,拨水性强,耐磨、抗污、耐腐蚀; 缺点:生产工艺复杂,成品率低,制造成本高

(二)汽车车身改色手续办理

《中华人民共和国道路交通安全法实施条例》第六条规定,已注册登记的机动车改变车身颜色,机动车所有人应当向登记该机动车的公安机关交通管理部门申请变更登记。

1. 办理机构

办理汽车车身改色手续的机构是当地公安机关交通管理部门下辖车辆管理所。

需要注意的是,只有在当地公安机关交通管理部门下辖的车辆管理所注册登记的机动车,才能变更车身颜色。被人民法院、人民检察院以及行政执法部门依法查封、扣押的机动车不得办理这项业务。

2. 所需证件

(1)机动车持有人的身份证原件和复印件。

(2)《机动车登记证书》原件。

(3)《机动车行驶证》原件。

3. 办理流程

(1)填写《机动车变更登记申请表》。填表时要写明变更车身颜色的理由和变更后的颜色。如果是委托代理人办理,还应提交代理人身份证明原件及复印件,并在《机动车变更登记申请表》上与机动车所有人共同签字。

(2)领取《准予变更通知单》。提交《机动车变更登记申请表》后,如果审核通过,办理人可领取《准予变更通知单》。

(3)车身改色贴膜。前往专业车身改色贴膜店进行改色贴膜。

(4)检车、变更登记。车辆颜色改变后,机动车所有人或代理人携带所需证明以及发票,驾驶改色后的汽车再到当地公安机关交通管理部门下辖的车辆管理所办理检车手续。车辆管理所工作人员会重新录入变更后的车身颜色,并重新拍照,办理变更登记手续。

虽然我国法律允许车主为车辆先改色,再于车辆改色后 10 日内去当地公安机关交通管理部门下辖的车辆管理所办理变更登记,但应注意不同地区车身颜色变更登记手续可能会不一样,具体要咨询当地公安机关交通管理部门下辖的车辆管理所。

(三)汽车车身改色防护膜安装

1. 环境标准

汽车车身改色防护膜的安装可在玻璃贴膜车间进行。

2. 工具标准

汽车车身贴膜需要用到的工具见表 6-14。

汽车车身贴膜工具标准　　　　　　　　　　表 6-14

工 具	图 示	作 用	工 具	图 示	作 用
裁膜刀		开料裁膜及膜边部裁切	专用喷壶		喷洒安装液
烤枪		烤膜,使车身膜收缩	羊毛刮片		刮除车身膜内的空气或安装液

3. 工艺标准

以漆面改色膜为例,汽车车身贴膜工艺流程为:车况检查→车辆普洗→车间降尘→车辆精洗→开料裁膜→撕膜铺膜→刮膜排水→烤膜收边→检查处理→清洁整理→质检验收→室外晾晒→交车告知。汽车车身贴膜的具体技术要求及操作示范见表 6-15。

汽车车身贴膜工艺标准　　　　　　　　　　表 6-15

步 骤	技 术 要 求	操 作 示 范 图
1. 车况检查	(1)检查外观并完整记录: ①车身有无划痕、掉漆、腐蚀、氧化; ②车身是否需要做深度的漆面处理; ③车身是否有凹陷; ④所有外观件是否有损伤	
	(2)请客户确认车况并在检查表上签字	
2. 车辆普洗	清洗去除车身表面的泥土、灰尘	
3. 车间降尘	打开喷淋降尘系统,对车间进行全方位降尘	

续上表

步　骤	技　术　要　求	操　作　示　范　图
4. 车辆精洗	(1)漆面深度清洁： ①用洗车泥清洁漆面，清除漆面深层污垢及氧化层； ②再使用酒精多次清洁漆面	
	(2)对于边角、缝隙要深度清洁。用软毛刷、无纺布和三角刮板以及酒精等清洁车窗边缝、门缝、门锁、前照灯、中网、车标、进气格栅等缝隙，多次重复进行直至清洁干净	
5. 开料裁膜	(1)确认施工单。确认施工内容、车身膜型号	
	(2)裁膜下料。根据车身贴膜部位尺寸大小将车身膜裁出（至少预留1cm以上的切边）	
6. 撕膜铺膜	(1)撕膜： ①向车身贴膜部位喷洒安装液并清洁； ②当膜撕开后，立刻往胶面上均匀喷洒安装液。 注意：改色膜也可以采用干贴法，即不喷安装液粘贴。但透明膜一般都采用湿贴法粘贴	
	(2)铺膜： ①向车身贴膜部位喷洒安装液； ②将整块膜平铺在贴膜部位，轻微移动并进行定位	

续上表

步　骤	技　术　要　求	操 作 示 范 图
7. 刮膜排水	用贴有羊毛片的专用刮板刮膜，逐渐赶出膜与车体之间的安装液，直到膜与车体之间没有水泡为止，使膜与车漆更加贴合。 　　注意：以"一板压半板"的方式刮水，在确定前一板没有问题的情况下，再刮下一板，避免安装液回流造成水泡；保持刮水力度均匀；从中间往四周刮水	
8. 烤膜收边	(1)烤膜。到边角处或者弧度较大的部位时，需要用烤枪对此处的膜进行加热(烤枪温度控制在 250 ~ 300℃之间)，车身膜具有良好的热塑性，延展开后会与车身完美贴合 　　(2)边部裁切。用裁膜刀将多余的车身膜裁切去	
9. 检查处理	全面检查各施工部位，并对气泡、尘点进行处理	
10. 清洁整理	清洁车辆、车间，整理并收回工具	
11. 质检验收	将车辆移到交车区，交由质检人员或经理验收	—

续上表

步　骤	技　术　要　求	操 作 示 范 图
12.室外晾晒	将车辆停放在室外晾晒一天,使车身膜快速贴合	—
13.交车告知	(1)交车流程:陪同客户查看贴膜效果→告知客户使用注意事项→带领客户办理财务手续→送离客户	—
	(2)告知事项: ①一周内不要洗车,以保证车身膜和漆面产生良好的黏合力; ②洗车时尽量不要高压水枪对着膜边缘冲洗; ③清洗车辆时,避免使用刷子或腐蚀性化学物质; ④使用柔软湿抹布和清水擦拭膜表面,如需使用清洗剂,须使用中性清洗剂进行清洗; ⑤不要在膜面进行抛光、打蜡、封釉、镀膜、镀晶等美容项目; ⑥不要将带有胶黏剂之类的物品粘贴到膜表面; ⑦后续会有产生气泡或水泡的可能性,属正常现象,经过10~20日可能会自然消失,也可返店进行处理或咨询,以便及时处理	—

4.验收标准

汽车车身贴膜验收标准见表6-16。

汽车车身贴膜验收标准　　　　　　　　　表6-16

验收要点	验收说明	控制标准
拼接或修补	贴膜过程中需要拼接或修补时	接缝应与周围环境相协调,两片膜之间无可视色差,接缝间无漏色
点状缺陷(尘点、胶斑、气泡等)	直径≤1mm	不允许集中
	直径在1~1.5mm,每平方米允许个数要求	中部不允许集中 四周:5
	直径在1.5~2.5mm,每平方米允许个数要求	中部:1 四周边部:3
	直径>2.5mm	不允许
膜表面破损或漏色	由于膜的破损能够看到车漆颜色	不允许
膜表面褶皱	长度>3mm	不允许
线状缺陷	长度在2.5~10mm,每平方米允许个数要求	1
表面划伤	宽度在0.1~0.3mm,每平方米允许个数要求	长度≤50mm:4
	宽度在0.3~0.8mm,每平方米允许个数要求	长度≤50mm:2

三、汽车内饰贴膜

(一)汽车内饰膜知识

汽车内饰膜是粘贴在汽车室内液晶屏幕、桃木、烤漆等部件表面上,对车辆内饰起保护和美观作用的一种隔离膜。汽车内饰膜一般分为透明保护膜和碳纤维膜两类,其中透明保护膜应用较多。

汽车内饰透明保护膜选用高分子聚合物材料,同时添加了各种特性的助剂,具有高延展性、高可塑性和高透明度。以下以透明保护膜为例进行介绍。

1.汽车内饰膜的作用

1)防脏污

汽车内饰膜可以将内饰件表面与外界完全隔离,有效解决了灰尘、油污、汗渍等黏附在内饰件表面后需要定期清洁的问题。

2)防划伤

汽车内饰膜膜面具有防止划伤的耐磨层,当有硬物、锐器等触碰或摩擦到内饰件时,可以起到保护内饰件的作用。

3)减缓老化

汽车内饰膜可以防止空气中有害气体、有害微粒、人体汗渍及其他液体等对内饰部件造成的腐蚀及氧化,还可以在一定程度上抵御紫外线照射,起到减缓内饰件褪色、龟裂、老化等问题。

2.汽车内饰膜常见粘贴位置

汽车内饰膜常见的粘贴位置有:仪表台桃木件或钢琴烤漆件、中控液晶显示屏、组合仪表罩、内后视镜、音响面板、空调面板、排挡杆面板、车门桃木件或钢琴烤漆件、车门电动开关面板、头枕液晶显示屏等。

(二)汽车内饰贴膜安装

1.贴膜工具

常用的安装汽车内饰贴膜的工具有:遮蔽纸、小型喷瓶、羊毛贴片、贴膜刮板、裁膜刀及不脱毛纯棉毛巾。

2.贴膜工艺

汽车内饰贴膜安装工艺主要有以下八步:

(1)测量贴膜部位尺寸。

(2)根据尺寸下料。

(3)清洁贴膜部位。

(4)喷洒微量的安装液于贴膜部件表面。

(5)撕开膜后,向膜面均匀喷洒微量安装液,再将膜敷在贴膜部件上。

(6)调整好膜的位置,并在膜表面均匀喷洒微量安装液,再用贴了羊毛刮片的刮板由中间往四周刮出膜内的水分。

(7)收边处理。

(8)裁切多余的部分。

现在市面上很多专车专用的内饰膜是由专业的自动裁膜机根据车型事先裁切好的,这样使得贴膜更为简单和方便,极大地降低了内饰贴膜的难度和风险。

技能实训

(一)汽车玻璃贴膜

1.准备工作

(1)场地:无尘贴膜车间。

(2)设备:实训车辆、车轮挡块。

(3)工具:大毛巾、小毛巾、车辆室内防护套件、遮蔽纸、静电膜、不锈钢直尺、裁膜刀、烤枪、铁刮板、软刮板、硬刮板、喷壶、安装液、吸水纸、荧光灯。

(4)防护用品:工作服。

2.实训过程

1)贴膜准备

(1)检查内外车况并完整记录,与客户确认车况并签字。

(2)清洁车辆外观。

(3)用静电膜防护车辆漆面,用大毛巾防护发动机舱盖、行李舱盖、仪表台和后风窗玻璃下台板,用遮蔽纸防护车门护板,用车辆室内防护套件防护转向盘、座椅等部位。

2)贴膜施工

(1)用保护膜在侧窗玻璃上制作样板,测量前后风窗玻璃尺寸。

(2)按照样板和测量尺寸粗裁侧窗膜和前后风窗玻璃膜。

(3)将膜片固定在玻璃上进行烤膜定型。

(4)用裁膜刀进行精细裁切。

(5)打开降尘系统进行车间降尘。

(6)用硬刮板、软刮板配合安装液清洁玻璃。

(7)撕开保护膜,在膜面和玻璃表面喷洒安装液后上膜。

(8)用软刮板刮水进行固定,再贴上保护膜,用硬刮板用力赶水,最后撕下保护膜。

3)后续处理

(1)检查贴膜效果,处理明显的缺陷。

(2)清洁车辆、车间,整理工具。

(3)按照验收标准进行质检验收。

(4)向客户进行交车,告知客户使用注意事项。

(二)汽车车身贴膜

1.准备工作

(1)场地:无尘贴膜车间。

（2）设备：实训车辆、车轮挡块。

（3）工具：车辆防护套件、遮蔽纸、专用喷壶、羊毛刮片、烤枪、裁膜刀、裁膜线。

（4）防护用品：工作服。

2. 实训过程

（1）检查车身状况并完整记录，与客户确认车况。

（2）清洁车辆外观。

（3）打开降尘系统进行车间降尘。

（4）用洗车泥、酒精深度清洁漆面。

（5）用专用防护套件保护玻璃、车轮等部位。

（6）根据车身贴膜部位尺寸进行裁膜下料。

（7）撕开底纸后，在膜面和漆面喷洒安装液后铺膜。

（8）用羊毛片刮片刮膜。

（9）用烤枪加热边角或大弧度部位，进行贴膜和收边处理。

（10）检查车身贴膜效果，并对气泡、尘点等缺陷进行处理。

（11）清洁车辆、车间，整理工具。

（12）按照验收标准进行质检验收。

（13）将车辆停放在室外进行晾晒。

（14）向客户进行交车，告知客户使用注意事项。

（三）汽车内饰贴膜

1. 准备工作

（1）场地：无尘贴膜车间。

（2）设备：实训车辆、车轮挡块。

（3）工具：车辆室内防护套件、遮蔽纸、小型喷瓶、羊毛刮片、裁膜刀、裁膜线。

（4）防护用品：工作服。

2. 实训过程

（1）检查内饰状况并完整记录，与客户确认车况。

（2）测量贴膜部位尺寸。

（3）根据尺寸下料。

（4）用安装液清洁贴膜部位。

（5）撕开膜后向膜面喷洒微量安装液。

（6）将膜敷在贴膜部件上，用羊毛刮片刮水固定。

（7）收边处理，并裁切多余的部分。

模块小结

（1）太阳光主要由红外线、可见光和紫外线三部分组成。其中，红外线占比53%，可见光占比44%，紫外线占比3%。

(2)红外线是我们可以直接感受到的热量的主要来源;可见光是人类肉眼可见的部分;紫外线是导致车内皮革、织物饰品在短期内褪色、老化、龟裂的主要因素,过量的紫外线还会诱发人体皮肤癌变。

(3)汽车防爆太阳膜作用有隔热防晒、安全防爆、过滤眩光、保护隐私、装饰美化和节能环保。

(4)汽车防爆太阳膜的种类有传统染色膜(茶纸)、单层金属反光膜、吸热膜和智能光谱选择膜。

(5)汽车防爆太阳膜常用性能参数有隔热率(总太阳能阻隔率)、红外线阻隔率(太阳辐射阻隔率)、紫外线阻隔率、可见光穿透率、内/外可见光反射率和力学强度。

(6)隔热率 = 红外线阻隔率 × 53% + (100% − 可见光穿透率) × 44% + 紫外线阻隔率 × 3%。

(7)鉴别汽车防爆太阳膜品质可使用"望、闻、问、切、测"五步法。

(8)选择汽车防爆太阳膜时,应注意了解其透光度和清晰性、隔热率、防爆性能、紫外线阻隔率、颜色、防划伤层、防眩光性能和质量保证卡。

(9)汽车玻璃贴膜的工艺流程是:车况检查→清洗车辆→车辆防护→打板测量→粗裁下料→烤膜定型→精细裁切→室内降尘→清洗玻璃→撕膜上膜→固定赶水→检查处理→清洁整理→质检验收→交车告知。

(10)汽车玻璃膜的常见烤膜方法有干烤法、湿烤法、拉伸烤法和内灌风烤法。

(11)汽车车身贴膜是指将高分子聚合材料薄膜粘贴于车身漆面,以达到保护原车漆,装饰车身的目的。

(12)车身贴膜所用材料统称为汽车车身改色防护膜,一般分为漆面透明保护膜(隐形车衣)和漆面改色膜两大类。

(13)汽车车身改色防护膜具有保护车漆、养护便捷、装饰美化和车辆保值的作用。

(14)汽车车身改色防护膜种类主要有透明膜、亚光膜、亮光膜、电镀膜、碳纤维膜、珠光膜、彩绘膜、皮纹膜和拉丝膜等。

(15)《中华人民共和国道路交通安全法实施条例》第六条规定,已注册登记的机动车改变车身颜色,机动车所有人应当向登记该机动车的当地公安机关交通管理部门下辖的车辆管理所申请变更登记。

(16)汽车车身贴膜工艺流程是:车况检查→车辆普洗→车间降尘→车辆精洗→开料裁膜→撕膜铺膜→刮膜排水→烤膜收边→检查处理→清洁整理→质检验收→室外晾晒→交车告知。

(17)汽车内饰膜是粘贴在汽车室内液晶屏幕、桃木、烤漆等部件表面上,对车辆内饰起保护和美观作用的一种隔离膜。

(18)汽车内饰膜选用高分子聚合物材料,同时添加了各种特性助剂,具有高延展性、高可塑性和高透明度。

(19)汽车内饰膜主要起到防脏污、防划伤、减缓老化的作用。

思考与练习

(一)填空题

1.太阳光主要由_____、可见光和_____三部分组成,_____是我们可以直接感受到的热量的主要来源。

2. 太阳光热传递有三种方式，_____、_____和热传导，其中，_____对车内温度的影响最为明显。

3. 汽车防爆太阳膜作用有：_____、安全防爆、过滤眩光、_____、装饰美化和_____。

4. 汽车防爆太阳膜具有_____功能，能起到保护车内隐私的作用。

5. _____膜是在胶中加入红外吸收剂，可以在短时间内产生似乎很优异的隔热效果，饱和之后以远红外的形式产生二次辐射。

6. _____膜使用磁控溅射工艺生产，由贵金属多层溅射而成，具有光谱选择性。其具有反射而非吸收热量的特点，不会产生二次辐射现象。

7. 汽车防爆太阳膜的_____大小决定了其是否清晰，清晰度是保证行车安全最重要的性能。

8. 根据《汽车车窗玻璃遮阳膜》（GA/T 744—2013）的要求，所有汽车前风窗玻璃防爆隔热膜透光率必须超过_____%，前排两侧车窗防爆隔热膜的透光度应达到_____%以上。

9. 隔热率＝红外线阻隔率×_____%＋（100%－可见光穿透率）×_____%＋紫外线阻隔率×_____%。

10. 汽车玻璃膜的常见烤膜方法有：_____、_____、拉伸烤法和内灌风烤法。

11. 汽车车身改色防护膜一般分漆面_____膜和漆面_____膜两大类。

（二）判断题

1. 可见光是人类肉眼可见的部分，不会产生热量。　　　　　　　　　（　　）

2. 紫外线是导致车内皮革、织物饰品在短期内褪色、老化、龟裂的主要因素，过量的紫外线还会诱发人体皮肤癌变。　　　　　　　　　　　　　　　　（　　）

3. 太阳光会引起驾乘环境过热、眩光干扰、褪色等问题，并给驾乘人员造成伤害。给汽车玻璃安装防爆太阳膜能够长期、有效地解决这一问题。　　　　　　　（　　）

4. 太阳光热传递有三种方式，热辐射、热对流和热传导，其中，热对流对车内温度的影响最为明显。　　　　　　　　　　　　　　　　　　　　　　（　　）

5. 优质汽车防爆太阳膜可以增强玻璃强度，在发生交通事故导致玻璃破碎时，膜会牵拉玻璃碎片，防止飞溅伤人，从而有效保障车内乘员的安全。　　　　　　（　　）

6. 第一代汽车防爆太阳膜是吸热膜，即通常所说的茶纸。　　　　　　（　　）

7. 单层金属反光膜容易造成光污染。　　　　　　　　　　　　　　　（　　）

8. 智能光谱选择膜具有吸收而非反射热量的特点，会产生二次辐射现象。（　　）

9. 隔热率就是总太阳能阻隔率，描述的是防爆太阳膜对太阳热量总阻隔能力的大小。　　　　　　　　　　　　　　　　　　　　　　　　　　　　　（　　）

10. 红外线阻隔率即太阳辐射阻隔率，描述的是防爆太阳膜对太阳光中红外线阻隔能力的大小，不能直接等同于隔热率。　　　　　　　　　　　　　　　（　　）

11. 隔热率＝红外线阻隔率×44%＋（100%－可见光穿透率）×53%＋紫外线阻隔率×3%。　　　　　　　　　　　　　　　　　　　　　　　　　　　　　（　　）

12. 撕开防爆太阳膜保护膜,质量越好的膜气味越淡,劣质膜则有刺激性气味。( )

13. 无论是前风窗玻璃、后风窗玻璃还是侧风窗玻璃,均建议选择透光度、清晰度高的膜。( )

14. 选择防爆太阳膜颜色时,一是不要选择过深的颜色,二是应选择淡蓝色、浅灰色、自然色等对眼睛比较舒适的颜色。( )

15. 安装汽车防爆太阳膜时对环境的密闭度、洁净度、温度和湿度的要求不高。( )

16. 若前风窗玻璃高度大于 75 cm,下料时应采取竖裁;小于 75 cm 时,为避免造成浪费,应采取横裁。后风窗玻璃一般采用竖裁。( )

17. 精细裁切时刀片与车窗玻璃保持在 15° 左右进行裁切,裁切时利用刀片自身的切割力而无须向下施力,防止划伤玻璃。( )

18. 汽车车身贴膜一方面可以降低汽车漆面的维护成本,另一方面还可以体现车主的风格和个性。( )

19. 选用优质的车身改色防护膜一次性花费成本较高,而选用劣质的车身改色防护膜会损害原车漆,反而得不偿失。( )

(三) 简答题

1. 汽车防爆太阳膜的工作原理是什么?

2. 汽车防爆太阳膜种类及特点是什么?

3. 可见光穿透率为 40%、紫外线阻隔率为 98%、红外线阻隔率为 65% 的防爆太阳膜的隔热率是多少?

4. 汽车防爆太阳膜品质鉴别方法有哪些?

5. 选择汽车防爆太阳膜时应注意哪些事项?

6. 汽车漆面透明保护膜有哪些种类?

7. 汽车内饰保护膜的常见粘贴位置有哪些?

模块七 汽车电气系统升级

学习目标

1. 能说出汽车氙气灯的工作原理及特点;
2. 能说出汽车氙气灯升级的方法及注意事项;
3. 能说出汽车行车安全辅助系统类型、功能及组成;
4. 能说出汽车倒车与泊车系统的类型及安装方法;
5. 能说出汽车影音系统的组成及类型;
6. 能说出汽车影音系统的升级方法;
7. 能使用工具对汽车氙气灯进行加装。

建议课时

6 课时。

一、汽车灯光系统升级

目前,汽车灯光系统的升级主要围绕前照灯进行,通常将原车装备的卤素前照灯升级为氙气前照灯,目的是为了提高驾驶的安全性与舒适性,缓解驾驶员夜间行驶的紧张与疲劳。

(一)汽车氙气灯基本知识

1. 氙气灯

氙气灯的英文全称是 High Intensity Discharge Lamp,简称 HID,也称气体放电灯。氙气灯是指内部充满包括氙气在内的惰性气体,没有卤素灯所具有的灯丝的高压气体放电灯。

2. 氙气灯发光原理

氙气灯没有灯丝,其利用两电极之间放电器产生的电弧来发光,如同电焊中产生的电弧的亮光。氙气灯的高压脉冲电加在完全密闭的微型石英灯泡(管)内的金属电极之间,激励灯泡内的物质(氙气、少量的汞蒸气、金属卤化物)在电弧中电离产生光亮。这种光亮的色温与太阳光相似,但含有较多的绿色与蓝色成分,因此呈现蓝白色光,从而大幅提高道路标志和指示牌的亮度。氙灯发射的光通量是卤素灯的 2 倍以上,同时将电能转化为光能的效率也比卤素灯提高 70% 以上,所以氙气灯具有比较高的能量密度和光照强度,而运行电流仅为卤素灯的一半。

3.汽车氙气灯工作原理

氙气灯利用配套的电子镇流器,将汽车电池提供的 12V 直流电通过振荡电路转变为高频交流电,再通过升压变压器提升到 23000V 以上的触发电压,使氙气灯中的氙气通过电离形成电弧放电,并通过限制电流的自感线圈使之稳定发光,为汽车提供稳定的照明系统。

4.汽车氙气灯的特点

1)亮度高

一般 55W 卤素灯只能产生 1000lm 的光,而 35W 氙气灯能产生 3200lm 的强光,亮度增加了 3 倍以上。此外,氙气灯拥有超长及超广角的宽广视野,可使驾驶员的夜晚视野更加清晰,大大降低行车事故发生率。

2)寿命长

氙气灯利用电子激发气体发光,因为没有钨丝存在,所以寿命较长(约为 3000h),其寿命大幅超过汽车夜间行驶的总时数。而卤素灯的寿命一般只有 500h。

3)节电环保

35W 氙气灯的亮度是 55W 卤素灯亮度的 3.5 倍以上,因此其电力损耗相比卤素灯可节省 40%,大大减轻了汽车电力系统的负荷。

4)色温性好

氙气灯的光色接近日光,可有效减轻驾驶员视觉疲劳,使行车更加安全。

5)工作可靠

当汽车的供电系统和电池出现故障时,氙气灯的镇流器会自动停止工作。

5.色温的定义

色温是照明光学中用于定义光源颜色的一个物理量,是表示光源光色的尺度,单位为"K"(开尔文温度单位)。

人眼的夜间视物最佳分辨率在 4300K 光照模式下达到最高,因此,过高的色温光照会导致视力疲劳,色温过低会造成光照不足,视物不清,也会导致视力疲劳。出于这种考虑,原厂配备的氙气灯色温一般都在 4300K 左右。不同范围色温颜色及其特点见表 7-1。

色温颜色及特点 表 7-1

色温值(K)	颜色及特点	常见光源
1000~2500	黄色光,穿透力强	蜡烛火焰
2500~3500	淡黄色光,穿透力强	白炽灯
3500~4300	白中带黄	原厂氙气灯
4300~5000	全白光	地平线的日光
5000~6500	白色偏蓝	正常的日光
6500~8000	白中明显偏蓝	阴天下的日光
8000 以上	蓝色,穿透力差	有薄云的蓝天

（二）汽车氙气灯升级

1. 汽车氙气灯选用注意事项

1) 品牌及质量有保障

汽车氙气灯的工艺和技术比较复杂,质量差的氙气灯一般寿命很短,其高压包、灯泡容易烧坏,而且往往不符合汽车前照灯的照明要求,因此,应选择质量有保障的产品。

2) 符合法规要求

国外对于汽车前照灯的法规和限制很多,特别是针对氙气灯,规定必须配套透镜使用。虽然国内目前在这方面的法规还不健全,但在升级时,建议直接更换氙气灯总成。

3) 色温值合适

色温越高的氙气灯,亮度反而越低,且穿透力明显下降。过高的色温还会刺激路人和对方车辆驾驶员的眼睛,严重影响行车安全。因此,建议选用4300K左右的氙气灯。

2. 汽车氙气灯升级方法

1) 车况检查

检查并记录待升级车辆的外观、内饰状况和灯光系统工作情况,让客户签字确认。

2) 车辆防护

如图7-1、图7-2所示,应使用车辆防护套件或大毛巾防护座椅和前翼子板。

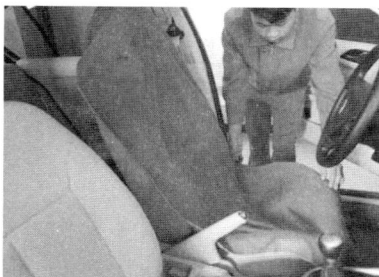

图7-1　防护座椅

图7-2　防护前翼子板

3) 拆卸前保险杠

如图7-3所示,按要求拆卸前保险杠。注意要将拆下来的零部件存放好。

4) 拆卸原车前照灯总成

如图7-4所示,拔下前照灯电源插头,并拆下前照灯总成固定螺栓,最后取出前照灯总成。

图7-3　拆卸前保险杠

图7-4　拆卸原车前照灯总成

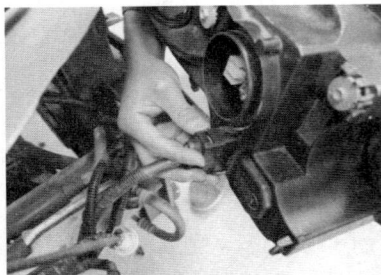

图 7-5　安装氙气前照灯总成

5）安装氙气前照灯总成

如图 7-5 所示，装入氙气前照灯总成后进行固定，再插好电线插头。

6）通电、测试调整

打开前照灯开关，检查前照灯工作情况，并借助灯光检测仪进行检测和调整。

7）安装前保险杠

按拆卸的相反顺序安装前保险杠。

8）检查交车

当上述工作完成后，方可检查交车。

二、汽车行车安全辅助系统

（一）汽车行车记录仪

汽车行车记录仪俗称汽车"黑匣子"，是一种对车辆行驶速度、时间、里程以及有关车辆行驶的其他状态信息进行记录、存储，并可通过接口实现数据输出的数字式电子记录装置。汽车行车记录仪如图 7-6 所示。

行车记录仪能够实时记录车辆运行和驾驶员活动的有关信息，可在遏制疲劳驾驶、车辆超速等严重交通违章、约束驾驶员的不良驾驶行为、预防道路交通事故、保障车辆行驶安全、提高运营管理水平等诸多方面发挥重要作用，并可为事故分析鉴定提供原始数据。《中华人民共和国道路交通安全法实施条例》第十四条规定，用于公路营

图 7-6　汽车行车记录仪

运的载客汽车、重型载货汽车、半挂牵引车应当安装、使用符合国家标准的行驶记录仪。交通警察可以对机动车行驶速度、连续驾驶时间以及其他行驶状态信息进行检查。安装行车记录仪可以分步实施，实施步骤由国务院机动车产品主管部门会同有关部门规定。

1. 汽车行车记录仪的功能

1）记录功能

汽车行车记录仪能够监测并记录车辆的行驶速度、行驶路径、交通事故现场等信息。

2）储存功能

汽车行车记录仪可将监测和记录的信息进行储存。

3）显示功能

汽车行车记录仪可将储存和记录的数据进行显示，并可显示当前车身及时间等信息。

4）提示功能

汽车行车记录仪可提示驾驶员汽车超速、疲劳驾驶等信息。

5）传输功能

汽车行车记录仪可通过 USB 接口或蓝牙将信息传输到电脑或手机上。

6）报警功能

有些汽车行车记录仪附加了一套全球定位系统，当汽车发生事故时，可自动找出离事故地点最近的救急号码并自动拨打，将信息传输给医院，方便医生前来救护。

7）防盗功能

有些汽车行车记录仪具有防盗功能，除了车主和通过了认证的人外，其他人即使有钥匙也无法起动汽车。

2. 汽车行车记录仪的组成

1）主机

汽车行车记录仪的主机包括微处理器、数据存储器、实时时钟、显示器、镜头模组、操作按键、打印机接口、数据通信接口等装置。

2）车速传感器

车速传感器可测量汽车行驶速度及多种工作状态，并将信息实时传入主机。

3）数据分析软件

数据分析软件对采集到的行车速度、行车轨迹、事故时间等数据进行分析，为事故分析提供帮助。

4）红外线摄像头

红外线摄像头具备夜视功能，使行车记录仪在白天、夜晚都能清晰地拍摄到外部状况。

3. 汽车行车记录仪的安装

1）检查车况

对汽车各部件进行检查，确保其能够正常工作。如存在故障，应立即予以排除。

2）选择安装位置

汽车行车记录仪应安装在便于采集数据、不妨碍驾驶员操作及行车安全、不影响美观及方便维护的位置。

3）连接线路

拆开仪表板或保险盒，用万用表找出所需信号线，与记录仪上各对应线束对应连接。

4）连接电源

对于具备停车监测功能的行车记录仪，需要找出汽车上的主电源线，并与记录仪的电源线进行连接。对于不具备或不需要停车监测功能的情况，只需将行车记录仪的电源直接插在点烟器上即可。

5）固定记录仪

将记录仪固定好，包裹、固定好线束，按与拆卸时相反的顺序把已拆卸的附件装配好。

6）调整测试

输入相关的信息进行调试，直至记录仪能够正常工作。

（二）汽车抬头显示系统

抬头显示的英文是 Head Up Display，简称 HUD，又称平行显示系统。该系统可以把时速、导航等重要的行车信息，投影到驾驶员前面的风窗玻璃上，让驾驶员尽量做到不低头、不转头就能看到时速、导航等重要的驾驶信息，避免驾驶员注意力分散，提高行车安全。汽车

图 7-7　HUD 抬头显示

抬头显示系统如图 7-7 所示。

1. 汽车抬头显示系统的功能

1）半透明显示

多数抬头显示系统都采用 LED 显示或投射,显示出来的数字非常清楚,不会出现重影的情况。同时由于反射设备是半透明装置,因此可悬浮在玻璃上面进行立体显示,方便驾驶员观看,而且还可以选择多种模式,如显示行车速度以及与前车的距离等信息。

2）超速提示

有些抬头显示系统内部安装有报警装置,如果出现超速的情况,就会发出报警,提示驾驶员注意车速。同时,如果驾驶员驾车时间过长,该系统会发出疲劳驾驶提示信号。

3）导航功能

汽车抬头显示系统自带导航功能,在显示导航信息的同时,能够实时监测路况。

4）显示亮度自适应调节

汽车抬头显示系统可自动调节显示亮度,保证在强光照或夜晚都能清晰地显示信息。

5）语音控制

可通过语音控制汽车抬头显示系统,调整显示驾驶员所需的信息。

2. 抬头显示器的类型

按固定形式不同,抬头显示器可分为悬挂式和仪表台式两种。

1）悬挂式

悬挂式抬头显示器固定在驾驶员上方的遮阳板上,这样的布置形式会使得需显示的信息被投影在风窗玻璃的上方区域。悬挂式抬头器的优点在于产品适配较高,安装相对简单;缺点是影响遮阳板的正常使用,而且投影信息位于风窗玻璃靠上的区域,驾驶员难以平视。另外,悬挂式抬头器还存在着固定不太稳固的状况,可能造成投影信息显示不稳定。

2）仪表台式

仪表台式抬头显示器固定在驾驶员前方的中控台上,这样的布置形式决定了需显示的信息将会被投影在风窗玻璃的下方区域。仪表台式抬头器的优点在于固定相对稳定,可实现驾驶员平视,但是由于主机布置在中控台上,散热成为难题,且解决难题需要一定成本。另外,由于不同车型的中控台形状差异较大,仪表台式抬头显示产品的适配性相对悬挂式抬头器要差一些。

3. 汽车抬头显示系统的安装

1）检查车况

安装前对汽车各部件进行检查,确保其能够正常工作。如存在故障,应立即予以排除。

2）固定主机

在中控台上找到合适的位置,在不影响驾驶员行车安全和操作的前提下,固定主机。

3）布线

把线束隐藏到胶条或者接缝内固定好,并做好保护。

4）接线

将 OBD 线一端接入汽车 OBD 接口上,将另一端插入主机。

5）调整测试

输入数据,调整显示位置,保证抬头显示系统能够正常工作。

(三)汽车安全预警系统

汽车安全预警系统又称驾驶安全预警仪,俗称"电子狗",是一种车载测速装置,具有车辆定位、固定测速预警、流动测速预警、区间测速预警、特殊路段预警和语音播报的功能。汽车安全预警系统如图 7-8 所示。

汽车安全预警器的主要功能是进行安全预警和提示。不少车主在安装安全预警器后就心存侥幸,在没有安装测速器的路段超速行驶,到了测速路段才按限速要求行驶,这种麻痹大意的思想在行驶过程中也容易引发交通事故。如今,交通指示和安全警示标志已越来越完善,只有认真观察、按要求驾驶,才能真正有效降低发生交通事故的可能性。因此,驾驶员安全驾驶才是关键,而不能完全依赖汽车安全预警器。

图 7-8　汽车安全预警系统

1. 汽车安全预警系统的种类

1）预埋式

预埋式汽车安全预警系统是按照无线发射及接收原理制成的反检测产品,准确地说,这种汽车安全预警系统只是一个无线信号接收机。通常厂商会将发射器预先埋设在固定式电子眼或测速雷达前 300~1000m 处,只要途经路段的车上装有汽车安全预警系统,便可收到预警信号。

预埋式汽车安全预警系统的缺点主要有三点:一是无法对流动式电子眼或测速雷达进行预警;二是预先埋设的发射器电池没电时无法预警,因此需要经常换电池;三是在新修道路上及新增电子眼或测速雷达的路段,如厂商尚未埋设发射器则无法预警。由于预埋式汽车安全预警系统存在这些缺陷,现已趋于淘汰。

2）雷达探测式

雷达探测式汽车安全预警系统是一种提示驾驶员附近是否有电子眼或雷达测速仪的设备。为遏制汽车高速行驶,减少交通事故的发生,用于检测汽车是否超速的雷达测速仪已在城市道路和高速公路得到广泛运用。该设备根据接收到的反射波频移量计算得出被测物体的运动速度,分固定式和流动式两种,其中固定式设备安装在桥梁或者十字路口,流动式设备一般安装在巡逻车上。

雷达探测式汽车安全预警系统安装在汽车内,通过接收雷达波,可以在一定距离内检测到周围是否有雷达测速仪。在行驶过程中,当靠近雷达测速仪时,雷达探测式汽车安全预警系统则会发出警告。一般情况下,从听到警告开始减速到正常速度水平有 2~3s 的时间、100~300m 的距离。

3）GPS 单机式

GPS 单机式汽车安全预警系统是一种能够提示驾驶员附近是否有以压感线圈方式测速的设备。压感线圈方式测速是指在路面上埋上感应线圈,通过计算车辆通过线圈的时间来计算车速的方法。除此之外,还有一些更先进的多车道连续拍摄测速方式,这些测速方式在测速时都不发射雷达波,因此雷达探测式汽车安全预警系统无法探测到这类测速装置。

GPS 单机式汽车安全预警系统不是靠接收雷达波方式来提示超速,而是运用 GPS 定位来进行工作的。其原理是:预先保存有固定测速点或闯红灯照相的经纬度数据(可以升级更新,也可以自建坐标),通过 GPS 定位,当接近目标点一预定距离的时候触发报警。然后,结合电子罗盘计算并显示车辆车速与行进方向(不会有无法判别方向性的困扰,未超速时能自动静音)。

4)GPS + 雷达探测式

GPS + 雷达探测式汽车安全预警系统是将雷达探测式汽车安全预警系统和 GPS 单机式汽车安全预警系统的功能结合在一起的一种反测速设备。它既能对固定雷达测速仪进行准确预报,也能预报流动测速,全面、有效地解决了前两类产品的不足。该种预警系统可分为两种:一种是一体式的,性能比较稳定,安装比较简单,缺点是必须贴近前风窗玻璃放置,且体积较大;另一种是分体式的,车内主机与车前发动机舱盖下的雷达机之间通过无线连接,由于雷达机与 GPS 主机分开,室内机的体积能做得稍小,也可不必贴近风窗玻璃放置,隐蔽性好,有利于防盗防查,但其缺点是安装较为复杂。

5)GPS + 导航 + 雷达探测式

GPS + 导航 + 雷达探测式汽车安全预警系统可将电子地图导航与反测速功能联系起来,实现一机多能。目前,大多导航地图公司在导航软件中加入了大量测速点数据,因此现在的普通导航仪也已具备 GPS 反测速雷达功能,从汽车安全预警系统角度来说,便是 GPS 导航反测速雷达。现在,许多厂家将导航与全频反测速雷达组合在一起,实现导航、固定测速和流动测速的有机结合。

2.汽车安全预警系统的安装

1)检查车况

安装前对汽车各部件进行检查,确保其能够正常工作。如存在故障,应立即予以排除。

2)固定主机

(1)将汽车安全预警系统放在遮阳板或中控台上,注意雷达导波管要朝向车前进方向,指向车的正前方,操作面板面向操作人员。

(2)如果直接把安全预警系统放在仪表盘上,则导波管可朝向玻璃但不能被刮水器挡住,否则会影响安全预警系统的收信效果。由于放在仪表盘上位置比较低,可能会被前方的车辆挡到,影响到安全预警系统的反应时间,所以,尽量不要在仪表板上安装系统。

3)布线

把线束隐藏到胶条或者接缝内固定好,并做好保护。

4)接线

将电源线一端接入汽车点烟器接口上,将另一端插入主机。

5)调整测试

输入数据,调整显示位置,保证汽车安全预警系统能够正常工作。

(四)汽车胎压监测系统

汽车胎压监测系统简称 TPMS,是在汽车行驶过程中对轮胎气压进行实时自动监测,通过记录轮胎转速或安装在轮胎中的电子传感器,对轮胎的各种状况进行实时自动监测并对轮胎漏气和低气压进行报警,以确保行车安全的系统。汽车胎压监测系统如图7-9所示。

图7-9 汽车胎压监测系统

1. 汽车胎压监测系统的作用

1)预防事故发生

汽车胎压监测系统属于主动安全设备的一种,它可以在轮胎出现危险征兆时及时报警,提醒驾驶员采取相应措施,从而避免严重事故的发生。

2)延长轮胎寿命

胎压监测系统可以随时使轮胎保持在规定的压力、温度范围内,从而减少轮胎的损毁,延长轮胎使用寿命。有资料显示,在轮胎气压不足时行驶,若车轮气压比正常值下降10%,轮胎寿命就会减少15%。

3)降低油耗

当轮胎内的气压过低时,轮胎与地面的接触面积会增大,从而增大摩擦阻力。有资料显示,当轮胎气压低于标准气压值30%时,汽车油耗将上升10%。

4)减少悬架磨损

轮胎内气压过足时,会导致轮胎本身减振效果减低,从而增加车辆减振系统的负担,长期使用将对发动机底盘及悬挂系统造成重大损害;如果轮胎气压不均匀,还容易引发制动跑偏,从而加剧悬挂系统的磨损。

2. 汽车胎压监测系统的类型

1)间接式胎压监测系统

间接式胎压监测系统通过汽车 ABS 的轮速传感器来比较轮胎之间的转速差别,以达到监测胎压的目的。ABS 通过轮速传感器来确定车轮是否抱死,从而决定是否自主启动。当轮胎压力降低时,车辆的质量会使轮胎直径变小,这就会导致车速发生变化,这种变化即可用于触发警报系统来向驾驶员发出警告。

2)直接式胎压监测系统

直接式胎压系统利用安装在每一个轮胎里的压力传感器来直接测量轮胎的气压,利用无线发射器将压力信息从轮胎内部发送到中央接收器模块,然后对各轮胎气压数据进行显示。当轮胎气压太低或轮胎漏气时,系统会自动报警。

3)复合式胎压监测系统

复合式胎压监测系统兼有上述两个系统的优点,它在两个互相成对角的轮胎内装备直接传感器,并装备一个四轮间接系统。与间接式胎压监测系统相比,复合式胎压监测系统可以降低成本,克服间接式胎压监测系统不能检测出多个轮胎同时出现气压过低的缺点。但是,它仍然不能像直接系统那样提供所有四个轮胎内实际压力的实时数据。

3. 汽车胎压监测系统的安装

1)检查车况

安装前对汽车各部件进行检查,确保其能够正常工作,如存在故障,应立即予以排除。

2）固定主机

将主机固定在汽车驾驶室后部。

3）拆卸轮胎

根据拆卸轮胎的标准程序，将轮胎从汽车上拆下，放气并拆卸橡胶胎。

4）清洁轮毂

将轮毂和橡胶胎内部清洁干净，根据轮胎的位置找到对应的分机。

5）安装分机

在靠近气嘴的位置，固定分机，调整位置。

6）安装轮胎

装上橡胶胎，注意不要损坏分机。

7）做动平衡

充气后，进行动平衡实验。

8）安装轮胎

安装轮胎，并在轮框上对应传感器位置处贴上标签，方便后续拆检、维修。

9）测试

接通主机电源，测试系统工作状况。

（五）汽车防炫目后视镜

汽车防炫目后视镜是利用物理原理或者电子元件特性，使夜间行车时后方车辆的远光灯反射到驾驶员眼睛上并显示暗光，避免强光刺激驾驶员视线，从而有效降低事故发生率的物件。汽车防炫目后视镜如图 7-10 所示。

1. 汽车防炫目后视镜的类型

1）手动防炫目后视镜

在内后视镜的背面（一般是在正中下端），有一个黑色的小拨片，其正常状态下朝向前风窗玻璃，只要轻轻向车内方向拨动拨片，内后视镜镜面便会产生细微的角度变化，此时车内后视镜就已经手动调节出防炫目效

图 7-10　汽车防炫目后视镜

果了。

手动防炫目是一个有约为 10° 夹角的楔形镜，镜片上端的厚度大于下端。普通状态下，光线经背部的镜面镀膜折射后映入驾驶员的眼睛，而在扳动到防炫目状态后，整个镜面会向上调整约 10°（与镜子截面夹角相同），此时驾驶员观察到的实际上是后视镜半透镀膜透光层。由于该透光层对光线的折射率较低，因此可以起到防炫目的作用。

2）自动防炫目后视镜

自动防炫目后视镜由一面特殊镜子和两个光敏二极管及电子控制器组成，当照射灯光照射在车内后视镜上，且光照强度过大时，电子控制器将输出一个电压到导电层上。导电层上的电压能够改变镜面电化层颜色，电压越高，其电化层颜色越深，此时即使再强的照射光照到后视镜上，经防炫目后视镜反射到驾驶员眼睛上的光也会变暗，不会耀眼。

3）流媒体后视镜

流媒体后视镜运用实景显示技术,将摄像头功能与传统的车内后视镜相结合,在镜面上投射车后的实时实景图像。流媒体后视镜的好处是可大大提升传统车内后视镜的可视范围(达到了180°),使行车和泊车更加安全。

2.汽车防炫目后视镜的安装

1）检查车况

安装前对汽车各部件进行检查,确保其能够正常工作,如存在故障,应立即予以排除。

2）拆卸原车后视镜

将原车后视镜完整拆卸下来。

3）连接线路

拆开仪表板或熔断器,用试车灯找出所需信号线,与线束上相应功能线一一对接。

4）连接电源

找出汽车上受钥匙控制的电源线,并与后视镜的电源线连接。

5）固定后视镜

在原车后视镜的位置安装防炫目后视镜,并调整位置。

6）调整测试

输入相关信息后进行调试,直至防炫目后视镜能够正常运行。

三、汽车倒车与泊车系统

汽车倒车与泊车辅助系统可帮助驾驶员在拥挤的停车场轻松停车入位,避免发生剐蹭和碰撞。该系统是汽车主动防撞系统在低速和城市复杂环境下的一个重要的应用,也是汽车主动防撞系统的智能化具体体现。汽车倒车与泊车辅助系统的出现使停车变得越来越轻松,其发展也由简单的辅助到综合的全自动泊车,其目的是帮助驾驶员轻松停车入位。常见的汽车倒车与泊车辅助系统有倒车雷达、倒车影像及自动泊车入位系统等。

(一)汽车倒车雷达系统

汽车倒车雷达全称"汽车倒车防撞雷达",是汽车泊车或者倒车时的安全辅助装置。汽车倒车雷达能以声音或者直观地显示告知驾驶员周围障碍物的情况,解除驾驶员泊车、倒车和起动车辆时由前后左右探视所引起的困扰,并帮助驾驶员扫除视野死角和视线模糊的缺陷,提高驾驶的安全性。

1.汽车倒车雷达系统组成

如图7-11所示,汽车倒车雷达系统由主机、显示器、探头和连接线组成。另外,有些倒车雷达系统还增加了辅助功能(如加装车内和车外的温度传感器等,能将温度在显示屏上直观地显示出来)。

1）主机

主机是倒车雷达系统的大脑,负责接收探头的探测信号,将车辆与障碍物的位置和距离传输给显示器。

2）显示器

显示器主要用来显示车辆当前所处的位置周围的状况,驾驶员可以通过显示器上的信息来辅助泊车及倒车。目前使用较多的是数码显示、荧光显示和多功能倒车镜显示三种。正常行车状态下,显示器会显示时间、日期、车内温度等辅助信息。当车辆处于倒车状态时,会根据实际情况显示与障碍物距离、停车警告、语音图标自检信息等。倒车雷达显示器如图7-12 所示。

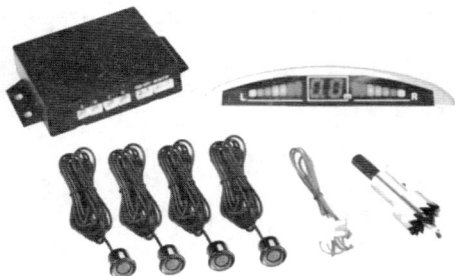

图7-11　倒车雷达系统　　　　　　　图7-12　倒车雷达显示器

3）探头

普通的倒车雷达系统采用的是电磁波探头,该探头能把探测到障碍物的距离传输给主机,再通过显示屏模拟信息,并有声音配合报警。通常来说,探头的数量决定了倒车雷达的探测覆盖能力,数量越多,探测盲区越小。市面上的倒车雷达分别有2探头、3探头、4探头、6探头及8探头五种。其中,2～4探头的倒车雷达一般装在汽车后保险杆上,6～8探头的倒车雷达一般安装是前2个后4个,或前4个后4个。6个以上探头的倒车雷达还可以探测车辆前方左、右角情况,探测范围更广,精度更高。

2.汽车倒车雷达系统的安装

1）安装前准备

倒车雷达的安装前准备工作包括知识准备、客户接待并介绍产品、客户车辆入位、车况检查、准备安装工具、车辆防护等。

2）确定探头位置

根据倒车雷达说明书的标准,测量并确定探头安装的位置。倒车雷达探头装得太低会出现误报,太高则会出现漏报。一般情况下,探头应该装在车的后保险杠上,离地高度在50～70cm 范围内。探头安装位置的具体确定方法如图7-13 所示。

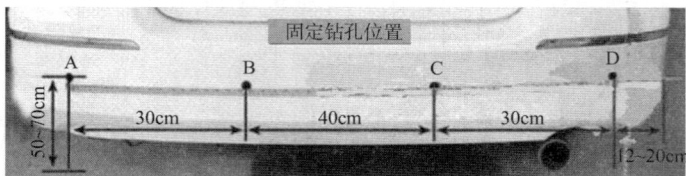

图7-13　探头安装位置确定示意
注:图中标注的距离为各探头中心位置的距离。

3）打孔

倒车雷达产品会配有打孔钻头,将钻头安装在电钻上后,要再次检查安装是否牢固。打孔前最好先用尖锐工具在标记处钻出盲眼来定位,防止钻头开始转动时出现滑动,导致划伤保险杠漆面。探头安装位置打孔如图7-14所示。

4)布线、接线

安装时,如有必要,可拆卸后排座椅进行走线。线束需避开高温、高压位置,破头接线处要绝缘包扎。由于倒车雷达是在挂上倒挡、倒车灯亮的时候起作用,因此电源取线可和倒车灯并接。此外,电源接线应规范,采用分四股双铰接,并用电烙铁焊接。倒车雷达系统的布线如图7-15所示。

图7-14 探头安装位置打孔

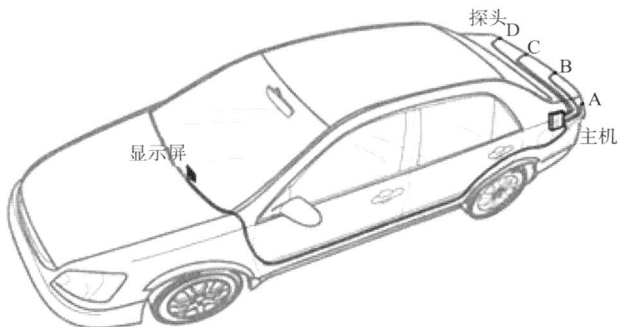

图7-15 倒车雷达系统布线示意

5)安装探头

安装探头时应注意安装方向,两个大拇指均匀用力将探头压入保险杠中,使其压牢并紧贴车体。此外,还需将防水插头插好,用力扭紧,防止进水。特别应注意探头有上下方向之分,不能装反。

6)安装主机

在安装主机时,应尽量远离原车电子元件。安装主机要牢固,通常粘贴在行李舱内侧的钣金件上,如图7-16所示。装好主机后要将探头线连接好,并找到倒车灯电源线,将主机电源线连接至倒车灯电源线上。

7)安装显示屏

如图7-17所示,显示屏应安装在仪表台左侧。在不影响安全驾驶的前提下,显示屏要方便驾驶员观看。

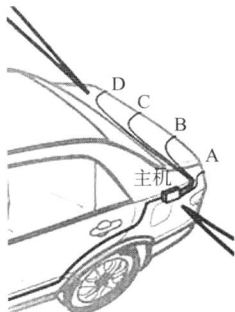

图7-16 主机安装位置示意

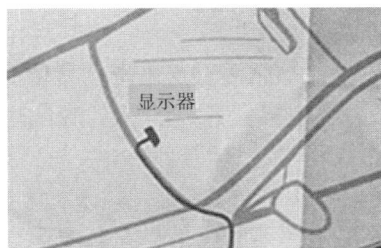

图7-17 显示器安装位置示意

8)测试调整

将规格为300mm×1000mm的木板竖起放在汽车后方,驾驶员慢慢倒车,验证倒车雷达的相应功能。

9）质检交车

按验收标准进行检查,再交由质检人员或组长进行验收。

(二)汽车倒车影像系统

倒车影像系统采用的探头是高清摄像头,能够把探测到的实物传输给主机,再经液晶显示屏清晰地显示出来。

1. 汽车倒车影像系统的类型

1）后视倒车影像系统

后视倒车影像系统通过在车辆后部安装远红外线广角摄像头,在车内的显示屏上清晰显示车辆后方的状况。其即使在夜晚,也能够清晰地看到车后情况。车载显示器同时具有倒车可视自动水平转换以及自动开关功能,如图 7-18 所示。

2）全景倒车影像系统

全景倒车影像系统,又称全车可视系统或360°全景泊车系统。车内显示屏显示的超宽视角、无缝拼接的实时图像信息(鸟瞰图像),能够帮助驾驶员更为直观地了解车辆四周情况,使停车入位、通过狭窄道路时更为安全,如图 7-19 所示。

图 7-18　后视倒车影像系统　　　　图 7-19　全景倒车影像系统

2. 汽车倒车影像系统的安装

倒车影像系统的安装步骤如下:

(1)安装前对汽车各部件进行检查,确保其能够正常工作,如存在故障,应立即予以排除。

(2)拆除车载蓄电池处的电源供电连线,并将拆除的连线放在远离电极的地方,以防止电源意外接通烧毁系统。

(3)用摄像头配件里面提供的小螺丝将摄像头固定在牌照灯的位置上,通过配件里的铁片或者垫片之类进行调整,使摄像头达到最佳的倒车视角。

(4)摄像头的线路通过牌照灯的缝隙穿入车内,与倒车灯电源及视频延长线连接。此安装类型的倒车摄像头是目前比较流行的一种,其外观更隐蔽,安装较为轻松。

(5)将摄像头的电源线与车后倒车灯电源线连接,再将摄像头的视频线与视频延长线相连,视频延长线的另一端与车载显示器的 AV 输入相连接。

(6)恢复蓄电池供电,起动汽车,挂上倒车挡,即可在车载显示器上看到倒车图像,并对摄像头角度进行测试与调整。

（三）汽车自动泊车入位系统

汽车自动泊车入位系统是一种能够帮助驾驶员进行停车入位的系统，它利用车身周围的超声波传感器或者摄像头，识别合适的停车位，驾驶员确认车位后只需按照提示切换挡位，系统即可自动控制车辆停入车位。汽车自动泊车入位系统减少了驾驶员在停车入位中的操作步骤，使驾驶员可以更好地观察车辆周围的情况，提高了泊车的便利性和安全性，如图7-20所示。

汽车自动泊车入位系统由环境数据采集系统、中央处理器和车辆策略控制系统组成。其中，环境数据采集系统包括图像采集系统和车载距离探测系统，可采集图像数据及周围物体距车身的距离数据，并通过数据线传输给中央

图7-20 自动泊车入位系统

处理器。中央处理器将采集到的数据进行分析处理后，得出汽车的当前位置、目标位置以及周围的环境参数，并依据上述参数作出自动泊车策略，将其转换成电信号。车辆策略控制系统接受电信号后，可依据指令做出汽车的行驶如角度、方向等方面的操控，直至泊车入位。

目前市面上常见的自动泊车系统大体上有两种：一种系统采用多个超声波雷达探头探测车位和障碍物，并经过计算停入车位；另一种系统是通过多个摄像头，同样采用一套算法，使车辆停入其中。前者在欧美车型上较为常见，而后者多见于日系车型。不同品牌车型配置不同的自动泊车系统，会有具体的操作方式。一般的自动泊车系统找到合适泊车位后，先操作挡位至倒挡（D挡），系统会提示驾驶员是否启动自动泊车辅助系统，或选择倒车模式。确认启动后，驾驶员双手离开转向盘，转向盘将自动转动，调整汽车倒车方向。特别需要注意的是，即使启动自动泊车系统，驾驶员必须控制加速踏板及制动踏板以掌握车速，不能完全放开对车辆的操控。

四、汽车舒适系统

汽车舒适系统主要是指为驾乘人员提供便捷、实用装置的系统，通过升级或加装此类设备，能够提高行车的舒适性。

（一）车载冰箱

车载冰箱是家用冰箱的延续，是可以在汽车上携带的冷藏柜，用于放置饮料和食物，为驾驶员提供便利。

1. 车载冰箱的类型

车载冰箱大致可以分为四类：保温箱、半导体车载冰箱、压缩机车载冰箱及车载和家庭两用型冰箱。

1）保温箱

保温箱属于比较早期的产品，不具备制冷功能，只有保温功能。其优点是不耗电、价格低，缺点是不能长时间保温，而且空间较小。冷藏时，需要将冷藏的食物或饮料经冰箱冷冻后才能放入保温箱里，也可以随同冰袋一起放入，但只能在短时间内保持冷藏。保温箱不仅

可以冷藏,也可以对热食品进行保温。保温箱如图 7-21 所示。

2)半导体车载冰箱

半导体电子制冷又称热电制冷或温差电制冷,是利用"帕尔帖效应"的一种制冷方法,与压缩式制冷和吸收式制冷并称为世界三大制冷方式。半导体冰箱有制冷和制热两项功能。在制冷方面,一般是低于环境温度 10～15℃,而其制热温度可高达 65℃。此外,由于不采用压缩机,半导体冰箱无须添加制冷、制热剂,具有节能环保、无噪声、成本低、轻便、工作时无振动、寿命长等优点,但其缺点是容易损坏,且制冷效率低。半导体车载冰箱如图 7-22 所示。

图 7-21　保温箱　　　　　　　　图 7-22　半导体车载冰箱

3)压缩机车载冰箱

压缩机车载冰箱是未来车载冰箱发展的主流方向。压缩机冰箱只有制冷功能,其制冷能力可以达到 -18℃,能分段控温,不易损坏,可以稳定有效地进行制冷,在很多高档轿车和标配轿车上,都采用了压缩机冰箱,其市场售价为同等容积半导体冰箱的 10 倍以上。压缩机车载冰箱的特点是可适用于各种电压的电源,无论是 12V 直流电还是 24V 直流电,压缩机车载冰箱内置的电源装置可以自动辨认不同电压并进行相应调整,且制冷效率高、制冷温度低,但其不足之处是体积大且成本高。压缩机车载冰箱如图 7-23 所示。

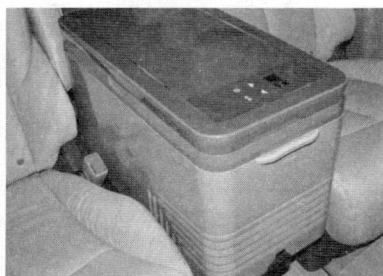

图 7-23　压缩机车载冰箱

4)车载和家庭两用型冰箱

车载和家庭两用型冰箱有两种电源连接方式,既可连接汽车上的 12V 直流电源,又能连接家庭中的 220V 交流电源,从而保证其既能放在汽车上使用,又可以放在家中使用。车载和家庭两用型冰箱大多数为冷热型冰箱,可放置于车内座位上或行李舱内,连接车内点烟器的 12V 直流电源即可使用。车载和家庭两用型冰箱如图 7-24 所示。

2. 车载冰箱的加装及使用

1)保温箱的加装及使用

保温箱无须安装,只需放到车里即可。当需要冷藏时,先把储能盒(袋)平放在家用冰箱或冰柜中,冷冻 10h 左右后将其放入保温箱中,然后置于食品、饮料水果等物品的上部或侧部,盖严上盖即可,箱内温度可稳定在 15℃以下长达约 20h。当需加热时,先把储能盒(袋)平放在微波炉中加热,在温度升到 60～70℃后将其平放入保温箱中,然后置于食品、饮料等

的底部或侧部,盖严上盖即可,箱内温度可稳定在 40℃ 以
上长达约 4h。

2)半导体、压缩机车载冰箱的加装及使用

将冰箱固定在车内合适位置,将电源插头插入点烟器
即可。当需制冷时,将开关拨至制冷挡;当需要加热时,将
开关拨至加热挡。

3)车载和家庭两用型冰箱的加装及使用

将箱体固定在车内合适的位置,并保持良好的通风,

图 7-24　车载和家庭两用型冰箱

把直流电源的一端插入冰箱上的直流插孔,另一端插入车
内 12V 点烟器插座。使用时,把交流/直流开关置于直流挡,选择冷/热开关挡位,对应指示
灯亮时,冰箱开始工作。把制冷/制热开关置于开挡,或是把交流/直流开关置于开挡,冰箱
即可停止工作。在加热时,当箱内温度升至 70℃ 时,电源会自动切断;当温度低于 60℃ 时,
电源会自动接通,继续加热。

3. 车载冰箱使用注意事项

车载冰箱的使用注意事项有:

(1)车辆在行驶过程中会不断振动,因此要求车载冰箱要具有良好的抗振性能,以适应
车辆在不同行驶环境中使用。

(2)车载冰箱在汽车上通过连接点烟器工作,当汽车熄火后,电瓶会继续给冰箱供电,因
此,车载冰箱需设置电池保护,保证电瓶内保留足够的电量以确保汽车可以正常点火,从而
保护蓄电池的使用安全。

(3)汽车内的各种电子产品很多,各种电磁作用互相干扰可能影响电子产品的正常工
作。因此,车载冰箱需设置电磁干扰系统,保证车载冰箱电磁作用不干扰其他电器的正常工
作,从而保护车内各种电子设备的安全。

(4)压缩机车载冰箱的压缩机在倾斜角度过大时,如果持续工作,会造成压缩机损坏,影
响其使用寿命。采用防倒保护,可保证压缩机倾斜超过 45° 时自动停机,从而延长压缩机的
使用寿命。

(二)车载饮水机

车载饮水机是汽车上配备的用于装载饮用水,并可制冷和加热的电器产品。车载饮水
机可为驾驶员提供冷、热水,满足驾乘人员的饮水需要。

1. 车载饮水机的种类

1)轿车专用型饮水机

轿车专用型饮水机外形精美、设计合理,同时具有保温功能,通常安装在汽车前排座位
中间,既是饮水机,又可作为扶手箱使用。出水位一般安装于转向盘左侧,电源可接点烟器
插孔。饮水机无须固定安装,目的是方便移出车外加水。

2)客车专用型饮水机

客车专用型饮水机采用新型低压高效电子加热元件,不怕干烧,使用寿命长。它采用电
动顶开式出水嘴,乘客在旅行中可一手扶扶手,一手接水,有效防止在接水时摔倒。客车专

用型饮水机如图 7-25 所示。

3）货车专用型饮水机

货车专用型饮水机是针对货车及各种工程车辆驾乘人员及时补充人体所需要的水分,提高工作效率而专门研制的一种新型车载饮水设备。它采用超薄型设计,可壁挂安装,占用空间小;水桶可随意放置,机器可实现自动吸水,适合于货车及空间比较小的商务车、小中巴、卧铺客车等。

2. 车载饮水机的安装

1）轿车专用型饮水机的安装

图 7-25　客车专用型饮水机

轿车专用型饮水机一般安装在前排两座椅之间。有些机型随机配备有可调节长、宽、高的无打孔安装支架。安装时,先根据自己车型的安装位置将支架长短、宽窄、高低调整好,然后将支架安装在车上,再将饮水机放在支架上,然后将电源插头插入汽车点烟器插孔内,轻触开关,机器便可开始工作。

2）客车专用型饮水机的安装

客车专用型饮水机一般安装在车内前方位置,直接固定在车底板上,然后将两根电源线分别连接在汽车电源的正、负极,即可开始工作。

3）货车专用型饮水机的安装

货车专用饮水机随机配有可延伸式安装支架。安装时,先用自攻螺钉在车内合适位置将支架装好,然后将饮水机挂在支架上,接上车身电源,在下方用小锁片固定即可。

五、汽车影音系统

随着物质生活水平的不断提高,人们对精神生活的要求也越来越高,汽车影音系统也越来越受到人们的重视。从爱迪生发明留声机至今一百多年以来,现代电子技术和高端汽车科技产生了非常好的融合,现在的汽车影音属于个性化产品,是科学与艺术等多方面结合的产物。当然,汽车影音系统升级对于技师的要求非常高,即要求技师掌握电声学、机械与振动、音乐心理学、材料科学、艺术设计等多方面的理论与实操技术。

(一)汽车影音系统升级原则

由于汽车内空间狭小,车内常有高温、低温及振动,同时存在各种噪声,以及由驻波引起的共鸣,这就形成了一个相对较复杂的音响环境。在这种环境下,为能配置出一套具备最好收听效果的影音系统,在对汽车影音系统进行升级时,需要注意以下五个方面。

1. 安全性原则

车辆在出厂时,其原车电路系统的电流、功率都已设计完整,在汽车影音系统升级过程中,升级或加装的用电设备往往会超出原车电路所能承载的范围。因此,升级的汽车影音系统电源线路需独立于原车电路系统,从蓄电池上单独接出专供影音器材的电路,并在前后配置熔丝座加以保护。此外,接线部分必须使用保护套管,以保障车辆的安全。

2. 系统的平衡性

搭配汽车影音时一定要考虑音响各个组成部分的平衡,即对主机、功放、扬声器和线材等都要进行恰当的选择,合理使用,切记在配置中使用性能相差悬殊的设备器材。

3.大功率输出原则

大功率输出原则是指在一套影音系统中,主机或功放的输出功率一定要大,因为它们功率输出越大,表明它们能够控制的音频线性范围越大,也就意味着其驱动扬声器的能力越强。而小功率的功放不仅容易引起声音上的失真,更有可能烧毁功放或者扬声器线圈。

4.音质自然重放原则

重放是指播放出来的音乐与原来的音乐变化不大。音质评价时的一个重要指标便是频响曲线的平滑性。影响曲线的平滑性是指每个音域的声音响亮大小,每个音域的声音都一致,其曲线的平滑性就好,视听效果也就越好。

汽车影音升级无论是主机、功放还是扬声器都必须具有非常平滑的频响响应曲线。听者要求的是能提供线性的、完美的低音重放效果,而不仅仅只是对超低音进行盲目的修饰和人为加重。

5.售后服务保障

售后服务能否持久对汽车影音系统升级有决定性的影响,很多汽车影音器材在国外"表现"不错,都是因为能在售后服务质量方面跟上产品的脚步。所以,在选购改装器材时,必须多方面去了解是否该系统拥有专业改装技师及是否能保证售后维修工作。

(二)汽车影音系统的组成

汽车影音系统一般由主机、前级放大器(均衡器、分频器等)、功率放大器和扬声器构成,此外还包括线材、保险、电容、电感等小附件。音频信号通过主机输出之后,进入后级部分,经信号处理器处理、功率放大器放大,再输出到驱动扬声器。主机就像人的大脑,要发出什么样的声音,得由大脑来控制。而扬声器就好像人的歌喉,发出的声音是否甜美,就要看其嗓音如何。

1.主机

汽车影音主机也称影音系统的音源。音源有两层含义,一种是指记录声音的载体,只有把声音记录在某种载体上,才能用音响设备把载体上的声音还原出来,这些载体是影音系统中的声音来源,如 CD 碟、DVD 碟等;另一层含义是指播放音源载体的设备。

主机是汽车影音系统中最重要的组成部分,因此,主机选择是否适当是汽车影音系统升级能否成功的关键。因此,除了需要了解主机的功能特色以外,还需要了解它主要的参数。好的主机不仅能表现出优于原车主机的立体声,还能表现出更纯净、更丰富、更细腻的声音,除此之外还可以增加美观性。

1)主机的分类

(1)按照尺寸、使用范围不同分。主机主要安装在仪表板位置上,由于仪表板的空间比较狭窄,主机体积受到限制,因此,国际上有一套通用的安装孔标准尺寸,称为 DIN(德国工业标准)。标准的 DIN 尺寸为 178mm×50mm×153mm,这种尺寸的主机称为单锭机。有些比较高级的主机带多有碟或者是大显示屏,安装孔尺寸为 178mm×100mm×153mm,即 2 倍 DIN 尺寸,这种尺寸的主机称为双锭机。

(2)按音频信号格式不同分。汽车影音主机按音频信号格式分有 AM/FM 收音机、卡带机(也称磁带机)、CD 机、DVD 机、MINI DISC(MD)机、MP3 播放机等。

2)主机的性能指标

(1)输出功率:现在的主机所标的功率大多数为峰值功率,一般在 40~60W。通常输出功率较小的主机需要配备专用的功率放大器(一般定额功率在 10~15W)。

(2)频率响应:人耳所能听到的频率范围为 20~20000Hz,因此该指标最少要达到这个数值,而且范围越宽越好(下限频率越低越好,上限频率越高越好)。

(3)信噪比(S/N):信噪比是指音乐信号与噪声的比例,单位为分贝(dB)。信噪比数值越大越好,一般高档的主机信噪比都在 100dB 以上,声音干净、清晰。

(4)总谐波失真(THD):该指标体现声音再现的还原度,以百分比表示,该数值越小越好。一般高档品质的主机总谐波失真都在 0.01% 以下。

(5)RCA 输出路数:大部分主机都有 1 组 RCA 输出,它能输出低电压信号,这样就可以从主机直接传输到外加的功率放大器上。主机通常有 1~3 对 RCA 输出,当然,RCA 输出路数越多越好,其路数越多,频率划分便会更加细致。

(6)输出灵敏度:输出灵敏度是指 RCA 的输出电压,一般在 0.2~4V,少数能达到 6V。选择高电压输出的主机,对影音系统输出功率的提升会有很大的帮助。

2. 前级放大器

在信号源之后、功率放大机之前的设备统称前级。简单来说,前级是一类控制音频信号的设备,如高低电平转换器、均衡器、分音器、DSP 等。

1)高低电平转换器

高低电平转换器俗称"高转低",它可将主机直接输出给喇叭的高电平信号经过处理转换为低电平信号,使之与功率放大器匹配。高低电平转换器大致可分为两类,一类采用简单的功率电阻或分压器,将高电平信号转换为低电平信号;另一类是原厂主机和功率放大器之间的适配器,这类适配器通常运用在主机没有 RCA 信号(低电平信号)输出的原车主机上,且可以获得最低的噪声和最佳的音质表现。

2)均衡器

均衡器是一种可以分别调节各种频率成分电信号放大量的电子设备,它通过对各种不同频率的电信号进行调节来补偿扬声器和声场的缺陷,补偿和修饰各种声源及其他特殊作用。均衡器一般预设高频、中频、低频三段调节。均衡器的功能主要是调节音色、调节音场及抑制声反馈。

3)分音器

为了使声音效果达到最好,应将不同的频率范围分别送到不同频率的扬声器单体,再通过高通或低通的电子电路,将全音域频率分割为低频、中频及高频的音域。能够完成上述操作的电子电路统称为分音器。分音器分为主动式分音器与被动式分音器两种,其中主动式分音器又称为电子分音器。

4)数字信号处理器(DSP)

数字信号处理器的英文简写为 DSP。带数字音频处理器功能的前级放大器内置有 DSP 处理芯片,可将信号进行电子分频、时间延时及 EQ 均衡处理,再经 RCA 输出到各级功率放大器后级部分。

调试 DSP 需要有丰富的调试经验及掌握熟练调音技术的人员操作,才能获得良好的调试效果,如果调试不当可能导致声音劣化甚至烧坏喇叭。

3. 功放

功放的全称是功率放大器,其作用主要是将前级放大器及输入较为微弱的音频信号进行放大,使之产生足够大的电流来推动扬声器,从而进行声音的重放。如果把主机比喻为人的大脑,那么功放就是汽车音响系统的心脏。汽车影音系统中用到的功放如图 7-26 所示。

图 7-26 功放

功放由前置放大、功率放大(后级放大)、电源以及各种保护电路组成。

1)功放的类型

(1)按声道数不同来分:可分为单声道、两声道、四声道、五声道、六声道等多种。

(2)按功放管类型不同分:可分为胆机和石机两种。

胆机即电子管放大器,其电子管功放采用高压、低电流工作状态,末极功放管的屏极电压可达到 400~500V 甚至上千伏,而流过电子管的电流仅几十毫安至几百毫安。胆机的特点是动态范围大、线性好、音色美,声音悦耳温顺,适合播放古典音乐;但内阻大、阻尼系数小,会影响瞬时特性。由于汽车上使用环境恶劣,胆机的使用受到极大限制。

石机即晶体管放大器,其晶体管功放是在低电压、大电流下状态下工作的,电压仅在几十伏之内,但电流则高达几安或者数十安。电路设计大多采用直耦式无输出变压器电路,因此其输出功率比会相当大。石机的特点是阻尼系数高,有良好的瞬时特性,声音节奏感和力度强,且无须变压器,在节省成本的同时,可避免由变压器引起的失真,是汽车影音的主流产品。

(3)按导电方式不同分:可分为甲类功放、乙类功放、甲乙类功放和丁类功放四种。

甲类功放又称 A 类功放,是一种完全线性放大形式的放大器。在工作中,晶体管的正负通道不论有没有信号都维持常开状态。甲类功放的特点是音质好、失真小,但由于工作中消耗热量大,导致输出效率低,并且容易被击穿。

乙类功放又称 B 类功放或线性放大器,其工作原理与甲类功放完全不同。在工作时,晶体管的正负通道只有有信号通过时是打开的,其他情况下均会关闭,因此可以避免不必要的效率损失。乙类功放的特点是效率高,但不足之处是在正负通道开启、关闭时会产生交越失真。

甲乙类功放又称 AB 类功放,是兼容了甲类与乙类功放优势的一种设计,当没有信号或信号较弱时,晶体管的正负通道都保持常开状态,这时便产生了功率损耗,但没甲类功放严重。当信号为正相时,负相通道在信号变强前是常开的,一旦信号转强则负通道关闭。当信号是负向时,正负通道的工作情况与前者相反。甲乙类功放能够有效解决乙类功放交越失真的问题,效率又比甲类功放高,因此被广泛运用。

丁类功放又称 D 类功放、线性放大器或数字放大器,其工作原理基于开关晶体管在极短时间内完全导通或截止的特性。丁类功放具备失真小、抗干扰能力强、散热面积小、体积小、质量轻、电源功耗小、转换效率高的特点,具有甲乙类功放的音质。

2)功放的主要功能

(1)Gain 增益调节:有些功放用 Input Level 输入电平、Level 电平或 Sensitivity 输入灵敏度指示,可将功放的输入电压与主机传输的信号电压匹配至理想状态,以保证功放在不失真功率下工作。此功能最直接的体现是音量的大小,但它不仅仅是音量的概念,而是与主机信号匹配的输入灵敏度设置。

(2)电子分音:此功能有 FULL(全频段)、HP(High Pass,高通)、LP(Low Pass,低通)三种选择。选择 FULL 时,音频信号直接输送到后级电路而不被做任何处理;选择 HP 时,将全频段信号通过高通滤波器,高于该频率点的信号得以通过,再被输送到后级电路;选择 LP 时,将全频段信号通过低通滤波器,低于该频率点的信号得以通过,再被输送到后级电路。此外,还有 BP 带通模式,是指允许两个频率间的信号通过。

(3)音频信号输入选择:有 RCA 信号(低电平信号)和 Speaker Input(高电平信号)两种输入方式。如果想获得良好音质可采用 RCA 输入,若主机无 RCA 信号输出,可采用 Speaker Input,在功放内部转化将音频信号为低电平信号再作一系列处理。

(4)音调调节:可设置低音和高音部分调节,通常可设置低音在 45Hz、高音在 10000Hz 两个频率中心调节,调整范围为 0 ~ 12dB。调整可使低音更加有力度感和量感,高音更加清晰明亮。

(5)相位调整:此功能一般用于低音功放上,用来调整输出信号的相位,普通设置为 0° 和 180°开关。

3)功放的主要参数

(1)输出功率:汽车用功放的输出功率包括额定功率、最大输出功率、音乐输出功率和音乐峰值功率四种。额定功率是指在一定谐波范围内,能够连续输出的功率有效值;最大输出功率是指不考虑失真度的大小,功放能输出的最大功率;音乐输出功率是指功放电路工作于音乐信号时的输出功率;音乐峰值功率是以音乐信号瞬间能达到的峰值电压来计算的输出功率,在不考虑失真度的前提下,功放电路可输出的最大音乐功率。

(2)频率响应:指功放对不同频率表现的放大性能,实际上就是测量对高频、中频、低频等各频率信号的放大是否均匀。高质量的功放频率响应应在 20 ~ 20000Hz。

(3)失真度:理想的功放应是输入的信号被放大后,还能毫无改变地被还原出来。但是由于各种原因,经功放放大后的信号,往往会产生不同程度的畸变,这个畸变即通常所说的"失真"。失真度用百分比表示,比值越小,表示音响效果越理想。

(4)输入灵敏度:输入灵敏度是针对不同厂家、不同功放而设置的调教电平,范围由 0.1 ~6V 甚至更多,调教时需与音源匹配。

(5)信噪比:信噪比指功放输出的各种噪声电压与信号电压的比值,用 dB 表示,该数值越大越好。一般功放的信噪比都在 80dB 以上,高质量的功放信噪比大多都在 100dB 以上。

（6）阻抗：阻抗是指设备对交流电流的阻碍作用。一般要求功放输入阻抗要高，以保证功放的输入不会使前级放大器的输出过载。低阻抗可保证设备具有较高的驱动负载能力。

（7）阻尼系数：阻尼系数是指扬声器阻抗与功放输出阻抗的比值，通常情况下，阻尼系数越大越好。

（8）工作电压：汽车用功放工作电压一般都是12V，和车内的供电电压一致。

4. 扬声器

扬声器俗称喇叭，它的作用是将经功放放大的音频信号转换成声音信号并向周围的空气媒介辐射。在整个影音系统中，扬声器扮演着类似人类歌喉的角色。

1）扬声器的类型

按发声范围不同，扬声器可分为全频扬声器、高音扬声器、中音扬声器、中低音扬声器和低音扬声器五种。全频扬声器即同轴扬声器（图7-27），它的低频单元和高频单元被设计于同一轴心线上，外侧是低频，内侧是高频，但发声点在同一物理位置上。分频套装扬声器分两分频扬声器（图7-28）和三分频扬声器两种，其中两分频扬声器由高音单元和中低音单元组成，三分频扬声器则再加上中音单元。

图7-27 全频扬声器

图7-28 两分频扬声器

不同类型扬声器的概念及特点见表7-2。

不同类型的扬声器及特点　　　　　　　　　　　　　表7-2

序号	种类	概念	特点
1	全频扬声器	能同时覆盖低、中和高音各频率段的扬声器，可播放整个音频信号范围内的信号	大多做成双纸盆或同轴扬声器。双纸盆扬声器是在扬声器的大口径中央加一个小口径的纸盆，用来重放高频声音信号。同轴扬声器采用两个不同口径的低音扬声器和高音扬声器，且二者被安装在同一个中轴线上
2	高音扬声器	主要播放高频信号的扬声器	为使高频声音信号上限频率达到人耳听觉上限频率（20000Hz），高音扬声器口径较小，振膜较韧，播放的声音频率一般在2500～20000Hz范围内，具有较强的指向性
3	中音扬声器	主要播放中频信号的扬声器	可以实现低音扬声器和高音扬声器重放音乐时的频率衔接。由于中频占整个音域的主导范围，而且人耳对中频的感觉最灵敏，因此对中音扬声器的音质要求较高。中音扬声器播放的声音频率一般为400～6000Hz

续上表

序号	种类	概念	特点
4	中低音扬声器	主要播放中低频信号的扬声器	可与中音扬声器、超低音扬声器配合使用,能衔接中音扬声器、超低音扬声器的频率,能播放的频率一般为63~4000Hz
5	低音扬声器	主要播放超低频信号的扬声器	为使低频声音下限尽量延伸,超低音扬声器口径做得都比较大,能承受较大的输入功率。超低音扬声器能播放20Hz到几百赫兹频率段的声音

2)扬声器的性能指标

(1)额定功率:额定功率指扬声器能长时间工作的输出功率,是一种平均功率,又称为不失真功率。当扬声器工作于额定功率时,音圈不会产生过热或机械过载等现象,发出的声音不会失真。

(2)频率特性:频率特性是衡量扬声器放音频带宽度的指标。好的音响系统要求扬声器应能重放20~20000Hz的人耳可听音域,由于用单只扬声器不易实现,因此采用高、中、低三种扬声器来实现全频带重放覆盖。

(3)额定阻抗:扬声器的额定阻抗是指在额定状态下,施加在扬声器输入端的电压与流过扬声器电流的比值,一般有2Ω、4Ω、8Ω、16Ω等几种。

(4)谐波失真:谐波失真是指重放时,增加了原信号中没有的谐波成分,这些成分主要来源于磁体磁场不均匀,振膜特性、音圈位移等。较好的扬声器的谐波失真应小于5%。

5.汽车影音电子附件

1)电容

电容是一种储能元件,能瞬间完成充放电,在电路中用于调谐、滤波、耦合、旁路、能量转换和延时。电容内部的电阻较低,它可以瞬间提供大量的电力,且比蓄电池供应来得更快,在汽车影音系统中能帮助低音功放稳定工作,使超低音表现得更加完美。加装电容也可以防止电压下降,保证影音系统持续播放动态音乐。汽车影音系统中使用的电容如图7-29所示。

2)熔丝

熔丝也称保险丝,是影音系统的重要组成部分,其主要功能是保护电子设备(图7-30)。当电子设备有过大的电流通过或者发生短路时,它将在电流损坏设备之前断开线路。但需注意的是,电子设备的生产厂商规定了断开电路的熔丝额定电压,如果采用比规定规格大的熔丝,在安装设备时一旦出现失误,便可能引起设备烧毁。

3)线材

如图7-31所示,常见的汽车影音线材大致有三种:电源线、扬声器线和信号线。其中,信号线和扬声器线的作用是传输信号、变换阻抗和修饰音色。

4)端子

如图7-32所示,端子分为O型端子、Y型端子、RCA端子、扬声器端子等。端子的主要作用是方便施工,降低连接点阻抗,同时起到美观和安全的作用。

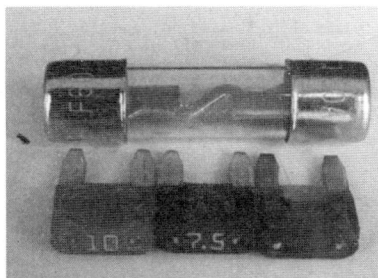

图 7-29　电容　　　　　　　　　　图 7-30　熔丝

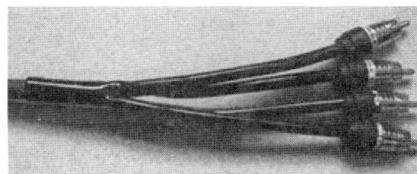

a)电源线　　　　　　　　b)扬声器线　　　　　　　c)信号线

图 7-31　汽车影音线材

a)O型端子　　　　　b)Y型端子图　　　　c)RCA端子　　　　d)扬声器端子

图 7-32　各型端子

5)护线套配件

汽车影音系统升级时,为使线材布设得稳定、牢固、安全和美观,通常会用到束线带(图 7-33)、热收缩管(图 7-34)、配线固定钮和扣式护线套等配件。

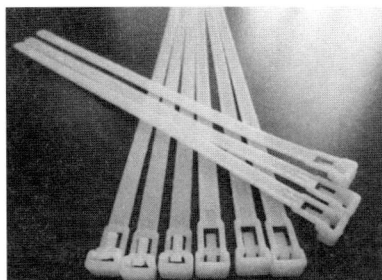

图 7-33　束线带　　　　　　　　　图 7-34　热收缩管

(三)汽车影音系统升级方法

1.常用工具

汽车影音系统升级过程中,常用的专用工具见表 7-3。

汽车影音系统升级常用工具　　　　　　　　　　表 7-3

工 具	图 示	作 用	工 具	图 示	作 用
万用表		电路测量、检测	电烙铁		线材焊接
组合工具套件		拆装原车内饰件	手电钻		内饰件打孔,箱体制作
曲线锯		切割木板	气钉枪		木板装订,箱体制作
修边机		箱体制作	台锯		切割木板

2. 升级工艺

1)车况检查

检查汽车外观及内饰件有无损坏,汽车各电气系统工作是否正常及汽车蓄电池工作是否正常,并请客户签字确认。

2)系统方案设计

按照汽车影音系统升级原则,结合汽车实际情况设计汽车音响升级方案,包括器材的选用与搭配、线材选用、各器材安装位置设计等。

3)拆卸原车内饰

按照汽车内饰拆卸的流程正确选用工具,并拆卸必要的内饰件。

4)隔音

在汽车内听音乐与在家里欣赏音乐最大的不同就是车会在路面上快速移动,为了达到良好的听觉效果,影音器材的质量也极为重要。同时,车辆在高速行驶时,风力噪声、轮胎噪声及机械噪声会对影音系统产生干扰,因此就要对车辆进行噪声控制。噪声控制的方法主要有三类:

(1)减振。减振主要是尽量减少扬声器安装部位周围的振动。扬声器在工作时,其音盆所产生的振动会导致周边钢板部分产生振动,从而使音盆振动产生非线性失真,影响整体音质。减振法隔音主要是在安装扬声器时选用刚性好的垫圈,同时在门板内侧贴覆硬度较大的减振板,如胶板等材料,以减少门板的振动噪声。

(2)隔音。一般采用双层的减振材料做吸声隔音的处理,同时在发动机舱盖、门板、地板、行李舱、室内车顶等处粘贴隔音材料。对于运行时间久的车辆,最好重新安装新的橡胶边条。

(3)密封。汽车上的中低音扬声器通常安装在车门上,门板与门护板间的腔体就如同音箱的箱体,因此要求门板密封性非常好。对门板进行密封处理时,可利用铅板或铝板等将维修孔封闭,并将所有的部分用胶密封处理好。

5)布线

汽车影音布线必须记住几个要领:整齐、整洁、整合、牢固、安全、耐心。由于汽车在行驶中会产生各种频率的干扰,这些干扰会对汽车影音系统的播放环境产生不利的影响,因此对汽车影音系统布线的要求非常高。

(1)电源线布线。

进行电源线布线时,所选用电源线的电流容量值应大于和功放相接的保险值。如果采用低于标准的线材作电源线,会产生交流噪声并且严重破坏音质。由于熔丝只能保护后面的线路,因此要求熔丝到蓄电池的距离应尽可能短。根据国际安全标准,蓄电池端导线至熔丝座的距离必须控制在450mm以内。

当用一根电源线分开给多个功放供电时,从分开点到各个功放布线的长度和结构应该保证相同。当电源线桥接时,各个功放之间将出现电位差,这个电位差将导致产生交流噪声,从而严重破坏音质。当主机直接从电源供电时,噪声会减小,音质也会相应提升。

应将电源(蓄电池)接头的脏物清除,并将接头拧紧。如果电源接头很脏或没有拧紧,接头处就会容易发生接触不良,因而产生接触电阻,进而产生交流噪声,严重破坏音质。此外,应用砂纸和细挫清除接头处的污物,同时擦上黄油。

当进行汽车发动机系统附近内布线时,应避免在发电机和点火装置附近走线,这是由于发电机噪声和点火噪声能够辐射入电源线。当将原厂安装的火花塞和火花塞线缆更换成高性能火花塞及线缆时,点火火花更强,这时将更容易产生点火噪声。

电源线的电缆和信号线一定要分开,最少要间隔200mm。在遇到有干扰信号的部件(发电机或电脑模块)无法避免的情况下,一定要和会产生干扰信号的电缆交叉排列,并使两条线形成90°,这样可以消除电线的磁场,减小噪声。同时注意,防盗器和中控锁电路也不要和音响的线路排在一起,且接地点接触面尽量要大,避免产生局部热量。此外,布线还要保证线材固定稳固且工整。

(2)扬声器布线。

设置扬声器线的作用是使音乐信号在传输过程中没有改变,即做到零失真。但在实际使用中,由于内部存在电阻、电容和电感等,会对通过的音乐信号产生影响,使得信号在传输过程中造成损耗,导致部分音乐信号丢失。换句话说,任何扬声器线都可等效为电阻、电容和电感组成,因此具有其特殊的频率特性,对不同频率的声音信号,会产生不同的时间延时,导致传输速率不一样,并呈现不同的阻抗,造成部分信号失真。因此,选用设计精良、高品质的扬声器线可减少线材的电阻、电容和电感效能,减小所传输音乐信号的损耗,保证信号的完整与清晰。

在安装中,车上使用的扬声器线应越短越好,且不能过度扭曲,这是由于扬声器单体的活塞运动明显受制于功放的阻尼系数值。倘若扬声器线太长,其阻力便会增大,进而大幅度降低功放的阻尼系数,导致声音肥肿而不易受控制。

(3)信号线布线。

当音频信号线接头处和车体相接触时,会产生噪声。此时,应用绝缘胶带将音频信号线接头处缠紧以确保绝缘。

保持音频信号线尽可能短。音频信号线越长,越容易受到噪声信号的干扰。但如果不能缩短音频信号线的长度,要超长的部分要折叠起来,而不是卷起。

音频信号线布线要距离行车电脑单元和功放的电源线至少200mm。如果布线太近,音频信号线会拾取到感应噪声。因此,最好将音频信号线和电源线分开布在驾驶座和副驾驶座两侧。此外,如果音频信号线和电源线需要互相交叉时,建议最好以90°相交。

在车体内布电源线和布音频线所遵循的原则一致。

6)主机安装

(1)电源导线连接方式:大多数主机有2个电源输入线,它们连接到12V直流电源上。蓄电池导线(记忆线)必须被连接到持续电压来源(即使未开启点火开关)上。当点火开关在开启状态下,另一条ACC电源线将被接通电源。除正极外,还有一条电源导线就是接地线(搭铁)。

(2)扬声器输出:大多数主机有推动2~4个扬声器输出的设计。高功率主机的功率输出,每声道约可推动大约功率20W、阻抗4Ω(受蓄电池电压限制)的扬声器单体。

(3)前级放大器输出:前级放大器信号输出到功放。前置放大器电平输出没有足够的输出电流来直接推动扬声器,它们通常运用在较高级的影音系统上。主机前置音频信号放大器有一组或多组输出,音频信号输出又分前声场、后声场和超低音音频信号输出。

(4)控制线:在主机上可能有一个或多个的12V直流电源输出,它们通常被称为控制输出,主要功能是用来控制功放或电动天线。如果主机只有一个控制输出,则主机在开启(调频、CD光碟、音带等)状态时,12V电压将会由这条输出导线被送出。当主机处于关闭状态时,则不会产生电压。

(5)OEM主机:如果不想更换原车的OEM主机,则需使用线路输出变换器(LOC高转低)。LOC高转低可将扬声器电平信号转换成一个前置放大器电平信号,大多LOC高转低被用于连接功放后来推动超低音。如果想要使用多功放推动前声场、后声场和低音扬声器,则需用到2个高转低,而它们将会被安装在主机的后面。

7)功放安装

功放的电源工作范围在直流10~16V。因此,在接线之前,应先用万用表测量供电电压,首先确定点火系统处于断开(OFF)时的蓄电池电压读数在12~13.8V。

安装功放时,需将接地线从蓄电池上拆下来。在拆正极导线时,避免扳手接触车体,否则可能导致功放损伤或发生安全事故。如果不把导线从蓄电池中拆开,至少需拆除功放前的导线熔丝,保证功放没接入电路。

在功放上连接线时,首先应连接接地线,然后再连接电源导线。在连接RCA线或扬声器导线前,应先做首次安全检查,确定功放电源接线无误后,才能连接RCA线或扬声器线,否则便有可能损坏功放、主机或其他输入设备。进行功放接地连接时,应选择连接在车辆的底盘上。

8）扬声器安装

（1）区分相位：任何扬声器单体都有相位之分，因此在安装扬声器之前，必须区分扬声器的相位。可利用专业相位仪进行扬声器相位进行检测。

（2）安装要点：安装中低音扬声器时，大多选择在原车扬声器位置安装。由于每一种品牌扬声器的特色及特性不同，再加上各种车型、车种、环境与空间不同，在选择高音扬声器安装位置时要进行测试，可以在高音发出声音时，尝试摆放（左右边必须保证同样的高度、角度），并在聆听后再得出正确及效果表现最好的高音位置。并不一定要将所有品牌的高音都安装在 A 柱上或者统一在 A 柱上倒模。

（3）超低音安装：超低音扬声器发出的声波能量大、扩散性强，需要透过箱体结构来有效吸收超低音扬声器音盆运动时其中一面的声波，避免音盆两面成反相运作的声波互相干扰、抵消。因此，需要结合超低音扬声器的特性，为超低音扬声器制作木质箱体。

（4）安装技巧：在安装扬声器的同时，需要更换原车扬声器的线材。施工时，要区分好扬声器线的正负相位，并做好标记，以便后期进行检测及维修，保证能够更加有效地为客户服务，凸显服务人员的专业性。

9）系统测试

起动车辆，打开音响系统，测试音响系统各设备是否能正常工作。

10）安装原车内饰

按照汽车内饰拆装方法及流程安装原车内饰。

11）调音

对音响系统内各器材进行调音，以达到最佳的效果。

12）检查交车

按验收标准进行检查，确认无误后交由质检人员或组长进行验收。

3. 验收标准

汽车影音系统升级验收标准见表7-4。

汽车影音系统升级验收标准　　　　　　　　　　　　表 7-4

项　　　目	验　收　标　准
原车状况	内外饰无额外损坏、划痕； 汽车各电器设备能正常工作
安全	蓄电池后 450mm 内安装主熔丝，各用电设备之前熔丝安装得当； 各熔丝熔断值选择得当，小于后续用电设备最大电流值20%以上
施工	所有线材的连接牢固，安全、接法正确，对整车音响系统及车辆安全起良好的保护作用； 安装的所有器材要求便于调整、维修； 所有熔丝方便更换，并且安装安全，易于调教； 所有附件安装与整体融洽，组合良好且不妨碍其他器材的调整与维修
音质	低音干净不浑浊，无失真，量感足且下潜深，有力度； 中音无失真，结实饱满； 高音柔和无失真，明亮而不刺耳； 音乐线性好，各频段声音相互配合合适，音乐动态好

技能实训

（一）升级氙气灯

1. 准备工作
（1）场地：有灯光检测系统及消防设施的场地。
（2）设备：车轮挡块、实训车辆、灯光检测仪。
（3）工具：防护套件、氙气灯、组合工具套件。

2. 实训过程
（1）检查并记录车辆外观、内饰和灯光系统工作情况，请客户签字确认。
（2）用车辆防护套件或大毛巾防护座椅和前翼子板。
（3）按要求拆卸前保险杠。
（4）拆卸原车前照灯总成。
（5）安装氙气灯总成。
（6）打开前照灯开关，检查前照灯工作情况，并借助灯光检测仪进行检测和调整。
（7）按拆卸的相反顺序安装前保险杠。
（8）检查交车。

（二）安装倒车雷达

1. 准备工作
（1）场地：方便倒车雷达测量及有消防设施的场地。
（2）设备：实训车辆、防护套件、车轮挡块。
（3）工具：组合工具套件、手电钻、卷尺、内饰拆卸工具。

2. 实训过程
（1）检查并记录车辆外观、内饰和灯光系统工作情况，请客户签字确认。
（2）安装车内外车辆防护套件。
（3）确定探头位置。
（4）正确运用工具进行保险杠打孔。
（5）拆卸相关内饰件进行布线。
（6）接入线倒车灯电源线。
（7）安装探头。
（8）在行李舱合适位置安装主机。
（9）在仪表台合适位置安装显示器。
（10）测试调整。
（11）检查交车。

（三）汽车影音系统升级

1. 准备工作
（1）场地：汽车影音系统升级车间、木工房。

（2）设备：实训车辆、防护套件、车轮挡块。

（3）工具：组合工具套件、手电钻、万用表、电烙铁、曲线锯、气钉枪、修边机、台锯。

（4）防护用品：工作服、防护口罩、护目镜。

2．实训过程

（1）车况检查。

①检查并记录车辆外观、内饰和灯光系统工作情况，请客户签字确认。

②安装车内外车辆防护套件。

③检查仪表各项指示灯及其他部件工作是否正常。

（2）音响方案设计。

①选取音响设备，完成配置清单。

②画出方案电路图。

③设计各设备安装方案。

（3）拆卸原车内饰件。

按照汽车内饰拆卸方法工艺拆卸原车门护板、座椅、地毯及原车影音系统等。

（4）隔音。

在门板、地板、发动机舱、行李舱等部位粘贴隔音材料。

（5）布线。

①从蓄电池取电进行电源线布线。

②进行主机信号线布线。

③进行扬声器线布线。

（6）安装主机并进行主机尾线对应接线。

（7）安装功放并进行功放接线。

（8）安装扬声器。

①中音扬声器安装在车门板上，注意密封。

②高音扬声器进行倒模，安装于 A 柱或三角位，注意扬声器的指向。

③在木工房内正确运用工具制作低音箱体，安装低音扬声器。

（9）安装完成后检查各部分安装是否牢固，接线是否正确。确认无误后起动车辆进行测试。

（10）按照汽车内饰安装流程工艺装回原车内饰件。

（11）进行系统调音。

（12）按验收标准进行质检交车。

模块小结

（1）氙气灯的英文全称是 High Intensity Discharge Lamp，简称 HID，也称气体放电灯。氙气灯是指内部充满包括氙气在内的惰性气体，没有卤素灯所具有的灯丝的高压气体放电灯。

（2）氙气灯没有灯丝，其利用两电极之间放电器产生的电弧来发光，如同电焊中产生的电弧的亮光。

（3）色温是照明光学中用于定义光源颜色的一个物理量,是表示光源光色的尺度,单位为"K"(开尔文温度单位)。汽车前照灯最理想的色温是4300K。

（4）汽车行车记录仪俗称汽车"黑匣子",可对车辆行驶速度、时间、里程以及有关车辆行驶的其他状态信息进行记录、存储。汽车行车记录仪由主机、车速传感器、数据分析软件及红外线摄像头组成。

（5）汽车抬头显示系统可将汽车时速、导航等重要信息投影到风窗玻璃上,常见的有悬挂式和仪表台式两种。

（6）汽车安全预警系统是一种车载测速装置,具有车辆定位、固定测速预警、流动测速预警、区间测速预警、特殊路段预警和语音播报的功能。

（7）汽车胎压监测系统可在汽车行驶过程中对轮胎气压进行监测,保证行车安全,常见的有间接式、直接式和复合式胎压监测系统三种类型。

（8）汽车防炫目后视镜可有效隔绝后方的直射强光,提高行车安全度。汽车防炫目后视镜有手动防炫目后视镜、自动防炫目后视镜及流媒体后视镜三种类型。

（9）汽车倒车雷达是汽车泊车或者倒车时的安全辅助装置,由主机、显示器、探头和连接线组成。

（10）汽车倒车影像系统采用的探头是高清摄像头,能够把探测到的实物传输给主机,再经液晶显示屏清晰地显示出来。

（11）车载冰箱大致可以分为四类:保温箱、半导体车载冰箱、压缩机车载冰箱及车载和家庭两用型冰箱。

（12）常见的车载饮水机有轿车专用型饮水机、客车专用型饮水机及货车专用型饮水机。

（13）加装汽车影音系统要遵循安全性、系统平衡性、大功率输出、音质自然重放及售后服务保障的原则。

（14）汽车音响系统一般由主机、前级放大器(均衡器、分频器等)、功率放大器和扬声器构成,此外还包括线材、保险、电容、电感等小附件。

思考与练习

（一）填空题

1. 氙气灯简称_____。

2. 行车记录仪由_____、_____、_____及红外线摄像头组成。

3. 抬头显示系统英文简称HUD,又称_____。根据固定形式不同,可分为_____及_____两种。

4. 汽车安全预警系统位于_____或_____,雷达导波管朝向_____方向,指向车的正前方,操作面板面向_____。

5. 当轮胎气压过低时,轮胎与地面的接触面积会增大,从而增大摩擦阻力;当轮胎气压低于标准气压值_____,油耗将上升_____。

6. 倒车雷达系统由_____、_____、_____和_____组成。

7. 倒车影像系统,采用_____装置安装在车后,可通过车内的显示屏清晰看见车后的障碍物。

8. 车载冰箱大致可以分为四类：_____、_____、_____及车载和家庭两用型冰箱。

9. 前级放大器是一个控制音频信号的设备,如高低电平转换器、_____、_____、_____等。

10. 扬声器可分为 _____、_____、_____、_____和_____五种。

（二）判断题

1. 一辆机动车上安装的灯具,按规定必须具有包括有外部照明灯、信号装置、内部照明灯三大类。　　　　　　　　　　　　　　　　　　　　　　　　　　　　　（　　）

2. 灯泡是所有灯具的光源,属于加装件。　　　　　　　　　　　　　　（　　）

3. 色温越高亮度越高,因此在改装氙气灯时,色温越高越好。　　　　　（　　）

4. 过高的色温光照会导致视力疲劳,色温过低同样会导致视觉疲劳,因此最佳色温在4300K 左右。　　　　　　　　　　　　　　　　　　　　　　　　　　　　（　　）

5. 倒车雷达探头数量越多,覆盖能力越强,因此高级轿车后保险杠一般装有 6～8 个探头。　　　　　　　　　　　　　　　　　　　　　　　　　　　　　　　　（　　）

6. 倒车雷达探头数量越多,探测盲区越大。　　　　　　　　　　　　　（　　）

7. 由于倒车雷达具有非常高的精准度和识别能力,因此,安装倒车雷达后,驾驶员倒车时可以完全依赖倒车雷达进行操作。　　　　　　　　　　　　　　　　　　（　　）

8. 汽车音响主机的额定输出功率越大越好。　　　　　　　　　　　　　（　　）

9. 信噪比是汽车音响设备选择的重要参数,其数值越小越好。　　　　　（　　）

10. 分音器是一种可以分别调节各种频率成分电信号放大量的电子设备。　（　　）

（三）简答题

1. 灯光系统升级有哪些注意事项？

2. 行车记录仪的功能有哪些？

3. 行车安全预警系统有什么类型,分别有什么特点？

4. 简述胎压监测系统安装工艺流程。

5. 汽车影音系统升级要遵循什么原则？

模块八 汽车其他装饰

学习目标

1. 能说出汽车星空顶和顶棚改色的装饰方法；
2. 能说出真皮仪表板的装饰方法；
3. 能说出汽车座套、坐垫和脚垫的选用方法；
4. 能说出汽车室内饰品选用的原则；
5. 能对汽车座套、坐垫和脚垫进行安装。

建议课时

2 课时。

汽车其他装饰项目基本都属于汽车内部装饰,汽车内部装饰大致可以分为美观类、舒适类和实用类三大类。在实施汽车内部装饰时,应遵循"车居生活"理念,积极营造出舒适、健康、便捷、多功能和智能的车居环境。汽车内部装饰还应遵循"美观协调、舒适实用、行车安全、环保健康"的原则,为车主提供高品质的车居生活环境。

汽车内部装饰部位及主要内容有:顶棚装饰、仪表板装饰、座椅装饰、地板装饰和室内其他装饰(小精品装饰)五部分。

一、汽车顶棚装饰

(一)汽车顶棚基本知识

1.汽车顶棚的作用

汽车顶棚是汽车内饰的重要组成部分,其主要作用是为驾乘人员提供头部保护和提高车内美观性,同时还起到隔热、隔音降噪、防静电和阻燃的作用。

2.汽车顶棚的类型

按结构不同,汽车顶棚基本上可分为成形型顶棚、吊顶型顶棚和粘贴型顶棚三种。

1)成形型顶棚

成形型顶棚是把基材、填充材料与表皮材料层叠一体成型的顶棚,主要用于轿车等小型车中。基材所用材料大多为浸渍树脂的玻璃纤维或再生棉、聚苯乙烯泡沫塑料板、特殊瓦楞纸等,填充材料一般使用聚氨酯或聚烯烃树脂发泡体,表皮材料主要是 PVC 或织物。

2)吊装型顶棚

吊装型顶棚是用钢丝网吊起来的一种结构,其表皮由 PVC 片材或 PVC 人造革、纺织品材料组成。为了达到隔热和隔音的效果,通常把绝缘材料放在车顶板和顶棚之间。吊装型顶棚主要用于大中型客车和旅游车上。

3)粘贴型顶棚

粘贴型顶棚是把填充材料和表层材料压成型之后直接粘贴在顶棚上的结构。粘贴型顶棚的填充材料主要是聚氨酯发泡体和 PVC 发泡体,表层材料主要是 PVC 片材或纺织物等。粘贴型顶棚主要用于大中型客车和旅行车上。

(二)汽车顶棚装饰

1.汽车星空顶装饰

1)汽车星空顶

星空顶最早源于高端车劳斯莱斯的顶棚设计,主要用来增加车内氛围效果。星空顶又称光纤满天星星空顶、星空吊顶或光纤灯,它由一个发光源通过多根导光光纤将各个色的光传导到车顶棚上,照射出多种柔和的光照效果,如同夜空中的星光闪烁,如图 8-1 所示。星空顶能够营造出浪漫温馨、豪华时尚的车居环境,具有能耗低、不刺眼、使用安全的特点。

图 8-1　汽车星空顶

2)汽车星空顶装饰工艺

(1)拆卸顶棚。确定汽车顶棚的结构及固定方式后,选用合适的工具,把顶棚内饰上的有关零部件,如顶灯、后视镜、遮阳板、拉手等拆下,并保存好。然后再把整个顶棚拆下,拆卸时要注意不要折坏顶棚。

(2)标记打点。根据效果图标记,用深色白板笔插入光纤的位置,也可以直接在顶棚背侧贴上设计好的图案。全部标记完成后,再用钻头(直径小于 1.0mm)或大头针在标记处钻孔。注意不要使用过粗的钻头,打孔时不要损坏顶棚。

(3)安装光纤。如图 8-2a)所示,在打孔位置插入光纤,并在顶棚背部用热熔胶进行固定,如图 8-2b)所示。安装完成后,在顶棚背侧贴上一层海绵或皮革,用来保护光纤不被压断或折弯,如图 8-2c)所示。

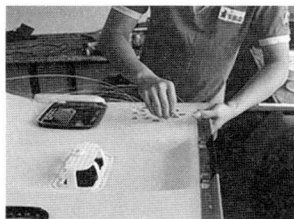
a)插入光纤

b)热熔胶固定
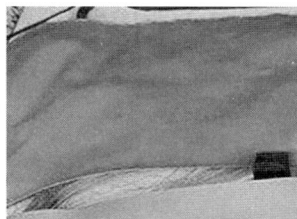
c)粘贴皮革

图 8-2　安装光纤

(4)安装顶棚。完成光纤灯通电测试后,安装好顶棚。

2.汽车顶棚改色装饰

1)汽车顶棚改色

汽车顶棚改色是指通过改变原车顶棚表层的材质和颜色,达到提升室内美观性和舒适

性的行为。改色后的汽车顶棚如图8-3所示。顶棚改色常用材料有格子布、绒布、翻毛皮、缝制皮革等。

2)汽车顶棚改色工艺

以成形型顶棚和翻毛皮改色材料为例,其改色工艺如下:

(1)拆卸顶棚。拆卸后,对顶棚和车顶进行全面的清洁,尤其要清除干净顶棚表面上的污垢、异物和灰尘。

图8-3 改色后的汽车顶棚

(2)喷胶粘贴。如图8-4所示,在顶棚的粘贴面和翻毛皮的粘贴面都喷(涂抹)上胶剂,然后把翻毛皮直接粘贴到顶棚表面上。

(3)加热黏合。如图8-5所示,用热风枪进行加热,使翻毛皮与原车顶棚进一步黏合。

图8-4 喷涂胶剂

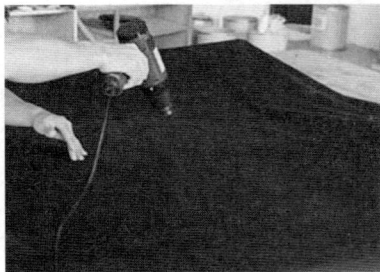

图8-5 热风枪加热黏合

(4)安装顶棚。待前三步完成后即可安装顶棚。

(5)清洁护理。用万能泡沫清洁剂或多功能清洁柔顺剂清洁安装好后的顶棚,清除安装过程中造成的尘垢或污物,并用内饰护理剂对顶棚表面进行护理。

3)汽车顶棚改色注意事项

(1)顶棚改色装饰的关键在于正确选用改色材料、胶黏剂、改色工艺,三者之间必须是配套协调的。另外,顶棚所改的颜色应符合内饰风格。

(2)用热风枪加热时,必须控制好温度,温度过高会损伤改色材料和顶棚。

(3)可用电熨铁熨平粘贴时产生的皱纹,如产生气泡,可用硬塑料刮板除去。皱纹可在胶黏剂固化之前,用塑料压板施加压力后除去。

(4)在清洗或涂胶时,要特别注意不要把清洗剂、胶液等散落到车窗、座椅和地板上,必要时可对这些部位进行遮盖防护。

二、汽车仪表板装饰

(一)汽车仪表板基本知识

仪表板系统是汽车内部最重要的系统,包括仪表板、副仪表板和横梁三部分,其中仪表板简称IP,是汽车内部最主要的内饰件之一,集舒适性、功能性、美观性、装饰性和安全性于

一体。

1. 汽车仪表板的组成

仪表板主要包含本体(壳体)、仪表、空调控制系统、风道/风管、出风口、操作面板、开关、音响控制系统、除霜风口、除雾风口、杂物箱、左盖板以及装饰板等零件。副仪表板主要包含驻车制动器盖板、脚部风管、储物盒、金属加强件、烟灰盒、点烟器以及杯托等功能性零件。

2. 汽车仪表板的种类

汽车仪表板的结构和材质多种多样,但基本上可分为硬质仪表板和软质仪表板两类。

1)硬质仪表板

硬质仪表板一般是由塑胶材料整体注塑而成。这种仪表板结构简单、成本低,本体部分为同一种材料构成,多用于载重汽车及客车,且一般不需要表皮材料。

2)软质仪表板

软质仪表板由表层、缓冲层和骨架三个部分构成,其外表面全部或者上部经过软化处理,触感舒适。软质仪表板常用的材料有 PU、PP、ABS-PVC 合金等,多用于轿车。

(二)汽车仪表板装饰方法

使用真皮装饰仪表板是目前比较高端和流行的装饰方式。

1. 真皮仪表板装饰方法

1)拆卸仪表板

先将仪表板上安装的零部件全部拆下,并妥善进行存放,最后再拆卸仪表板本体。

2)拆下原仪表板表皮

选用适当的方法将原仪表板表皮拆下。如果原表皮是胶黏式,可先用热喷枪对仪表板边缘处加热,使黏胶软化,然后用通用尖嘴偏钳拉出表皮边,逐步向中部边加热边拉起表皮,直至把仪表板的表皮全部拉起并拆下。

3)缝制新的仪表板表皮

(1)选择新表皮材料。根据车主需求,选择用来缝制新的仪表板表皮的真皮材料。

(2)裁剪、缝制表皮。裁剪时,应参照原表皮的形状尺寸,对凸凹形状处的放样展开应以能够准确贴合为原则。

(3)检查缝制新表皮。当缝制出新的表皮后,可先试贴一下,看看是否能贴合一致。能完全贴合为最好,当有出入时可以达到平整为原则进行修改。

4)粘贴仪表板表皮

(1)选用适合的胶黏剂。

(2)粘贴。粘贴时先在仪表板的填充层表面均匀地涂刷一层胶黏剂,等黏胶表面不粘手时,便可将表皮对准仪表板,从中部开始向两边逐一展开,一手拉着表皮,一手轻压表皮与填充层表面接触,贴敷无差异时,再用手将表皮压实贴平,并把边缘转折到内侧粘贴牢固。

(3)检查粘贴质量。若表皮粘贴位置正确,无气泡、无皱纹,表面光滑、平整、无划伤,则达到了粘贴质量要求。

5)安装仪表板

待粘贴仪表板完全固化之后(按黏胶使用要求而定,一般 24h 可达到黏结最高强度,即完全彻底固化),按与拆下时的反向工序安装仪表板,然后装回仪表板上的所有零部件。

6)清洁护理

安装后的仪表板还需进行清洁护理,清洁护理方法如下:

(1)清洁。一般选用万能泡沫清洁柔顺剂对仪表板进行清洁。使用时,先将清洗剂均匀喷涂在仪表板表皮上,然后用柔软的毛巾擦拭清洁。

(2)护理。选用真皮保护剂对仪表板进行护理,将保护剂均匀地喷在仪表板的表皮上即可。

2.仪表板装饰的注意事项

1)结合车辆实际进行装饰

在装饰仪表板时,必须结合车辆的类型、档次、新旧程度进行综合考虑,采用适当的方法进行装饰。如低端车一般没必要进行豪华装饰,使用多年的旧车也没有必要大动干戈地进行装饰。

2)要与内饰协调

在仪表板装饰时,要认清仪表板只是车内的一部分,对它的装饰应与室内其他相关部分协调,颜色上不应反差太大,否则会影响整个内饰的装饰效果。

3)注意黏胶剂的选用

黏胶剂各有各的特点和使用条件,要认真按使用条件要求选用。如果达不到某类胶的使用条件而盲目选用,容易出现粘贴质量问题。最好在施工之前,先进行试用,确保能够达到效果后再正式投入使用。

三、汽车座椅装饰

(一)汽车座椅基本知识

1.汽车座椅的结构

汽车座椅一般由骨架、缓冲部分、面套和座椅附件四部分组成。

1)骨架

座椅的骨架主要由金属材料制成。骨架主体是金属焊接结构,起到座椅定型和支撑人体的作用;靠背和坐垫处的基本形体,一般由薄钢板冲压而成。

2)缓冲部分

为了增加乘坐时的舒适感,在座椅骨架上装有填充物,以起到缓冲的作用。缓冲部分通常由发泡成型的聚氨酯(PU)泡沫制成,其柔软舒适,造型好且不易变形。

3)面套

汽车座椅面套一般采用真皮、仿皮(人造革)或针织织物面料。

2.汽车座椅材料的特点

1)针织织物面料座椅

针织织物面料是由合成纤维织成的布料,具有制造成本低、透气性好等特点。但其缺点是不耐脏,液体脏污容易渗入到座椅的内部,而且无法清除。针织织物面料的座椅在靠背和坐垫表面都设计有防滑条纹。

2）仿皮面料座椅

仿皮是一种外观、手感类似于皮革并可代替皮革使用的塑料制品。它通常以织物为底基,涂覆合成树脂及各种塑料添加制成。仿皮主要有 PVC 人造革、PU 人造革和 PU 合成革三类。与皮革相比,人造革易于老化磨损,且因含有大量化学原料而可能对人体健康产生危害。

3）真皮面料座椅

真皮面料座椅耐脏性强于针织织物面料座椅,灰尘、脏污不会深入座椅内部。但真皮容易被尖锐物体划伤。此外,真皮座椅受热后易出现老化现象,需定期进行护理,否则过早老化将导致其表面失去光泽,甚至开裂。

汽车座椅是车内占用面积最大,使用率最高的部件。汽车座椅的装饰主要采用安装座套和安装坐垫的方式进行。

(二)汽车座椅装饰注意事项

1）安全性考虑

汽车侧安全气囊通常设计在座椅的侧面上方靠近窗户的一侧,一般都会有"AIR-BAG"的标签注明。如果侧气囊出口被座套或坐垫遮挡,便会导致侧气囊无法顺利弹出。因此,应选择相应位置预留了侧气囊出口的座套或坐垫。另外,应选择与座椅型号贴合度高、安装接合牢固、不移位、面料材质防滑脱的安全产品,最好选用专车专用产品的座套或坐垫。

2）舒适性考虑

汽车坐垫的人体工程学设计和透气性能会直接影响到驾乘人员乘坐的舒适度,因此在选择坐垫时应考虑到坐垫颈部、腰部位置的舒适度和透气性能好坏等因素。有些坐垫具有按摩功能,也有些坐垫内装有竹炭,可根据个人需求进行选用。

3）季节性考虑

应结合季节的变化选择汽车座套或座垫,如冬季选用保暖性能好的羊毛座垫,夏季选用凉爽、透气的竹编座垫等。

4）环保性考虑

劣质汽车座套或坐垫通常伴有异味,存在生产环节偷工减料,大量使用胶水等化学黏合剂,内部使用劣质海绵、毡垫或垃圾棉作为填充物,以及表层材料不环保等情况,均会导致挥发出大量的有毒气体。因此,应选择品牌质量有保障的座椅装饰,并通过看、摸、闻等方式鉴别产品材质是否环保。

5）美观性考虑

汽车座套或坐垫的颜色、外观、质地应符合车内整体风格,起到提升车内美感的作用。

(三)汽车座椅装饰方法

1.汽车座套装饰

1）汽车座套材质类型

汽车座套按材质不同分为纯棉座套、混纺座套、莱卡座套、仿皮座套和真皮座套五种。

2）汽车座套安装方法

安装前打开座套包装,检查座套与车型是否匹配,座套件数及配件是否齐全。汽车座套安装配件如图 8-6 所示。

| a)挂钩 | b)锁扣 | c)卡盘 |

图 8-6　汽车座套安装配件

（1）头枕套安装方法。按下头枕锁止按钮,拿出头枕后再套入头枕套,如图 8-7 所示。

（2）前排椅背套安装方法。要区分好主驾驶、副驾驶座椅椅背套(可通过手机袋一侧向里或侧安全气囊预留出口向外进行区分,如图 8-8 所示)。如图 8-9 所示,慢慢套入椅背套,再将底部进行固定,根据座套预定方式进行固定,一般由魔术贴粘贴固定、卡盘固定、挂钩固定三种方法。如图 8-10 所示,检查头枕安装孔位置是否对正,最后装上头枕。

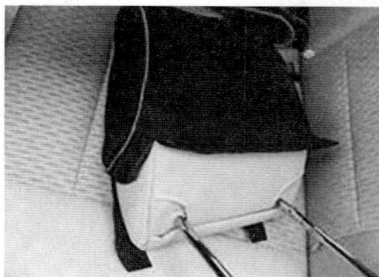

图 8-7　汽车头枕安装

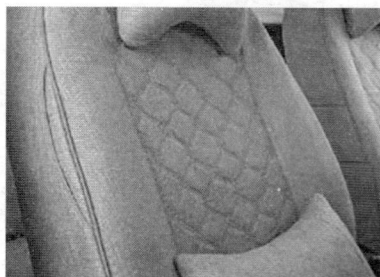

图 8-8　侧安全气囊预留出口

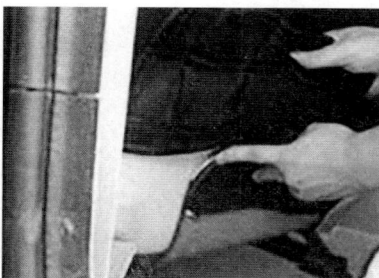

图 8-9　汽车座套底部固定

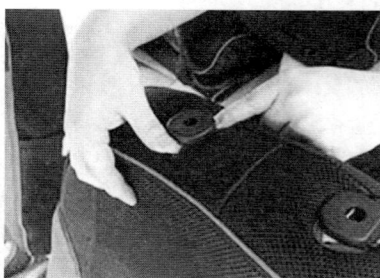

图 8-10　汽车头枕安装孔位置

（3）前排椅面套安装方法。先将椅面套平铺到位,再将椅面套后端塞入椅背与椅面之间的缝隙内,最后将椅面套的四周通过锁扣或挂钩、卡盘在座椅底部进行固定,如图 8-11 所示。

（4）后排椅面套安装方法。观察后排椅面的固定方法,多数车型直接抬起来即可,部分车型用螺钉固定且需要拆卸螺钉。装上椅面套后,用连接卡扣或挂钩在椅面底部进行固定,如图 8-12 所示。

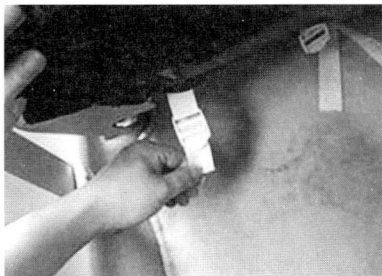

图 8-11　前排椅面套安装　　　　图 8-12　后排椅面套安装

（5）后排椅背套安装方法。拉开后排椅背锁止拉手，将椅背放倒，再慢慢套入椅背套，如图 8-13 所示。装完后抬起椅背并将其固定好。

2.汽车坐垫装饰

1）汽车坐垫分类

汽车坐垫按功能设计不同可分为普通坐垫和智能坐垫；按包裹能力不同可分为半包围坐垫和全包围坐垫；按制作方式不同可分为手编坐垫和机编坐垫；按材质不同可分为亚麻坐垫、冰丝坐垫、羊毛坐垫、竹炭坐垫、维卡坐垫、竹编坐垫和真皮坐垫。

2）汽车坐垫安装方法

安装坐垫前，要打开坐垫包装，检查坐垫与车型是否匹配，还应检查坐垫件数及配件是否齐全。

（1）前排坐垫安装方法。将坐垫对正位置平铺在座椅表面，用配带的卡盘、挂钩固定坐垫，如图 8-14 所示。

图 8-13　后排椅背套安装　　　　图 8-14　汽车前排坐垫安装示意

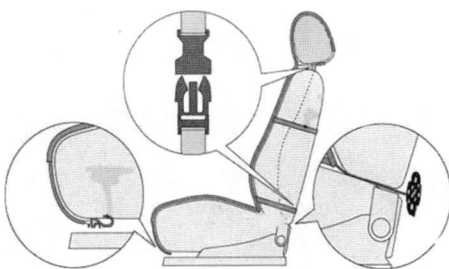

（2）后排椅面垫安装方法。拆下后排椅面，用坐垫自带挂钩或卡扣在底部进行连接和固定。

（3）后排椅背垫安装方法。先固定后排头枕部位，再给椅背垫下端装上卡盘，最后将卡盘塞入椅面与椅背之间的缝隙中进行固定。

四、汽车地板装饰

（一）汽车地板基本知识

1.汽车地板的功用

汽车地板在底盘的上部，是车室的基础部分，承载着车内的各类设施和人员，要求具有可靠的安全性,能稳固地发挥支撑功能。同时,汽车地板又是车室与地面之间的隔离层,因此要求它能起到保温、隔热、防湿、防潮、防尘和防止外部噪声进入车内等作用,故汽车地板上都铺设有一层地毯。

2.汽车地毯的结构与材质

汽车地毯一般由面料层、中间骨架层和底料层构成。面料层常使用 PET 针刺地毯面料和 PA 簇绒地毯面料;中间骨架层一般由 PE、PP、EVA、EPDM 等橡塑粒子加热到熔融状态后,均匀地涂到地毯面料上;底料层一般采用水刺无纺布或针刺无纺布。

汽车地毯使用频率高,容易受脏污影响,长期使用后会造成地毯面层磨损、污染、滋生细菌等,而且地毯难以清洁整理,会影响内饰的美观和驾乘人员的健康。

(二)汽车地板装饰

汽车地板装饰一般采用铺设脚垫和安装地胶的方式。目前,市面上出现了一种立体脚垫(全包围脚垫、3D 脚垫),其安装方便、美观性强,防护效果不亚于地胶,逐渐取代了地胶并成为地板装饰的主流。汽车立体脚垫如图 8-15 所示。

图 8-15　汽车立体脚垫

汽车脚垫和地胶都是根据各种不同车型量身设计的地毯防护用品,具备防磨损、防潮湿、防尘、防油污、隔热保温、隔音等特点。

1.汽车脚垫装饰

1)汽车脚垫的种类

(1)按结构不同,可分为平面脚垫(传统脚垫)和立体脚垫(全包围脚垫、3D 脚垫)两类。

(2)按制作工艺不同,可分为手工脚垫和机编脚垫两类。

(3)按材质不同,可分为化纤脚垫、亚麻脚垫、呢绒脚垫、PVC 塑料脚垫、橡胶脚垫、丝圈脚垫和皮革脚垫七类。

2)汽车脚垫的选用

(1)看大小。汽车脚垫的形状和尺寸应与汽车内的安放位置的大小相匹配,尺寸过大或者过小都会导致脚垫移位。如果卡住或堵住踏板,就极有可能引发恶性交通事故。

(2)看薄厚。较厚的汽车脚垫可提高舒适性,但也存在安全隐患。换新脚垫后一定要先踩下加速踏板、制动踏板和离合器踏板试验,感受是否可以踩到底。

(3)看材料。汽车脚垫的材质是最重要的,不易磨损、易于清理的脚垫最为理想。

(4)看定位。有些车辆地板上会装有脚垫的定位扣,在选购新脚垫时一定要注意有无定位孔。

(5)看喜好。可根据驾乘人员的喜好与偏爱进行选择。

3)汽车脚垫安装方法

(1)前排脚垫安装方法。首先将前排座椅向后移动,把脚垫从前方深入车内;然后固定好加速踏板位置;接着将脚垫边部附带的固定扣插入内饰板缝隙进行固定;最后将座椅向前移动。

（2）后排脚垫安装方法。首先将后排脚垫的前方深入主驾驶和副驾驶座椅下方；然后将后排脚垫整体对正放平；接着将脚垫边部附带的固定扣插入内饰板缝隙进行固定；最后将前排座椅调至正常位置。

为防止平面脚垫在使用时发生移位，卡住加速踏板或制动踏板发生危险，脚垫会考虑防滑设计，常见有防滑专用定位孔或固定卡扣、背面防滑钉设计、背面铺涂防滑材质等方法。安装时务必将其正确安装在原车地毯的定位钉上。

2. 汽车地胶装饰

汽车地胶如图8-16所示。

1）汽车地胶的种类

（1）按制作工艺不同，可分为手缝地胶（分体式）和成型地胶（整体式）两类。

（2）按颜色不同，可分为米色、灰色和黑色三种颜色的地胶。

（3）按材质不同，可分为PVC或PU＋隔音棉、PVC或PU＋发泡海绵和皮革＋隔音棉三种材质的地胶。

2）汽车地胶的选用

（1）看厚度。汽车地胶的厚度将直接影响其耐磨性，好的汽车地胶应厚度均匀、边缘和中心厚度一致、背面的衬布层网格均匀、衬布层和塑胶层结合紧密。

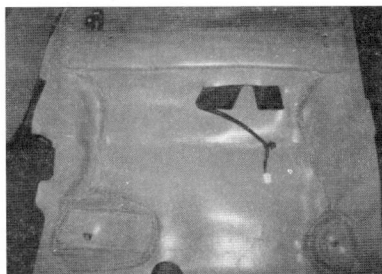

图8-16　汽车地胶

（2）看颜色。好的汽车地胶质地均匀、没有色差、表面花纹一致。

（3）试手感。在地胶生产过程中，会在塑胶中添加一定比例的填料，填料的比例决定了成品的柔韧性。地胶的柔韧性好，不仅铺设容易，而且使用寿命长。检查时可先剪下一小段地胶，用手将其上下来回对折几次，如果很快就出现裂纹则说明地胶中填料过多，产品品质较低。

（4）闻气味。劣质地胶会散发出刺激性气味，铺上后会威胁车内驾乘人员的健康。轿车铺设地胶后使用的时间一般在5～7年，建议不要选择价格低、质量差的地胶。

3）汽车地胶安装方法

（1）拆卸座椅。首先必须关闭点火开关，拔下钥匙并妥善保管；然后观察前排座椅固定方式，选择对应规格的工具，按正确的顺序拆卸固定螺钉，并妥善保管拆卸螺钉及部件。接着，将前排座椅下方的SRS座椅检测线插头拔下，如图8-17所示，再抬离座椅；最后正确抬出座椅，要注意防止擦伤内饰护板、仪表台及转向盘等，如图8-18所示。

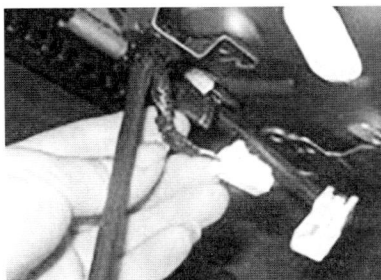

图8-17　SRS座椅检测线插头

图8-18　前排座椅抬出示意图

（2）拆卸饰板。为保证地胶边部安装稳固，需要拆卸相关内饰护板。应选用面板拆卸工具拆卸卡扣、用起子及专用套筒拆卸固定螺钉。拆卸顺序为：发动机舱盖开启拉手、左前门槛压条、左侧 A 柱下盖板（图 8-19）、驾驶员安全带固定螺钉、左后门槛压条、中央扶手箱固定螺钉、右后门槛压条、副驾驶安全带固定螺钉、右前门槛压条、右侧 A 柱下盖板。

（3）铺设地胶。从主驾驶位置的地板开始，将地胶按照地板形状及轮廓对正放好，将行李舱开启开关及油箱盖开启开关从地胶预留好的孔中穿出，将地胶边部塞入副仪表板侧部缝隙内，以进行边部固定。副驾驶位置地胶安装与主驾驶位置相同，要注意地胶上预留的车架号观察孔应与地板上的车架号位置对正，方便查看。地胶铺设如图 8-20 所示。

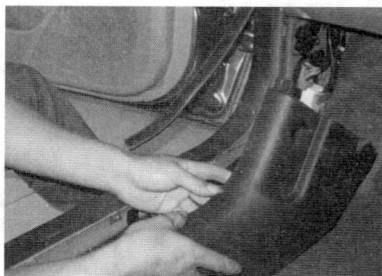

图 8-19　拆卸 A 柱下盖板

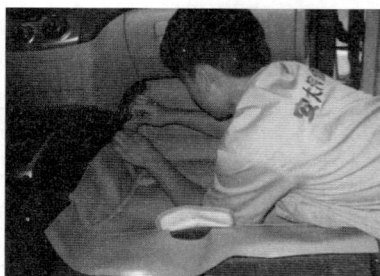

图 8-20　铺设地胶

（4）预留安装孔位。为便于安装座椅等所拆部件，需要裁剪预留座椅螺钉孔、吹脚风口孔等安装孔位。

预留安装孔位时，必须把握适中原则，如裁剪过多则会造成地毯外露，影响美观；如裁剪过少则会导致螺钉无法顺利安装，甚至损坏螺钉。

需预留的孔位有前排座椅固定螺钉孔、前排座椅定位孔、吹脚出风口（图 8-21）、座椅下方检测线孔、后排坐垫固定卡扣孔、门槛压条固定卡扣孔、螺钉孔等。

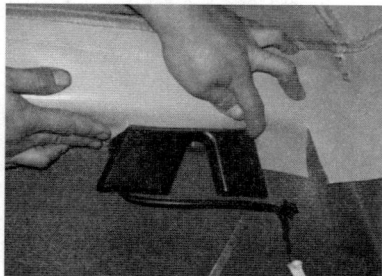

图 8-21　预留空调吹脚出风口

（5）恢复饰板。按与拆卸的相反顺序进行安装恢复。注意螺钉及卡扣应全部装回，卡扣应扣到位，并确保饰板已恢复至原状。

（6）安装座椅。将座椅抬进驾驶室内，注意防止擦伤仪表台、转向盘及门护板等。不要忘记将座椅下所拆检测线插头插接好。安装座椅固定螺钉时，先用手将螺钉对正慢慢旋入孔中，再用快速扳手将螺钉紧固到位。

五、室内其他装饰

汽车室内其他装饰项目主要包含了一些小精品的装饰，装饰小精品后既能美化车内环境，又能给车主带来愉悦的心情。车内小精品种类很多，建议选用颈枕、腰靠、抱枕、书报袋、太阳挡等实用性强的小精品，尽量不选用挂件、摆饰、安全带扣等可能会影响到驾驶员视线和驾乘人员安全的小精品，对于转向盘套、香品等小精品，建议选用质量有保证的正规产品，否则同样会影响行车安全和车内人员的健康。

由于车主的爱好、情趣及审美观各不相同，因此所选用的饰品也不尽相同，但应掌握以下三个原则。

1. 美观原则

选用车内饰品的主要目的就是提升车内美感。因此在选购时,应挑选造型、色彩及质地都比较讲究的饰品。其次要保持饰品的干净和有序。此外,还应注意车内饰品不宜过多,否则会给人一种拥挤、杂乱的感觉。

2. 协调原则

所有饰品都不应破坏车内的整体美感,它们必须协调一致,共同营造出最佳的美感。

3. 安全原则

车内选用的任何饰品都不能对行车安全和车内人员健康造成影响,如车内不得悬挂挂件,仪表台、后风窗玻璃下方不能放置摆饰,前、后风窗玻璃上不能粘贴大面积的贴饰。否则,不但会影响驾驶人的视线,而且在紧急制动和发生交通事故时,会对车内人员造成二次伤害。低端或劣质的香品不但起不到净化空气的作用,还会挥发有毒气体。另外,选用劣质的其他饰品,同样会散发出有毒气体,这些有毒气体充斥在车内,会严重影响车内人员的健康。

技能实训

(一)安装汽车座套、坐垫

1. 准备工作

(1)场地:汽车装饰车间。

(2)设备:实训车辆、车轮挡块。

(3)工具:汽车座套、快速扳手、套筒、汽车坐垫。

2. 实训过程

1)安装座套

(1)拆下座椅头枕,套入头枕套。

(2)安装前排椅背套(慢慢套入椅背套,再将下部进行固定)。

(3)安装前排椅面套(将椅面套平铺到位,再将椅面套的四周在座椅底部进行固定)。

(4)安装后排椅面套(抬起或拆卸后排椅面,装上椅面套后在底部进行固定)。

(5)安装后排椅背套(拉开后排椅背锁止拉手,将椅背放倒,套入椅背套后抬起椅背并固定好)。

2)安装坐垫

(1)安装前排坐垫(将坐垫对正位置平铺在座椅上,用卡盘、挂钩固定坐垫四周)。

(2)安装后排椅面垫(将坐垫对正位置平铺在椅面上,将坐垫后补进行固定)。

(3)安装后排椅背垫(固定头枕部位,再固定椅背垫底部)。

(二)安装立体脚垫

1. 准备工作

(1)场地:汽车装饰车间。

（2）设备：实训车辆、车轮挡块。

（3）工具：汽车立体脚垫。

2．实训过程

（1）安装前排脚垫（放入脚垫，将脚垫边部的固定扣插入内饰板缝隙进行固定）。

（2）安装后排脚垫（放入脚垫，将脚垫边部的固定扣插入内饰板缝隙进行固定）。

模块小结

（1）汽车内部装饰大致可以分为美观类、舒适类和实用类三大类。

（2）汽车内部装饰应遵循"美观协调、舒适实用、行车安全、环保健康"的原则。

（3）汽车顶棚是汽车内饰的重要组成部分，它的主要作用是为驾乘人员提供头部保护和提高车内美观性，同时还起到隔热、隔音降噪、防静电和阻燃的作用。

（4）汽车顶棚分为成形型顶棚、吊顶型顶棚和粘贴型顶棚三种。其中，成形型顶棚主要用于轿车等小型车。

（5）汽车星空顶又称光纤满天星星空顶、星空吊顶或光纤灯，其由一个发光源通过多根导光光纤将各个色的光传导到车顶棚上，照射出多种柔和的光照效果，如同夜空中的星光闪烁。

（6）汽车星空顶装饰的流程是：拆卸顶棚→标记打点→安装光纤→安装顶棚。

（7）汽车顶棚改色的流程是：拆卸顶棚→喷胶粘贴→加热黏合→安装顶棚→清洁护理。

（8）仪表板系统包括仪表板、副仪表板和横梁三部分。

（9）仪表板可分为硬质仪表板和软质仪表板两类，其中软质仪表板由表层、缓冲层和骨架三个部分构成。

（10）真皮仪表板的装饰流程是：拆卸仪表板→拆下原仪表板表皮→缝制新的仪表板表皮→粘贴仪表板表皮→安装仪表板→清洁护理。

（11）汽车座椅一般由骨架、缓冲部分、面套和座椅附件四部分组成。缓冲部分通常由发泡成型的聚氨酯（PU）泡沫制成，面套一般采用真皮、仿皮或针织织物面料。

（12）选用汽车座套、坐垫时，应综合考虑安全、舒适、季节、环保和美观因素。

（13）汽车座套按材质不同可分为纯棉、混纺、莱卡、仿皮和真皮座套；汽车坐垫按材质不同可分为亚麻、冰丝、羊毛、竹炭、维卡、竹编和真皮坐垫。

（14）汽车脚垫按材质不同可分为化纤、亚麻、呢绒、PVC塑料、橡胶、丝圈和皮革脚垫。

（15）车主选用的饰品不尽相同，但均应遵循美观、协调和安全的原则。

思考与练习

（一）填空题

1．汽车内部装饰应遵循美观协调、舒适实用、_____和_____的原则。

2．汽车顶棚分为_____型顶棚、_____型顶棚和粘贴型顶棚三种。其中，_____型顶棚主要用于轿车等小型车。

3．软质仪表板由_____层、_____层和骨架三部分构成。

4. 汽车座椅一般由骨架、_____、面套和座椅附件四部分组成,其中面套一般采用_____、仿皮或_____面料。

5. 选用汽车座套、坐垫时,应综合考虑_____、舒适、季节、_____和美观因素。

(二) 判断题

1. 汽车内部装饰大致可以分为美观类、舒适类和应用类三大类。　　　　　(　　)

2. 汽车内部装饰只要遵循"美观协调、舒适实用"的原则就可以了。　　　(　　)

3. 粘贴型顶棚主要用于轿车等小型车。　　　　　　　　　　　　　　　(　　)

4. 硬质仪表板由表层、缓冲层和骨架三部分构成。　　　　　　　　　　(　　)

5. 汽车座椅的缓冲部分通常由发泡成型的聚氨酯(PU)泡沫制成。　　　(　　)

6. 汽车坐垫按材质不同可分为亚麻、冰丝、羊毛、竹炭、维卡、竹编和真皮坐垫。(　　)

7. 汽车脚垫按材质不同可分为化纤、亚麻、呢绒、PVC 塑料、橡胶、丝圈和皮革脚垫。
　　　　　　　　　　　　　　　　　　　　　　　　　　　　　　　(　　)

8. 汽车座套按材质不同可分为纯棉、混纺、莱卡、仿皮和真皮座套。　　(　　)

(三) 简答题

1. 汽车星空顶的装饰方法是什么?

2. 汽车真皮仪表板的装饰方法是什么?

3. 汽车座套、坐垫和脚垫的选用方法是什么?

4. 汽车室内饰品选用的原则是什么?

模块九 汽车美容与装饰项目运营管理

学习目标

1. 能说出汽车美容与装饰项目成本核算的方法;
2. 能说出汽车美容与装饰项目营销推广方法;
3. 能运用成本核算方法核算汽车美容与装饰项目的成本;
4. 能制定出汽车美容与装饰项目的营销推广方案。

建议课时

4 课时。

一、汽车美容与装饰企业成本核算

(一)成本核算

1. 成本核算的定义

成本核算是通过一定的方式方法,对生产服务过程中发生的各种费用成本进行逐一统计考核的一种科学管理活动。

2. 成本核算的意义

成本核算是企业成本管理中一个极其重要的环节。认真做好成本核算工作,对于加强成本管理,促进增产节约,发展企业生产都具有重要的意义。

以汽车美容装饰企业为例,各服务项目成本核算的意义主要体现在以下几个方面:

(1)通过项目成本核算,为企业经营决策和管理目标的制定提供依据。如结合本企业的生产经营特点和成本管理要求,计算出洗车项目的成本,就可以为制定月度洗车量、日均洗车量提供基础依据,也可以为漆面美容项目转化率的确定提供依据。

(2)通过项目成本核算,可以反映生产经营过程中人力、物力、财力的耗费,检查人工费、耗材费、设备使用费等的耗用情况,以便进一步挖掘降低服务成本的潜力,节约企业生产经营资源。如对漆面美容项目成本进行计算,反映出真实服务过程中存在的问题和不足,为优化服务过程、提升员工培训、改进服务内容等提供依据。

（3）通过项目成本核算，可以计算企业各个部门的经济效益和责任目标的完成情况。在企业内部实行经济责任制及考核，便于促进各部门间良性竞争和发展。

（4）通过项目成本核算，可以为各个服务项目积累参考数据，为修订服务目标、调整服务收费和开展营销推广等提供依据。

汽车美容装饰企业的经营管理离不开成本核算，但成本核算不是目的，而是经营管理好企业的一个经济手段。离开管理谈成本核算，成本核算也就失去了它应有的意义。

（二）汽车美容与装饰企业成本核算方法

汽车美容与装饰企业成本主要包括固定成本、人力成本、项目成本以及其他费用开支等。

以在广州等一线城市投资一家 $100m^2$ 的中端汽车美容店为例，固定成本、人力成本、工位利用率、收益的具体核算方法如下（以下用于成本核算的数据仅供参考，也不代表某家企业真实情况，具体以当地实际情况为准）。

1. 固定成本核算方法

固定成本主要包括场地租金费、装修费和设备工具配置费。

（1）假设场地租金标准为 80 元/（月·m^2），则月租金为 8000 元，日租金约为 267 元。

（2）店面装修花费为 60000 元，摊销年限设为 3 年，则每天摊销约为 54.8 元。

（3）店内家具、电脑、美容设备和工具等固定资产花费 50000 元，为便于计算，统一设定使用年限为 3 年，预计净残值率为 4%，采用"平均年限法"计提折旧，年折旧率 = $\frac{1-4\%}{3} \times 100\% = 32\%$，年折旧额 = $50000 \times 32\% = 16000$（元），日折旧额 = $\frac{16000}{365} = 43.8$（元）。

故每天的固定成本分摊为：267 + 54.8 + 43.8 = 365.6（元）。

2. 人力成本核算方法

汽车美容装饰企业的人力成本主要包括工资（为便于计算，不考虑业务提成部分）、保险、培训、福利发放、各类补贴等费用。

按配置 1 名管理人员、1 名销售人员、3 名汽车美容师来计算，假设固定工资（不含业务提成）、保险、培训、福利发放及各类补贴等费用每年支出为 250000 元，则平均每天支出为 685 元。

3. 项目成本核算方法

汽车美容与装饰项目成本是指从项目销售到施工结束整个过程产生的成本，主要涉及项目收费（销售金额）、施工时间、销售提成比例、施工提成比例、产品价格（采购价）、耗材（水、电、施工耗材）成本等因素，详见表9-1。

项目成本的计算公式如下：

项目成本 = 销售提成 + 施工提成 + 产品价格 + 耗材成本

下面以精致洗车项目和漆面封釉护理两个项目为例进行计算：

1）精致洗车

假设项目收费为 55 元/辆，规定由汽车美容师进行施工。

项目成本 = （55 × 7%）+（55 × 4%）+ 10 = 16.1（元/辆）；

项目收益 = 55 - 16.1 = 38.9（元/辆）。

汽车美容项目成本明细   表 9-1

项　　目	销售金额（元/车·次）	销售提成比例	施工时间（min）			施工提成比例	产品价格（元/车·次）	耗材成本（元/车·次）
			助理汽车美容师	汽车美容师	高级汽车美容师			
精致洗车	55 ~ 180		90	60	50		—	10
手工打蜡	88 ~ 258		70	50	40		58	—
抛光打蜡	258 ~ 358		150	120	90		—	
漆面封釉护理	380 ~ 680		160	140	120		150	15
漆面镀膜护理	680 ~ 1280		180	150	150		280	
高强度单核镀晶	1280 ~ 2280	7%	300	240	180	助理汽车美容师3%，汽车美容师4%，高级汽车美容师5%	480	
多层镀晶	2680 ~ 5800		360	300	240		880	
内饰清洁护理	280 ~ 580		120	100	80		85	10
室内蒸汽消毒	88		25	20	15		—	
空调可视化清洗	380 ~ 680		60	40	30		85	
玻璃镀膜	128		45	30	20		15	
玻璃镀晶	280 ~ 380		60	45	30		40	
发动机舱清洁护理	128 ~ 298		60	45	30		30	
轮毂清洁护理	128 ~ 280		90	80	60		—	

注：表中所有成本核算数据仅供参考，具体以当地实际情况为准。

2）汽车漆面封釉护理

假设项目收费为 580 元/辆，规定由高级汽车美容师进行施工。

项目成本 =（580 × 7%）+（580 × 5%）+ 180 + 15 = 264.6（元/辆）；

项目收益 = 580 - 264.6 = 315.4（元/辆）。

4. 其他费用核算方法

汽车美容装饰企业的其他主要开支费用有营销推广开支、办公用品开支、交通差旅开支等，假设每年预算开支为 20000 元，则平均每天开支为 55 元。

5. 经营收益计算方法

假设店内当天项目销售和服务完成情况是：精致洗车 15 辆（销售金额为 55 元/辆）；汽车漆面封釉护理 2 辆（销售金额为 580 元/辆）；汽车内饰清洁护理 1 辆（销售金额为 480 元，由汽车美容师完成），则当天的经营收益计算方法如下：

（1）当天销售金额 = 2540 元。

（2）当天产生的项目成本 = 15 × 16.1 + 2 × 264.6 + 1 × 147.8 = 918.5（元）。

（3）当天的固定成本分摊 = 365.6（元）。

（4）每天支出的人力成本平均 = 685（元）。

（5）每天的其他费用开支 = 55（元）。

则当天的经营收益 = 2540 - 918.5 - 365.6 - 685 - 55 = 515.9(元)。

6. 工位利用率计算方法

工位利用率是指工位实际使用程度的大小,其计算公式如下:

$$工位利用率 = \frac{实际工时}{可用工时} \times 100\%$$

实际工时 = 施工台次 × 施工时间,可用工时 = 工作人数 × 工作时间(每天按 8h 计算)。

以精致洗车项目为例,假设工位数为 1 个,汽车美容师施工时间为 1h/辆,当天有 12 辆车进店进行精致洗车,由 2 名汽车美容师共同完成,则该工位的利用率计算方法如下:

(1)实际工时 = 12 × 1 = 12(h)。

(2)可用工时 = 2 × 8 = 16(h)。

(3)工位利用率 = $\frac{12}{16} \times 100\% = 75\%$,即工位闲置率为 25%。

在实际经营过程中,还会利用成本核算进行服务项目定价、制定产品销售方式、店面改扩建和经营目标管理等。

二、汽车美容与装饰项目营销推广

(一)汽车美容与装饰客户特征分析

1. 汽车美容与装饰客户类型

1)按客户光顾店面的次数划分

(1)潜在客户,是指在店面覆盖的范围之内,但目前不是自己的客户。

(2)临时客户,是指偶然、偶尔进店消费的客户。

(3)相对固定的客户,是指经常进店消费的客户。

(4)固定的客户,是指连续几年内经常进入店内消费的客户,这类客户是需要重点管理的客户。

2)按客户年龄划分

(1)18 ~ 29 岁的客户为青年客户,追求时髦。

(2)30 ~ 45 岁的客户为中年客户,消费能力强。

(3)45 岁以上的客户,容易产生被消费的客户。

3)按客户职业划分

(1)白领。

(2)政府人员。

(3)私营老板。

(4)家庭妇女。

(5)上班族。

4)按客户所在地域划分

(1)就近客户,指在店面 3km 范围以内的客户。

(2)非就近客户,指在店面 3 ~ 5km 范围以内的客户。

5）按客户的消费性格划分

（1）理智型。

（2）情感型。

（3）新潮型。

（4）吝啬型。

（5）潇洒型。

2.客户进店的原因

客户进店的主要原因有：

（1）店内有更多的项目和产品可供选择。

（2）该店某项目在当地（所在区域）口碑最好。

（3）为了省钱（如洗车相对便宜）。

（4）自身需要。

（5）寻找解决车辆问题的好帮手。

3.客户消费的一般过程

客户并非进店就消费,从客户进店到实现消费往往需要一个过程。以洗车为例,客户的消费过程如图9-1所示。

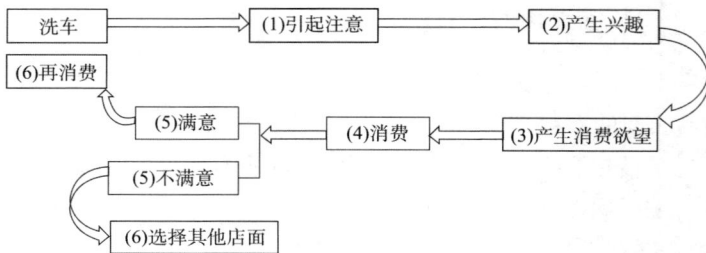

图9-1　客户进店消费过程

客户进店消费共经历6个步骤,其中步骤（1）、（2）属于吸引客户的阶段;步骤（3）、（4）属于客户心理转化的过程,并达到了一定的效果;步骤（5）最重要,是能否形成重复消费、能否让客户成为固定客户的关键步骤。

（二）汽车美容与装饰客户管理

1.客户开发方法

1）自然开发

自然开发是客户开发的基本方法,指把产品卖给进入店内的客人,以及自己所认识的人（如亲戚、朋友、家人、同学等）,并尽量扩大客户接触范围,不断发掘潜在的客户。

2）连锁开发

连锁开发指争取通过现有客户、朋友、亲戚、家人、同学等的介绍以及再介绍,不断获得新客户的方法。

3）联合开发

联合开发也称"异业结盟法",指利用较成熟的行业或组织（如餐厅、影楼、服装店等）,

通过和这类行业或组织联合来扩大店面的影响,从而提高销售的水平。此方法一般不适用于超过 5km 的联盟伙伴。

4) 广告宣传开发

广告宣传开发指通过电视、报纸、电台、自媒体等方式树立形象,进行某种诉求宣传,以此来扩大客户群体的方法。

5) 教育指导开发

教育指导开发指加强指导性消费,用新的理念、专业的技术帮助客户解决其困惑的问题,从而引导客户观念的转变。

6) 免费体验开发

免费体验开发通常选择合适的小区、企事业单位、附近商圈的流动车辆为目标,通过派送免费券的方式,以免费项目吸引客户进入门店。

2. 客户信息管理

建立系统的客户资料库,按照客户分类方法对客户进行分类和日常管理,针对客户的需求制定销售方案,并和客户进行有效的沟通、交流。

1) 客户资料库的建立

客户资料包括客户姓名、职业、地址、联系方式、生日、爱好、家庭状况、学历、车辆品牌、车型、使用年限、曾选择的服务、产品使用状况等。店内员工要形成在日常服务中搜集、积累客户信息的习惯。要按照不同类别对客户资料进行分类,如按车型分类、按易消费群和不易消费群等来分类,但只能选择一种方法进行分类。另外,在每次服务时可记录车辆的保险状态、行驶路程表、轮胎状态、机油状态、漆面状态、内饰护理状况等,以便开展引导式消费。

2) 客户资料库的管理

(1) 客户资料库可以用来制定店内的各项经营指标、营销推广策略、销售计划等。

(2) 资料库中客户数量要不断进行补充、调整。

(3) 经常对资料库的数据进行分析,可为销售工作提供帮助。如客户生日当天,可以向客户打电话送祝福、赠礼物等;对客户车辆维护进行温馨提醒等。

3) 客户资料库的运用原则

(1) 充分利用原则。在进行客户管理、制定销售计划、策划促销活动前,都要先分析资料库数据。如通过资料库统计发现,选择漆面美容的客户达到 15%,且其中 80% 的客户都是会员,那么营销推广活动的主要目的应该是开发新客户。如某客户有较强的消费能力和消费需求,但只进行洗车,便可以重点对该客户进行引导。

(2) 合理利用原则。一是要严密保管客户的资料信息,防止泄露,更不能出售客户信息;二是在引导客户消费的同时,要结合客户的消费需求,不要进行过度引导。

(三) 汽车美容与装饰项目营销推广方法

1. 前期策划与准备

1) 策划营销推广方案

营销推广方案包括活动主题、活动意义、活动时间、活动地点、活动目标、活动内容、活动流程、前期准备要求、人员分工及安排、费用预算、人员激励办法等。

活动内容是方案的核心,是决定营销推广效果的关键,汽车美容与装饰项目营销推广的活动内容一般由产品或服务演示方案、买赠方案、换购方案、套餐方案、办卡(会员卡)方案、抽奖方案、免费体验方案中的一种或几种组成。

制定活动目标就是为参与活动的员工设定预期销售或服务目标,既定目标一般结合活动内容、活动规模、预期客户数量等来确定。

活动的人员激励办法用来激励参加活动的人员努力达到活动目标,以确保活动的影响力和效果。

在实施营销推广方案过程中,可能会出现与预期不相符或不能满足客户期望的情况,因此,可以在方案形成后进行一次方案试验,试验方式可以是询问消费者,也可以运用调查表或在特定的区域试行方案,以判断营销推广工具、方法的选择是否合理,影响程度是否足够,现有的途径是否理想等。

2)活动前期准备

(1)人员安排,包括和活动相关人员进行沟通确认,熟悉活动方案内容,召开活动动员会,宣传活动主题与活动内容,预约及通知客户,发放宣传页,以及实施其他准备工作等。

(2)物资准备,主要包括宣传材料准备,设备、物品、道具准备,赠品、礼品准备和产品准备等。

2. 活动实施

活动实施过程中需要重点做好的是现场管理和目标的跟进落实。现场管理是指要做到忙而不乱,按活动流程进行。同时,应根据活动进程及时对活动范围、内容、强度和重点等进行调整,以确保活动效果和影响力。

实施活动过程中,应注意对老客户要以会员积分换购、续办更实惠的会员卡和参加赠、奖等活动为主;对新客户要以活动当天的优惠、新加入会员的专项优惠和参加赠、奖等活动为主;另外,也可以在活动过程中为活动现场的其他人发放礼品、项目免费体验券等。

在活动实施过程中,要做好项目展示,不断邀请客户进行体验,引导客户在体验中进行消费。对于达成销售成交的项目,可以进行及时广播、合影留念等。客户车辆现场施工完毕后,可举行交车仪式,营造出良好的现场活动氛围。

3. 活动总结与跟进

1)活动总结

活动结束后,应及时对活动情况进行总结、分析和评估,主要围绕以下五个方面进行:

(1)活动前期准备工作有哪些不足?

(2)对于活动中出现的落实不到位的情况,原因是什么?有没有及时解决?

(3)参与活动的人员从活动中学到了什么?

(4)活动目标是否达到?如没达到,其原因是什么?

(5)客户现场反馈情况怎么样?需要如何改进?

2)后续跟进

后续跟进主要指对活动进行媒介(网络平台、微信平台、报纸刊登)宣传,以发挥活动延续效应,继续扩大活动影响力,让更多的人了解到活动信息。

4.活动注意事项

1）费用预算

对营销推广活动的投入和产出做出详尽、准确的预算,明确营销推广活动的预期收益情况。

2）风险应对

提前对活动可能出现的风险因素进行预估,如消费者投诉、客户反映不够强烈、天气状况变化导致室外活动无法继续进行等。应对可能出现的意外风险做出必要的人力、物力和财力准备。

3）任务明确

活动前成立或组建临时小组,如活动筹备组、现场施工组、销售组、售后客服组、客户开发组、现场促销组等,明确各组的任务和目标,并责任到人。

4）效果预估

提前预测活动的效果,制定出量化指标,待活动结束后与预期情况进行比较,以便于开展活动总结。

5）工作动员

活动前应有三次及以上的动员会议,第一次是提前二十天前的全体动员及任务落实会议;第二次是活动前七天的检查动员会议;第三次是活动前三天的模拟营销推广现场会议。

6）激励办法

设计有效的激励办法,并在活动结束后当场兑现,或者活动总结会上进行奖励。

7）活动总结

对活动的整体情况进行总结。

(四)汽车美容与装饰项目营销推广案例

1.汽车漆面琉晶护理项目营销推广案例

1）活动主题

"夏"不为利、"惠"迎金秋。

2）活动意义

(1)推广宣传吸引新客户,并把新客户发展成为会员客户,提升日均车流量。

(2)通过活动,普及漆面基础美容项目,提升店面业务量。

(3)通过活动推广,带动店内其他项目的消费,增加利润点,使盈利常态化。

(4)通过普及基础美容项目,引导车主消费高端项目。

3）活动内容

(1)"惠"来尊享好礼。

凡进店洗车的客户,分享活动信息到微信朋友圈,即送价值238元的清洁美车礼包1份(含价值20元的万能泡沫清洁剂1瓶、价值18元的多用清洁巾1条、100元面值的代金券2张)。

(2)"惠"购马上行动。

A套餐:"蜡靓护理"套装(10次全车打蜡护理)。

尊享"惠"购价:368 元。

同时可获赠不限次数的洗车月卡 1 张和价值 200 元的代金券(可在店内消费任意的美容和维护项目)。

B 套餐:特权盛惠卡。套餐内容见表 9-2。

尊享"惠"购价:598 元。

B 套 餐 内 容

表 9-2

编号	服 务 项 目	原价(元)	盛惠价(元)	惠省(元)	备 注
1	精致洗车 10 次	$10 \times 55 = 550$	$9.9 \times 10 = 99$	451	凭此卡尊享"春节洗车不涨价"特权
2	内饰清洁护理	480	358	122	
3	发动机舱清洁护理	280	141	139	
	合计	1310	598	712	

C 套餐:"晶彩动人"套餐(全车抛光、漆面单层高强度镀晶 1 次,或者漆面双层镀晶、轮胎轮毂清洁护理 1 次)。

尊享"惠"购价:1280 元。

还可获赠特权盛惠卡(B 套餐)和 300 元代金券,代金券可在店内消费任意美容项目。

D 套餐:"黄金劲享"VIP 套餐(漆面双层镀晶产品 1 套、汽车外观护理产品 1 套、玻璃镀晶产品 1 套)。

尊享"惠"购价:2980 元。

可再获赠价值 2980 元的"VIP 尊享健康服务项目",其中包含价值 380 元的内饰清洁护理 1 次、价值 480 元的真皮镀膜护理 1 套、价值 280 元的门边门护板镀膜 1 套、价值 300 元的空调系统清洗、价值 1040 元的不限次数镀膜洗车年卡 1 张(尊享"春节不涨价"特权)、500 元代金券(代金券可在店内消费任意美容项目)。

(3)凡参与本次活动并认购 A、B、C、D 任一项目的客户,自动成为本中心的会员,可享受全年免费胎压监测和加氮气服务。

(4)代金券使用说明:代金券面值为 100 元(盖章有效),可在本店抵同等面值的现金使用,消费项目仅限美容(不含洗车)项目,每次限使用 1 张,不设找零,有效期为 1 年。

4)活动日期

××。

(1)宣传推广期:××,免费洗车 3 天,到店凭行驶证即可免费领取"美车礼包"。

(2)宣传推广期:××,到店凭行驶证即可免费领取"美车礼包"。

(3)项目促销推广期:××,A、B、C、D 四个促销套餐持续推广。

5)活动准备工作

(1)从确定推广方案之日起,停售所有的会员卡和美容项目,可预售活动促销项目。

(2)整理会员和非会员的资料。通过信息(包括手机信息和微信信息)通知会员客户会员服务月的活动信息(事先编写好 3 条信息,分时间段发送)。由店内专人电话通知并邀请会员客户在活动的前 3 天到店领取礼品并参加活动。

信息1:尊敬的朋友您好,不觉已到金秋送爽的季节,××汽车美容服务中心已正式营业3个月,深得新老朋友的支持与鼓励。为了提升服务质量、加强和××车主的互动,我们联手××厂家,从××起,开展会员服务月特惠活动,届时礼品多多,特惠多多,诚邀您的参与。地址:××;电话:××。

信息2:"夏"不为利、"惠"迎金秋,××汽车美容服务中心会员服务月活动即将启动。××日,面向全城免费洗车,进店车主还可获赠价值238元的美车大礼包,轻松成为××的会员,更可尊享"春节洗车不涨价、全年免费检测胎压及加氮气"的特权服务。期待您的光临。地址:××;电话:××。

(3)人员准备:5名助理汽车美容师、1名专职接待人员、1名专职销售、1名专职美容师。

(4)从确定好的方案之日起,停止销售正常的美容项目,可预售活动促销的项目(预收定金,等活动开始认购后再安排施工)。

(5)加强日常培训工作,提升服务质量和工作效率。

(6)展示车准备:2辆黑色B级轿车,要求漆面漆粗糙暗淡、内饰脏旧。在活动宣传推广期内停放在店里用作美容展示样车。

(7)店内气氛渲染:彩色气球或彩旗若干,悬挂在店内显眼位置。音响设备1套,播放轻松欢快的音乐。

2.汽车防爆太阳膜项目营销推广案例

1)活动主题

"炎热夏日送凉爽"。

2)市场分析

(1)目标客户分析:

①年龄阶段:主要是18~35岁的年轻人,新访问客户多、下单少,老客户下单所占比例大。

②学历层次:主要集中在大专、本科学历,一般是懂网购、爱网购的高学历人才。

③性别分布:男女比例为3:2,且女性下单转化率较低。

④经济实力:主要为注重性价比的白领阶层。

⑤偏好:主要是追求个性化。

(2)目标客户网购心理分析:

大多女性群体的购买度低主要就是客户的体验感不到位,且不少客户是靠价格吸引过来的。意向客户多数会另寻它店或转为线下购买。另外,个性化需求比较明显。

在这种情况下,可以采取以下方式:

①主推销量较高的单品,优化推荐的产品,调整店铺风格。

②举办大型优惠促销活动,回馈新老客户。

③私人定制。

④客户关系管理。

3)销售方法

(1)买满即送,包括送积分,减现金,包邮送服务等。

（2）套餐搭配。将几种产品组合在一起设置成套餐来销售,让客户一次性购买更多的商品。

（3）单品销售(底价折扣)。

（4）宝贝拍卖。出价最高者购得宝贝或多件相同商品参加拍卖,价高者优先获得宝贝,相同价格者先出价者先得。

（5）私人定制。发动淘宝众筹、京东众筹。积累第一批个性化私人定制化的客户,抢占空白市场,培养种子用户。

4）店铺装修

要有一个主题布局的构思,然后把这个主题展开,使整个版面和各店铺的局部设计达到平衡,传递一致性的视觉效果。暗色与亮色相结合,采用对比色和渐进色的手法,突出重点产品。形成宽窄不一相结合的变化布局,上下保持一致,达到网页整体有深浅错落的效果。

（1）店面构思。左侧栏、首页促销区、店招顶部、宝贝详情页面都放上促销活动元素。适当加入全店免邮或者半价销售并拿出几款有信心的宝贝做主打,如特价、秒杀等。

（2）标题关键词展示,主图字样表白。宝贝描述中做好关联营销,搭配套餐就是典型代表。在宝贝描述的最上面、中间、下方,选取两处来强调其优惠性。

（3）店铺公告。利用网页代码发布文字滚动信息,如零风险承诺、消费者保障等;匹配图文发布活动说明、预告活动的时间、每期活动的宝贝、折扣信息等。

5）活动内容概述

营销活动方案

（1）店铺名称:

××。

（2）活动主题:

炎热夏日送凉爽——不单考验您的智慧,还要挑战您的速度。

（3）活动产品:

建筑膜,家具膜,汽车防爆太阳膜。

（4）活动目的:

①让潜在购买客户群体以活动形式实现购买转化。

②将店铺以品牌化活动展现,挖掘潜在客户群体,拓展新客户。

③提高店铺知名度、人气和收藏量。

（5）活动时间:

××。

预告时间:7天。通过不同渠道宣传预告活动时间、内容等,提前预热活动宣传,搭配套餐,展示全店销售信息。

（6）活动内容:

店铺模块设置宣传图片、商品详情页的活动信息以及其他体现活动信息的图片。

（7）销售计划:

①限时折扣,秒杀。选一款优质商品做秒杀活动。

②在满多少就包邮的价格基础上,加点钱再追加一个"满就送",可以送小礼品或者再次优惠折扣。

③搭配套餐,在网上拍下宝贝,享受更低优惠价。

④当客户拍下的宝贝较少时,告知客户产品免费的,只需要付快递费就行。

⑤如利润高,可降低包邮门槛;如利润低则适当提高。将包邮、满减、送礼等多重节奏一起上升到最优效果。

⑥进店客户享受指定产品 1 元超值优惠,购买其他产品满××元包邮。注意 1 元超值优惠不包邮。

⑦对活动期间进店的客户实行会员制、积分制。比如,第 1 次买满 300 元为银卡会员,下次购物可以打 9.6 折;第 1 次买满 500 元成为金卡会员,下次购物可以打 8 折;积分制可以是 1 元积 1 分,也可以是 50 元积 1 分,积分可以抵扣运费或者达到一定积分换取相应物品。

⑧线上众筹发力。

(8)活动规则:

活动期间,挑战成功者在 30min 以内拍下但未付款的,将关闭交易。

①前 10 名拍下者,可享受 5 折优惠价格 + 店铺优惠券 80 元 + 包邮。

②第 11~20 名拍下者,可享受 6 折优惠价格 + 店铺优惠券 50 元 + 包邮。

③第 21~30 名拍下者,可享受 7 折优惠价格 + 店铺优惠券。

每小时优惠名额是 30 位,同时挑战您的智慧和速度,当您挑战成功,快递会把你的战利品送到您家中。

④活动时间是 10:00~22:00。每个 ID 最多参与活动 3 次,3 次以上将被当作无效订单处理。

⑤挑战成功的客户还可以获得终身会员资格,全年享受 8.8 折优惠。

⑥获奖者可在微信圈或是 QQ 群里发表关于自己对于这认活动的感受,文字最低要求 100 字。15 天后评选最佳获奖者,赠送由我公司提供的市场价值 500 元的精美礼品一份。

(9)活动推广安排:

采用海、陆、空三栖大作战进行推广。

①海——品牌推广。利用 PC 互联网、搜索引擎、百科问答、专业论坛博客、QQ 产品等做相应的推广引流或者品牌建设,在相关网站发布大量的任务,并通过软文推广、图片引流、视频网站、资源下载等方式进行推广。

②陆——获取基础用户推广。推广地点为学校、医院、写字楼、商场、卫生间等,推广方式包括发放传单、赠品、活动、户外广告、联合赞助等。

a.高级地推。高级地推属于商务合作,借力其他公司的资源快速获取市场的认可以及获取用户。

b.普通地推。普通地推包括发放传单、摆摊、做活动等。通过用橙子换用户、用一支笔换用户、发放传单送礼品换关注等方式,效果可能更加明显。

③空——用户运营和传播。借助移动互联网、微信、微博等新媒体,移动 APP 平台如今日头条、知乎、陌陌等,SNS、b2b 平台建站自媒体进行推广。与行业大咖、活跃度较高的微信公众号展开合作。

(10)活动总结。

(11)活动后期进行宣传报道及客户跟进维护。

模块小结

(1)项目成本核算是通过一定的方式方法,对项目服务过程中发生的各种费用成本进行逐一统计考核的一种科学管理活动。

(2)汽车美容装饰企业的经营管理离不开成本核算,但成本核算不是目的,而是经营管理好企业的一个经济手段。离开管理谈成本核算,成本核算也就失去了它应有的意义。

(3)汽车美容与装饰企业成本主要包括固定成本、人力成本、项目成本以及其他费用开支等。

(4)项目成本是指从项目销售到施工结束整个过程产生的成本,主要涉及项目收费、施工时间、销售提成、施工提成、产品成本、耗材成本等。

(5)汽车美容与装饰店的固定成本主要包括场地租金费、装修费和设备工具配置费。

(6)工位利用率计算公式是:工位利用率 $= \dfrac{实际工时}{可用工时} \times 100\%$。

(7)按客户光顾店面的次数不同,可将客户分为潜在客户、临时客户、相对固定的客户和固定的客户。

(8)根据客户所在地域不同,可将客户分为就近客户和非就近客户。

(9)根据客户的消费性格不同,可将客户分为理智型、情感型、新潮型、吝啬型和潇洒型客户。

(10)汽车美容与装饰客户的开发方法主要有自然开发、连锁开发、联合开发、广告宣传开发、教育指导开发和免费体验开发几种。

(11)客户资料库的运用原则包括充分利用原则、合理利用原则。

思考与练习

(一)填空题

1. 离开_____谈成本核算,成本核算也就失去了它应有的意义。

2. 汽车美容与装饰企业成本主要包括_____成本、_____成本、_____成本以及其他费用开支等。

3. _____成本是指从项目销售到施工结束整个过程产生的成本。

4. 汽车美容与装饰企业的固定成本主要包括_____费、装修费和_____费。

5. 汽车美容与装饰店的其他主要开支费用有_____费用、办公用品费用、交通差旅费等。

6. 根据客户光顾店面的次数不同,可将客户分为_____、临时客户、相对固定的客户和_____。

7. 根据客户所在_____不同,可将客户分为就近客户和非就近客户。

8. 根据客户的消费性格不同,可将客户分为_____型、_____型、新潮型、吝啬型和潇洒型客户。

9. 汽车美容与装饰客户的开发方法主要有自然开发、连锁开发、_____开发、广告宣传开发、教育指导开发和_____开发几种。

10. 客户资料库的运用原则包括充分利用原则、_____原则。

(二)判断题

1. 成本核算对企业的经营管理没有多大的帮助。　　　　　　　　　　　　(　　)

2. 通过项目成本核算,可以为企业经营决策和管理目标的制定提供依据。　(　　)

3. 通过项目成本核算,可以反映生产经营过程中人力、物力、财力的耗费情况。(　　)

4. 汽车美容装饰企业的经营管理离不开成本核算,但成本核算不是目的,而是经营管理好企业的一个经济手段。　　　　　　　　　　　　　　　　　　　(　　)

5. 项目成本主要涉及场地租金、施工时间、销售提成、施工提成、产品成本、耗材成本等。　　　　　　　　　　　　　　　　　　　　　　　　　　　(　　)

6. 对汽车美容与装饰企业而言,固定成本和人力成本占经营成本的绝大部分。(　　)

7. 在店面3~5km范围以内的客户可以称为就近客户。　　　　　　　　　(　　)

8. 通过联合其他较成熟的行业或组织开发客户的方法称为"联合开发法"或"异业结盟法"。　　　　　　　　　　　　　　　　　　　　　　　　　　　　　(　　)

9. 营销推广活动结束后,无须进行后续跟进,要立即全力投入日常经营中。　(　　)

(三)简答题

1. 简述汽车美容与装饰成本核算的意义。

2. 简述汽车美容与装饰项目成本核算方法。

3. 结合表9-1中的数据,计算表9-2中组合套餐的项目成本。

4. 汽车美容与装饰客户开发的方法有哪些?

5. 简述汽车美容与装饰项目营销推广活动的注意事项。

参 考 文 献

[1] 王顺利. 汽车装饰与美容[M]. 北京:清华大学出版社,2014.

[2] 周燕. 汽车美容与装饰[M]. 北京:机械工业出版社,2017.

[3] 宋广辉,胡晓. 汽车美容与装饰[M]. 武汉:华中科技大学出版社,2017.

[4] 周贺,张传慧. 汽车钣金与喷漆[M]. 北京:北京理工大学出版社,2010.

[5] 李光耀. 汽车内饰件设计与制造工艺[M]. 北京:机械工业出版社,2009.

[6] 叶子波. 汽车美容与装饰[M]. 北京:机械工业出版社,2016.

[7] 廖中文,陈翔. 汽车装饰与美容技术[M]. 哈尔滨:哈尔滨工业大学出版社,2013.

[8] 陈翔,王志新. 汽车美容装饰[M]. 北京:机械工业出版社,2012.

[9] 于志友. 汽车美容与装饰[M]. 北京:机械工业出版社,2015.

[10] 辛莉. 汽车美容与装饰[M]. 北京:机械工业出版社,2013.

[11] 张月异,邱新生,李国富. 汽车装饰与美容[M]. 北京:科学技术文献出版社,2015.

[12] 尹根雄,彭常青. 汽车油漆调色技术教程[M]. 北京:机械工业出版社,2014.

[13] 朱肇妍. 汽车内环境污染分析与改善措施[J]. 热带农业工程,2014(4):31-34.

[14] 毛光峰. 汽车车内污染及净化研究[J]. 淮北职业技术学院学报,2018(12):115-116.

[15] 国家环境保护总局. 乘用车内空气质量评价指南:GB/T 27630—2011. [S]. 北京:中国环境科学出版社,2012.

[16] 董永平. 汽车玻璃贴膜与玻璃修补技术[M]. 北京:机械工业出版社,2010.

[17] 赵亚男. 汽车装饰与美容[M]. 北京:中央广播电视大学出版社,2007.

[18] 姚时俊. 汽车改装经验谈[M]. 2版. 北京:机械工业出版社,2015.

[19] 姚时俊. 私家车装饰与改装顾问[M]. 北京:化学工业出版社,2013.

[20] 王鹤隆,李雪. 汽车影音改装实用教程[M]. 北京:机械工业出版社,2012.

[21] 金守玲. 汽车装饰与美容[M]. 北京:北京大学出版社,2013.

人民交通出版社汽车类高职教材部分书目

书　号	书　名	作　者	定价（元）	出版时间	课件
一、全国交通运输职业教育教学指导委员会规划教材　新能源汽车运用与维修专业						
978-7-114-14405-9	新能源汽车储能装置与管理系统	钱锦武	23.00	2018.02	有
978-7-114-14402-8	新能源汽车高压安全及防护	官海兵	19.00	2018.02	有
978-7-114-14499-8	新能源汽车电子电力辅助系统	李丕毅	15.00	2018.03	有
978-7-114-14490-5	新能源汽车驱动电机与控制技术	张利、缑庆伟	28.00	2018.03	有
978-7-114-14465-3	新能源汽车维护与检测诊断	夏令伟	28.00	2018.03	有
978-7-114-14442-4	纯电动汽车结构与检修	侯涛	30.00	2018.03	有
978-7-114-14487-5	混合动力汽车结构与检修	朱学军	26.00	2018.03	有
二、高职汽车检测与维修技术专业立体化教材						
978-7-114-14826-2	汽车文化	贾东明、梅丽鸽	39.00	2018.08	有
978-7-114-14744-9	汽车维修服务实务	杨朝、李洪亮	22.00	2018.07	有
978-7-114-14808-8	汽车检测技术	李军、黄志永	29.00	2018.07	有
978-7-114-14777-7	旧机动车鉴定与评估	吴丹、吴飞	33.00	2018.07	有
978-7-114-14792-0	汽车底盘故障诊断与修复	侯红宾、缑庆伟	43.00	2018.07	有
978-7-114-13154-7	汽车保险与理赔	吴冬梅	32.00	2018.05	有
978-7-114-13155-4	汽车维护技术	蔺宏良、黄晓鹏	33.00	2018.05	有
978-7-114-14731-9	汽车电气故障诊断与修复	张光磊、周羽皓	45.00	2018.07	有
978-7-114-14765-4	汽车发动机故障诊断与修复	赵宏、刘新宇	45.00	2018.07	有
三、交通运输职业教育教学指导委员会推荐教材、高等职业教育规划教材						
1. 汽车运用与维修技术专业						
978-7-114-11263-8	■汽车电工与电子基础（第三版）	任成尧	46.00	2017.06	有
978-7-114-11218-8	■汽车机械基础（第三版）	凤勇	46.00	2018.05	有
978-7-114-11495-3	汽车发动机构造与维修（第三版）	汤定国、左适够	39.00	2018.05	有
978-7-114-11245-4	■汽车底盘构造与维修（第三版）	周林福	59.00	2018.05	有
978-7-114-11422-9	■汽车电气设备构造与维修（第三版）	周建平	59.00	2018.05	有
978-7-114-11216-4	■汽车典型电控系统构造与维修（第三版）	解福泉	45.00	2016.1	有
978-7-114-11580-6	汽车运用基础（第三版）	杨宏进	28.00	2018.03	有
978-7-114-11239-3	■汽车实用英语（第二版）	马林才	38.00	2018.08	有
978-7-114-05790-3	汽车及配件营销	陈文华	33.00	2015.08	
978-7-114-05690-7	汽车车损与定损	程玉光	30.00	2013.06	
978-7-114-13916-1	汽车专业资料检索（第二版）	张琴友	32.00	2017.08	
978-7-114-11215-7	■汽车文化（第三版）	屠卫星	48.00	2016.09	有
978-7-114-11349-9	■汽车维修业务管理（第三版）	鲍贤俊	27.00	2016.12	有
978-7-114-11238-6	■汽车故障诊断技术（第三版）	崔选盟	30.00	2017.11	有
978-7-114-14078-5	汽车维修技术（第二版）	刘振楼	25.00	2017.08	有
978-7-114-14098-3	汽车检测诊断技术（第二版）	官海兵	27.00	2017.09	有
978-7-114-14077-8	汽车运行材料（第二版）	崔选盟	25.00	2017.09	有
978-7-114-05662-1	汽车检测设备与维修	杨益明	26.00	2018.05	
978-7-114-13496-8	汽车单片机及局域网技术（第二版）	方文	20.00	2018.05	有
978-7-114-05655-9	汽车车身电气及附属电气设备维修	郭远辉	26.00	2013.08	
978-7-114-10520-3	汽车概论	巩航军	29.00	2016.12	有
978-7-114-10722-1	发动机原理与汽车理论（第三版）	张西振	29.00	2017.08	有
978-7-114-10333-9	汽车维修企业管理（第三版）	沈树盛	36.00	2016.05	有
978-7-114-13831-7	汽车空调构造与维修（第二版）	杨柳青	30.00	2017.08	有
978-7-114-12421-1	汽车柴油机电控技术（第二版）	沈仲贤	26.00	2018.05	
978-7-114-11428-1	汽车使用与技术管理（第二版）	雷琼红	33.00	2016.01	有
978-7-114-14091-4	汽车使用性能与检测技术（第二版）	巩航军	30.00	2017.09	有
978-7-114-11729-9	汽车保险与理赔（第四版）	梁军	32.00	2018.02	有

书 号	书 名	作 者	定价（元）	出版时间	课 件
978-7-114-14306-9	汽车装潢与美容技术（第二版）	全华科友	33.00	2018.05	有
2. 汽车营销与服务专业					
978-7-114-11217-1	■旧机动车鉴定与评估（第二版）	屠卫星	33.00	2018.05	有
978-7-114-14102-7	汽车保险与公估（第二版）	荆叶平	36.00	2017.09	有
978-7-114-08196-5	汽车备件管理	彭朝晖、倪红	22.00	2018.07	
978-7-114-11220-1	■汽车结构与拆装（第二版）	潘伟荣	59.00	2016.04	有
978-7-114-07952-8	汽车使用与维修	秦兴顺	40.00	2017.08	有
978-7-114-08084-5	汽车维修服务	戚叔林、刘焰	23.00	2015.08	
978-7-114-11247-8	■汽车营销（第二版）	叶志斌	35.00	2018.03	有
978-7-114-11741-1	汽车使用与维护	王福忠	38.00	2018.05	有
978-7-114-14028-0	汽车保险与理赔（第二版）	陈文均、刘资媛	22.00	2017.08	有
978-7-114-14869-9	汽车维修服务接待（第2版）	王彦峰、杨柳青	28.00	2018.08	有
978-7-114-14015-0	客户沟通技巧与投诉处理（第二版）	韦峰、罗双	24.00	2017.09	有
978-7-114-13667-2	服务礼仪（第二版）	刘建伟	24.00	2017.05	有
978-7-114-14438-7	汽车电子商务（第三版）	张露	29.00	2018.02	有
978-7-114-07593-3	汽车租赁	张一兵	26.00	2016.06	
3. 汽车车身维修技术专业					
978-7-114-11377-2	■汽车材料（第二版）	周燕	40.00	2016.04	有
978-7-114-12544-7	汽车钣金工艺	郭建明	22.00	2015.11	有
978-7-114-12311-5	汽车涂装技术（第二版）	陈纪民、李扬	33.00	2016.11	有
978-7-114-09094-3	汽车车身测量与校正	郭建明、李占峰	22.00	2018.05	
978-7-114-11595-0	汽车车身焊接技术（第二版）	李远军、李建明	28.00	2018.03	有
978-7-114-13885-0	汽车车身修复技术（第二版）	韩星、陈勇	29.00	2017.08	有
978-7-114-09603-7	汽车车身构造与修复	李远军、陈建宏	38.00	2016.12	有
978-7-114-12143-2	车身结构及附属设备（第二版）	袁杰	27.00	2017.06	有
978-7-114-13363-3	汽车涂料调色技术	王亚平	25.00	2016.11	有
4. 汽车制造与装配技术专业					
978-7-114-12154-8	汽车装配与调试技术	刘敬忠	38.00	2018.06	
978-7-114-12734-2	车身焊接技术	宋金虎	39.00	2016.03	有
978-7-114-12794-6	汽车制造工艺	马志民	28.00	2016.04	有
978-7-114-12913-1	汽车 AutoCAD	于宁、李敬辉	22.00	2016.06	有
四、新能源汽车技术专业职业教育创新规划教材					
978-7-114-13806-5	新能源汽车概论	吴晓斌、刘海峰	28.00	2018.08	有
978-7-114-13778-5	新能源汽车高压安全与防护	赵金国、李治国	30.00	2018.03	有
978-7-114-13813-3	新能源汽车动力电池与驱动电机	曾鑫、刘涛	39.00	2018.05	有
978-7-114-13822-5	新能源汽车电气技术	唐勇、王亮	35.00	2017.06	有
978-7-114-13814-0	新能源汽车维护与故障诊断	包科杰、徐利强	33.00	2018.05	有
五、职业院校潍柴博世校企合作项目教材					
978-7-114-14700-5	柴油机构造与维修	李清民、栾玉俊	39.00	2018.07	
978-7-114-14682-4	商用车底盘构造与维修	王林超、刘海峰	43.00	2018.07	
978-7-114-14709-8	商用车电气系统构造与维修	王林超、王玉刚	45.00	2018.07	
978-7-114-14852-1	柴油机电控管理系统	王文山、李秀峰	22.00	2018.08	
978-7-114-14761-6	商用车营销与服务	李景芝、王桂凤	40.00	2018.08	
六、高等职业教育汽车车身维修技术专业教材					
978-7-114-14720-3	汽车板件加工与结合工艺	王选、赵昌涛	20.00	2018.07	有
978-7-114-14711-1	轿车车身构造与维修	李金文、高窦平	21.00	2018.07	有
978-7-114-14726-5	汽车修补涂装技术	王成贵、贺利涛	22.00	2018.07	有
978-7-114-14727-2	汽车修补涂装调色与抛光技术	肖林、廖辉湘	32.00	2018.07	有

■为"十二五"职业教育国家规划教材。咨询电话：010-85285962、85285977；咨询QQ：616507284、99735898。